El *secreto* de la oración eficaz

D1562920

El
secreto
de la oración
eficaz

&

j o s u é
yrion

GRUPO NELSON
Una división de Thomas Nelson Publishers
Desde 1798

NASHVILLE   DALLAS   MÉXICO DF.   RÍO DE JANEIRO   BEIJING

© 2008 por Grupo Nelson
Publicado en Nashville, Tennessee, Estados Unidos de América.
Grupo Nelson, Inc. es una subsidiaria que pertenece
completamente a Thomas Nelson, Inc.
Grupo Nelson es una marca registrada de Thomas Nelson, Inc.
www.gruponelson.com

Todos los derechos reservados. Ninguna porción de este libro podrá
ser reproducida, almacenada en algún sistema de recuperación, o
transmitida en cualquier forma o por cualquier medio —mecánicos,
fotocopias, grabación u otro— excepto por citas breves en revistas
impresas, sin la autorización previa por escrito de la editorial.

A menos que se especifique lo contrario, las citas bíblicas usadas
son de la Santa Biblia, Versión Reina-Valera 1960
© 1960 por Sociedades Bíblicas en América Latina,
© renovado 1988 por Sociedades Bíblicas Unidas.
Usadas con permiso.

Edición y corrección de estilo: *Eugenio Orellana*
Tipografía: *Grupo Nivel Uno, Inc.*

ISBN: 978-1-60255-164-0

Impreso en Estados Unidos de América

08 09 10 11 12 BTY 9 8 7 6 5 4 3 2

Contenido

CAPÍTULO 1
El secreto de la humildad

CAPÍTULO 2
El secreto de la integridad

CAPÍTULO 3
El secreto de la santidad

CAPÍTULO 4
El secreto de la sabiduría

CAPÍTULO 5
El secreto del poder de Dios

CAPÍTULO 6
El secreto de la voluntad de Dios

Introducción

En Ezequiel 22.30 las Escrituras nos dicen sobre la oración: «Y busqué entre ellos hombre [cualquier persona] que hiciese vallado y que se pusiese en la **brecha** delante de mí, a favor de la tierra, [del pueblo] para que yo no la destruyese; y no lo hallé [no había intercesores]» (añadido del autor). En el hebreo, la palabra **brecha** usada aquí es *perets*, que quiere decir apertura, fisura, grieta, especialmente en una muralla. *Perets* viene del verbo *parats*, que quiere decir romper, abrir, penetrar. *Perets* aparece unas veinticinco veces en las Escrituras. Dos versículos en particular, Isaías 58.12 y Amós 9.11, muestran que las brechas o las grietas deben repararse. En Isaías la referencia es a las ruinas físicas y espirituales de Sion en tanto que la de Amós se refiere a la restauración del tabernáculo de David. Aquí en Ezequiel se refiere a la acción de pararse en la brecha, que es una metáfora que alude a una acción intercesora de parte de una persona en beneficio de otra. En el mundo espiritual hay una muralla, una resistencia satánica que solamente un intercesor, una persona de oración podrá pararse en autoridad y restaurar las grietas espirituales. Para romper este muro y hacer una brecha entre Dios y nosotros es necesario un entendimiento claro de lo que es necesario para orar con efectividad. La oración es una llave, un arma y una gran herramienta espiritual que abre y nos da entrada en la dimensión del Espíritu para poder penetrar con eficacia en las regiones celestiales y destrozar el poder del diablo. Efesios 6.12: «Porque no tenemos lucha contra sangre y carne, [contra ninguna persona] sino contra principados, contra potestades, contra los gobernadores de las tinieblas [autoridades demoníacas] de este siglo, contra huestes espirituales de maldad [ejércitos satánicos] en las regiones celestes [el

segundo cielo donde se encuentra la dimensión y esfera espiritual del diablo]»
(añadido del autor). El secreto de los grandes hombres y mujeres de Dios de
ayer, de hoy y de siempre, y de todos los cristianos victoriosos de todas las
épocas fue que descubrieron *el secreto de la oración eficaz*. Todo lo que tenemos que hacer es leer sus biografías y ver cómo Dios los usó grandemente porque ellos vivieron sus vidas en la oración e intimidad con Dios. Así como ellos
tuvieron grandes experiencias con Dios y obtuvieron importantes resultados,
nosotros lo podemos hacer de la misma manera. La oración nos hará conocer
los secretos profundos de Dios, cómo obtenerlos y cómo aplicarlos en nuestras
vidas espirituales. Así como en el ayer la oración trajo grandes bendiciones y
resultados extraordinarios, también hoy en *El secreto de la oración eficaz*, Dios
le llevará a vivir plenamente al recibir el gozo, la victoria y la felicidad en todas
las áreas de su vida.

Presentación

E N M ATEO 6.6 SE NOS dice: «Mas tú, [es decir, usted y yo] cuando **ores**, entra en tu aposento, y cerrada la puerta, ora a tu Padre que está en secreto; y tu Padre que ve en lo secreto te recompensará en público» (añadido del autor). En el griego, la palabra que aquí se traduce **ores** es ***proseuchomai***. Este es un vocablo aglutinante. El sustantivo *euche* es una oración a Dios que también implica el hacer un voto; se añade el verbo *euchomai*, el cual denota una invocación, una petición o ruego. Al agregarle *pros*, «en la dirección de Dios», ***proseuchomai*** viene a ser el término que más frecuentemente se emplea para oración. Dice la Escritura que una de las maneras en que Cristo nos enseñó a orar es ¡en secreto! Por lo tanto, he aquí la razón tras el título de este libro: *El secreto de la oración eficaz*.

Cuando escribí mi primer libro, *El poder de la Palabra de Dios,* mi propósito fue llevar al pueblo cristiano a un conocimiento más adecuado, real y poderoso de las Escrituras. En el segundo, *Heme aquí, Señor, envíame a mí,* mi intención fue llevar a la iglesia y su liderazgo pastoral a un entendimiento claro, profundo y espiritual en cuanto a las misiones y la evangelización global. En el tercero, *La crisis en la familia de hoy,* mi prioridad fue llevar al matrimonio cristiano a compartir sus responsabilidades sabiamente al establecer un hogar íntegro, solidificado en la Palabra de Dios y capaz de resistir las pruebas y tribulaciones diarias al vivir una vida feliz junto a sus hijos donde Cristo es la Cabeza del hogar. En el cuarto, *La fe que mueve la mano de Dios,* mi meta fue llevar a todo cristiano y al ministerio en general a obtener y vivir una fe invencible, madura y extraordinaria en todas las áreas de sus vidas espirituales y en sus llamados. En este, mi quinto libro, *El secreto de la oración eficaz*, mi razón es hacer énfasis en el poder de la oración eficaz, el secreto de comunión con Dios a través de la intercesión cuando es hecha con sabiduría, dirigida por el Espíritu específicamente y con motivos claros basados en los principios inmutables de la Palabra de Dios.

Las Escrituras registran una gran cantidad de personas que oraron en diversas situaciones y necesidades y fueron oídas. También, desde el inicio de la iglesia, cristianos y ministros de todas las épocas han encontrado refugio y consuelo por medio de la oración al vencer grandes desafíos en sus vidas. De esto trata este libro, de cómo usted puede conocer *el secreto de la oración eficaz*, vivir una vida llena de la presencia del Espíritu y vivirla plenamente en victoria en todas las áreas de su vida: espiritual, personal, familiar y ministerial. Ore antes de empezarlo a leer. Pida al Espíritu Santo que le guíe y le enseñe los principios establecidos aquí, y que le lleve a una plenitud más amplia y satisfactoria al recibir resultados más efectivos en su vida de oración.

Por medio de los capítulos de este libro, usted descubrirá el secreto de una oración que le llevará a la humildad, hará de usted una persona íntegra, obtendrá la santidad que todos necesitamos, recibirá sabiduría divina, conocerá lo que es el poder de Dios, hará decisiones que estén en el centro de la voluntad de Dios, vivirá en el conocimiento de Dios, su vida diaria será de intimidad con Dios, aprenderá como oír la voz de Dios, y, finalmente, sabrá cómo recibir la contestación de Dios a sus oraciones. Este libro transformará su vida totalmente y le cambiará su actitud diaria en cuanto a la oración. Prepárese para experimentar una nueva esfera en la dimensión espiritual. Prepárese para crecer un escalón más alto en su comunión diaria con el Padre, el Hijo y el Espíritu. Y prepárese para ser usado por Dios como nunca antes al terminar la lectura de este libro. Este es mi deseo y oración.

Rev. Josué Yrion
Mayo de 2008
Los Ángeles, California

Dedicatoria

JEREMÍAS 27.18 NOS DICE: «...Y **oren** a Jehová de los ejércitos...». La palabra hebrea aquí para *oren* es *paga,* que quiere decir alcanzar, encontrarse con alguien, presionar o persuadir, salir al encuentro, rogar, pedir urgentemente. También implica la idea de interceder; es decir, el proceso mediante el cual una persona suplicante alcanza a un superior y le presenta una petición urgente. Por lo tanto, la intercesión implica alcanzar y encontrarse con Dios para rogarle su favor.

Deseo dedicar este mi quinto libro, *El secreto de la oración eficaz,* **a mi querida madre, María Ione Minussi,** que desde mi nacimiento, pasando por todas las pruebas de mi salud, mi infancia, mi juventud y mi llamado al ministerio y hasta hoy, ha orado por mí sin cesar. (Usted podrá leer en el capítulo 10 de mi libro *La fe que mueve la mano de Dios* cómo ella sufrió por mi enfermedad y cómo Dios obró el milagro.) Ella es ministro, ordenada evangelista (fue consagrada en Brasil) de la Iglesia Bautista Betel en Santa María-RS. Brasil. Fue un instrumento clave cuando recibí mi llamado a las misiones mundiales y siempre estuvo allí para ayudarme en mis necesidades. Su oración es uno de los grandes motivos por los cuales Dios me usa hasta hoy alrededor del mundo.

También lo dedico a mis **queridas tías,** hermanas de mi madre, **Helena Minussi (tía Nena)** y **tía Elma Minussi;** valientes guerreras de oración por mí durante todos estos largos años de mi caminar con Cristo. Tía Nena también es ministro, fue ordenada (consagrada) pastora, y es auxiliar de la Iglesia Cuadrangular de Río Bonito en Joinville, S.C., Brasil. Tanto mi madre como mis tías han alcanzado misericordia ante los ojos de Dios al ir diariamente a su encuentro orando por mí y mi familia. Ellas han rogado en situaciones de urgencia en mi vida y han marcado la diferencia por sus súplicas durante momentos de crisis y dificultades. Siempre cuando lo he necesitado, han intercedido por mí delante del Ser y Jefe Superior, el Dios Todopoderoso, y sus peticiones han sido atendidas al rogar el favor divino para mi vida. Estoy muy agradecido a ellas por el trabajo, la entrega, la pasión y dedicación que han tenido hacía a mí por medio de sus oraciones. Estoy seguro que Apocalipsis 5.8 tiene que ver con las intersecciones de ellas: «todos tenían arpas y copas de oro llenas de incienso, que son las oraciones de los santos» (de mi madre y de mis tías). Ellas han llenado las copas de oro con sus lágrimas, oraciones, ruegos y súplicas. La oración de una madre por su hijo tiene mucho poder y la oración de los familiares para con los suyos también posee gran autoridad. Por lo tanto, dedico a ellas primeramente este libro con todo el cariño y el amor de mi corazón.

También lo dedico a todos los ministros y sus iglesias, a todos los cristianos alrededor del mundo que han orado por mí, mi familia y por nuestro ministerio. A ellos está dedicado de igual forma y aprecio. Sepa que cada vez que usted ha orado por nosotros, el Señor le ha bendecido de una forma u otra. Estoy muy agradecido por todos ustedes que han hecho la diferencia en nuestras vidas por sus oraciones. Gracias por sus correos electrónicos, sus cartas y llamadas expresando su cariño, aprecio y oración por nosotros. A todos ustedes dedico este libro. Sin sus oraciones no estaríamos aquí todavía. Muchas gracias de todo corazón. Solamente en la eternidad sabremos el gran efecto, poder y autoridad que sus ruegos y plegarias han tenido al haber permanecido en el secreto de la oración eficaz.

De la misma manera dedico este libro a todos aquellos hermanos en la fe que no conozco, juntamente con los ministros que sirven al Señor en todo el mundo. Los que permanecen en la brecha diariamente en oración resistiendo las artimañas del diablo. Apocalipsis 8.3 y 4 se refiere a las oraciones de la iglesia mundial: «Otro ángel vino entonces y se paró ante el altar, con un incensario de oro; y se le dio mucho incienso para añadirlo a las oraciones de todos los santos [la iglesia], sobre el altar de oro que estaba delante del trono. Y de la mano del ángel subió a la presencia de Dios el humo del incienso con las oraciones de los santos» (añadido del autor).

Finalmente, dedico este libro a cada creyente que dobla sus rodillas delante del Señor en cualquier rincón de la tierra, que por sus lágrimas y súplicas la iglesia sigue caminando victoriosamente en la espera gloriosa del arrebatamiento del pueblo de Dios en la segunda venida de Cristo. Marchad hacía adelante, valientes guerreros de la oración, y no os desaniméis nunca, pues millones de personas están siendo salvas por vuestras plegarias e intercesiones y el Señor Dios Todopoderoso nos espera muy pronto en el cielo.

Prólogo

EL ESTUDIO DE LAS ESCRITURAS nos permite conocer la importancia que tiene la oración en la vida de un creyente y las diferentes formas en que podemos emplearla y la necesidad que tenemos de usarla. La Biblia, la Palabra de Dios, nos enseña que la oración es el vínculo perfecto para comunicarnos con nuestro Padre celestial. Es la vía por la cual tenemos intimidad con Dios, es ese lazo espiritual que nos une y que nos hace participar de una comunión íntima con el Padre, el Hijo y el Espíritu Santo.

La oración es el refugio para el alma atribulada. Santiago 5.13a dice: «¿Está alguno entre vosotros afligido? Haga oración». Es en la oración donde descargamos todo ese peso que nos agobia y que nos produce tristeza. Es allí donde dejamos a los pies de Cristo toda nuestra impotencia, inseguridad, frustraciones, complejos, ansiedades y temores.

La oración es ese lugar secreto donde venimos a Él tal como somos, dejando nuestro yo, nuestra suficiencia, para rendirnos ante el Dios Todopoderoso. Es en este lugar donde rendimos nuestra voluntad para llenarnos del conocimiento de la suya para agradarle, para llevar fruto en toda buena obra. Es en este lugar secreto donde nos fortalecemos con su poder en sabiduría y conocimiento (Colosenses 1.9-11).

La oración es el campo de batalla donde nos vestimos con la armadura de Dios y peleamos, para destruir toda artimaña del enemigo; donde peleamos para conquistar la tierra prometida; donde peleamos reclamando las promesas que ya Dios nos ha dado en su Palabra; donde vencemos toda tentación.

La oración es el monte alto donde le conocemos en la hermosura de su santidad; donde conocemos la supereminente grandeza de su poder; donde aprendemos a oír su voz. Aquí también recibimos consuelo, revelación, poder de Dios, unción y sabiduría.

La oración es la que hace que las murallas del orgullo se caigan y aprendamos a conocer el secreto de la humildad, cuando el Espíritu Santo nos recuerda que Dios atiende al humilde mas al altivo lo mira de lejos.

La oración es el lugar donde el Señor comienza a moldear nuestro carácter como el barro en las manos del alfarero. Es aquí cuando nos encontramos a solas con Dios, cuando nos duele el corazón al estar siendo partidos en pedazos y ver salir toda la inmundicia acumulada en nuestro viejo hombre, porque a la luz de su presencia, todas las obras de la carne se hacen manifiestas; y todo celo, contiendas, rencor, adulterio, envidias, iras, disensiones, herejías, orgullo, salen a la superficie. Aquí comprendemos la importancia de la integridad, cuando finalizado el trabajo, el Alfarero de alfareros muestra su obra y de nuestro interior sale el nuevo hombre hecho por Dios y para Dios con un carácter sólido e íntegro.

A través de la oración es que podemos entrar a su presencia, como dice Salmos 100, por sus puertas con acción de gracias, por sus atrios con alabanzas. En su presencia hay plenitud de gozo; es en su presencia que podemos alabarle por sus proezas, declararle nuestro amor y agradecimiento por lo que Él ha hecho por nosotros. Es por medio de la oración que traemos fruto de labios que confiesen su nombre.

La oración eficaz y su secreto hacen que por medio de ella alcancemos y recibamos la contestación de Dios a nuestras peticiones. Santiago 5.16b dice: «La oración eficaz del justo puede mucho». Su promesa es que Él nos responde y todo lo que tenemos que hacer es esperar en fe, confianza y quietud, porque la contestación vendrá.

En este libro, mi querido esposo enseña a través de sus páginas, los diferentes aspectos que debemos tomar en cuenta en nuestra vida diaria, para lograr, alcanzar y vivir en el secreto de la oración eficaz sin que haya estorbos que puedan bloquear nuestras peticiones delante de Dios.

Es mi oración que por medio de la lectura de este libro usted descubra cómo vivir victoriosamente en oración y que pueda recibir las más ricas bendiciones que están reservadas para usted.

Que Dios le bendiga juntamente con su familia,

Damaris Yrion

CAPÍTULO 1

El secreto
de la humildad

EN AQUELLA MISMA HORA JESÚS se regocijó en el Espíritu, y dijo: Yo te ala-bo, oh Padre, Señor del cielo y de la tierra, porque escondiste [en secreto] estas cosas de los sabios y entendidos, y las has revelado a los niños [humildes]. (Lucas 10.21. Añadidos del autor.)

Jesús dijo que Dios había revelado los secretos del reino a los humildes. La clave de esta revelación se encuentra en que por medio de la oración eficaz descu-briremos la verdadera humildad y eso nos llevará a saber grandes cosas del reino. El secreto está en la oración y en la búsqueda de la humildad con un corazón sencillo.

Hechos 20.19 nos dice: «Sirviendo al Señor con toda **humildad**, y con muchas lágrimas, y pruebas que me han venido» (itálicas del autor). Aquí, la palabra griega que se traduce humildad es **tapeinophrosune**, que significa modestia, bajeza, un sentido de insignificancia, una actitud humilde e interesa-da en el bienestar de los demás, una ausencia total de arrogancia, de engaño y de altivez. La palabra es una combinación de **tapeinos**, humilde y **phren**, mente. Esta palabra era desconocida en el griego clásico no bíblico pero se tornó cono-cida después del inicio del cristianismo. Hoy como ayer, solamente cuando los cristianos pueden renunciar a la autosuficiencia, los miembros de la iglesia del Señor pueden mantener la unidad y la armonía por medio de la humildad.

El apóstol Pablo nos decía que por medio de la humildad él servía a Cristo con lágrimas y sufrimiento. Pero antes de esto, en el capítulo 9 de los Hechos, cuando Cristo milagrosamente se le reveló en el camino a Damasco cuando perseguía a los cristianos, la Palabra dice que después de su encuentro con el Señor y de su conversión, lo primero que hizo fue orar. Hechos 9.10-11: «Había entonces en Damasco un discípulo llamado Ananías, a quien el Señor dijo en visión: Ananías. Y él respondió: Heme aquí, Señor. Y el Señor le dijo: Levántate, y ve a la calle que se llama Derecha, y busca en casa de Judas a uno llamado Saulo, de Tarso; porque he aquí, él ora». ¿No es increíble que lo primero que hizo el apóstol luego de su dramática conversión fuera orar? El versículo 9 dice que estuvo en ayuno por tres días y el mismo Señor le dijo a Ananías que él oraba. Dios pudiera haberle dicho sencillamente que buscara a Saulo en tal o cual lugar, pero dice la Escritura que el Señor hizo énfasis en que oraba.

Pablo empezó su vida cristiana y más tarde su ministerio bajo oración. Y la oración hizo de él un hombre humilde, dependiente de Dios en todas las áreas de su vida, sujeto a la voluntad divina, sin interés propio, siempre buscando «ayudar al bienestar de los demás». Es solamente a través de la oración hecha con el corazón que ella se torna eficaz y nos lleva al quebrantamiento al moldear nuestro carácter, al revelar nuestros pensamientos y hacernos ver lo débiles que somos; al exponer la realidad del yo y del ego, nos lleva a tomar la cruz diariamente y a morir para nosotros mismos. William Barclay, en su libro *The Plain Man´s Book of Prayers* (*El libro de oración del hombre sencillo*), dice lo siguiente sobre esto: «La oración no es una forma de hacer uso de Dios; la oración es una forma de ofrecernos a Dios para que Él pueda hacer uso de nosotros». Esto fue exactamente lo que hizo Pablo durante toda su vida: ofrecerse a Dios en cuerpo y alma y, desde el principio hasta el fin, fue un hombre de oración.

La importancia de la humildad

En cierta ocasión, el gran evangelista D. L. Moody predicaba en una de sus grandes campañas en Londres. El teatro estaba lleno al tope de una multitud que incluía mucha gente educada de la alta sociedad, entre ellas un miembro de la familia real. Moody leyó el versículo de Lucas 4.27: «Y muchos leprosos había en Israel en tiempo del profeta Eliseo». Cuando llegó a la palabra Eliseo, no pudo pronunciarla y empezó a tartamudear. Empezó de nuevo a leer el versículo y nuevamente no pudo decirla. Lo intentó por tercera vez pero falló como las otras veces. Entonces, lleno de humildad, cerró la Biblia y visiblemente afectado miró hacia arriba y dijo: «¡Oh Dios mío, usa esta lengua tartamuda para proclamar a este pueblo al Cristo crucificado y resucitado!» En ese momento vino sobre él el poder de Dios y le dio tal facilidad de palabra que todos los que estaban presentes quedaron atónitos y la gloria de Dios descendió en el auditorio. ¿Cuál era el secreto de Moody? ¡La oración eficaz! Por medio de ella se tornó en un hombre humilde y lleno de poder. Fue él mismo el que, en cierta ocasión haciendo alusión a la oración mientras predicaba, dijo: «El ministro que se inclina delante de Dios temprano por la mañana en oración, se parará mejor detrás del púlpito por la noche». Yo he visto alrededor del mundo ministros humildes por medio de la oración y el resultado es que Dios les ha usado de una manera extraordinaria como a Moody. También he visto en el medio del ministerio mucho orgullo, soberbia, arrogancia y prepotencia, y el resultado ha sido que estos hombres están secos, vacíos, sin poder, y sin unción. La razón es obvia: ¡Falta de oración! Andrew Murray dijo: «La humildad es la raíz de donde toda gracia puede crecer y la condición indispensable para la comunión con Cristo. Sin la oración y la humildad no podemos permanecer en la presencia de Dios, ni podemos experimentar su favor ni el poder de su Espíritu».

La seguridad de que Dios oye al humilde

1. Concede nuestros deseos

Salmos 10.17: «El deseo de los humildes *oíste*, oh Jehová; tú dispones su corazón, y haces atento tu *oído*» (itálicas del autor). Dios nos oirá y nos dará el deseo de nuestros corazones cuando nosotros oremos con un corazón humilde.

2. Vivifica nuestros espíritus

Isaías 57.15: «Porque así dijo el Alto y Sublime, el que habita la eternidad, y cuyo nombre es el Santo: Yo habito en la altura y la santidad, y con el quebrantado y *humilde* de espíritu, para hacer vivir el espíritu de los *humildes*, y para vivificar el corazón de los *quebrantados*» (itálicas del autor). Allí está el secreto de la comunión con Dios, en la humildad por medio de la oración.

3. Atiende nuestras peticiones

Salmos 138.6: «Porque Jehová es excelso y *atiende* al humilde, mas al altivo mira de lejos» (itálicas del autor).

4. Perdona nuestros pecados

2 Crónicas 7.14: «Si se humillare mi pueblo [la iglesia], sobre el cual mi nombre es invocado, y *oraren*, y buscaren mi rostro, y se convirtieren de sus malos caminos; entonces yo oiré desde los cielos, y *perdonaré sus pecados*, y sanaré su tierra» (añadidos e itálicas del autor).

5. Restaura nuestras vidas

2 Crónicas 33.12-13: «Mas luego que fue puesto en angustias, *oró* a Jehová su Dios, *humillado* grandemente en la presencia del Dios de sus padres. Y habiendo *orado* a él, fue atendido; pues Dios *oyó* su *oración* y lo *restauró* a Jerusalén, a su reino. Entonces reconoció Manasés que Jehová era Dios» (añadido e itálicas del autor.)

Cierta vez un miembro de una pequeña iglesia, aprovechando la visita del superintendente de su denominación, solicitó un pastor permanente para que atendiera la congregación. El superintendente preguntó si tenía que ser un gran pastor. A lo que él contestó: «No estamos preocupados si debe ser un gran pastor o no, pero sí nos gustaría que cuando humildemente se arrodille para orar a Dios, sus oraciones lleguen al cielo y Dios las conteste». Allí está la unción de un ministro: permanecer en *el secreto de la oración eficaz*, donde su humildad será determinante en su vida y ministerio.

El efecto destructivo del orgullo

Alguien escribió lo siguiente:

¡Mi nombre es orgullo y soy sagaz y tramposo!

Te privo del destino que Dios te dio...
porque exiges que las cosas se hagan a tu manera...

¡Soy sagaz y tramposo!

Te privo del contentamiento... porque según tú, mereces más que eso...

¡Soy sagaz y tramposo!

Te privo del conocimiento... porque tú ya lo sabes todo...

¡Soy sagaz y tramposo!

Te privo de la sanidad del alma… porque estás demasiado lleno de mí… y eres muy grande para humillarte a pedir perdón o a perdonar…

¡Soy sagaz y tramposo!

Te privo de la santidad… porque rehúsas admitir cuando te equivocas…

¡Soy sagaz y tramposo!

Te privo de tu visión… porque prefieres mirarte en un espejo a mirar a través de la ventana de la oportunidad…

¡Soy sagaz y tramposo!

Te privo de una amistad genuina… porque nunca nadie sabrá quién eres realmente…

¡Soy sagaz y tramposo!

Te privo del amor… porque el verdadero amor demanda sacrificio, y tú jamás lo harías…

¡Soy sagaz y tramposo!

Te privo de las grandezas del cielo… porque rehúsas lavar los pies de otros en la tierra…

¡Soy sagaz y tramposo!

Te privo de la gloria de Dios… porque estás decidido a buscar la tuya propia…

¡Soy sagaz y tramposo!

Te privo de todo lo que Dios te pueda dar… porque según tú… ya tienes todo…

Por eso es que te engaño. Me llamo orgullo… ¡y soy sagaz y tramposo!

El 10 de abril de 1912 zarpó del puerto de Southampton en Inglaterra, el gran barco *Titanic*. *Titanic* quiere decir poderosísimo, indestructible, invencible, irrompible. Para su época, era el barco de pasajeros más poderoso que jamás se haya construido. La compañía *White Star Lines* se tomó dos años y ocupó a unos 3 mil hombres. Su costo alcanzó a los 7,5 millones de dólares. Medía 882 pies de largo. Salió de Inglaterra con destino a Cherbourg en Francia, luego a Queenstown en Irlanda y de allí directamente a Nueva York. Pero jamás llegó a su destino. El *Titanic* podía llenar cuatro de sus compartimientos sin hundirse, pero desafortunadamente llenó cinco. En primera clase, que costaba 4.700 dólares de aquella época (unos 50 mil dólares de hoy), viajaban 324 personas. En segunda clase viajaban 285 y 708 en tercera clase. Llevaba también 43 trabajadores, haciendo un total de 2.827 personas. El domingo 14 de abril de 1912, a las 11:40 de la noche, y después de ignorar seis avisos que le enviaron otros barcos para que tuvieran cuidado y disminuyeran la velocidad, el *Titanic* chocó con un *iceberg*. El choque abrió el casco en una longitud de entre 220 y 245 pies de largo. Se hundió rápidamente en las heladas aguas del Atlántico, muriendo 1.503 personas. Sobrevivieron 705. El 14 de julio de 1986, setenta y cuatro años después de su hundimiento, el *Titanic* fue ubicado a 12.600 pies de profundidad, unas 2,33 millas. Solamente seis supervivientes del accidente están vivos hoy. ¿Le interesaría saber la causa de por la que esa imponente nave se hundió? Los ingleses estaban tan orgullosos del barco que habían construido que pusieron un letrero en el barco que decía: «¡Conmigo, ni Dios puede!» El orgullo y la arrogancia hundieron al *Titanic* en el Océano Atlántico. Hoy en día hay muchas personas que se parecen al poderoso *Titanic*, pero de pronto chocan con una enfermedad, un accidente, la pérdida de sus bienes o la de su familia, y se hunden en un momento, porque hicieron su casa en la arena del orgullo y de la arrogancia. Sólo Dios nos puede ayudar a no caer en la trampa del diablo y llevarnos por el camino de la humildad y de la sencillez.

Debemos tomar en serio el ejemplo del *Titanic*. Y es solamente por medio de la oración eficaz, que usted, yo y todo cristiano y ministro podremos vencer el espíritu de la soberbia y del orgullo. En la oración reconocemos nuestras debilidades y en completa dependencia del Señor reconocemos que sin Él no podemos caminar. Nuestra actitud debe ser contraria a la de la tripulación del *Titanic*. Es por medio de la humildad que llegaremos a donde Dios ha planeado. No es por nuestras fuerzas o capacidades que Él irá a usar nuestras vidas, pero es por medio de la humildad a través de la oración que podremos vencer todos los ataques del enemigo en contra de nosotros. Por más grandes que sean los obstáculos y desafíos, los podremos vencer, por medio de la oración eficaz de un corazón sencillo y humillado.

Se cuenta que en una ocasión un enorme toro muy orgulloso de su fuerza y de su poder fue mordido por un pequeño ratoncito. Furioso, el toro salió disparado detrás del ratoncito que logró escapar metiéndose en un hueco en la pared.

El toro intentó derrumbar la pared con sus grandes cuernos pero no pudo. Desanimado y cansado, se echó cerca del hueco y se quedó dormido. Al darse cuenta que el toro dormía, el ratoncito salió de su pequeña cueva, se acercó lentamente hasta donde estaba el toro y lo volvió a morder después de lo cual volvió corriendo a su refugio. Perplejo, el toro se levantó sin saber qué hacer. Entonces el ratoncito le dijo: «No siempre es el más grande el que gana; hay ocasiones cuando nosotros los pequeños y humildes somos más fuertes y salimos victoriosos».

¿No es exactamente esto lo que el apóstol Pablo escribió a la iglesia en Corinto? Veamos lo que dice 1 Corintios 1.26-29: «Pues mirad, hermanos, vuestra vocación, que no sois muchos *sabios* según la carne, ni muchos *poderosos*, ni muchos *nobles*; sino que lo *necio* del mundo escogió Dios, para avergonzar a los sabios; y lo *débil* del mundo escogió Dios, para avergonzar a lo fuerte; y lo *vil* del mundo y lo *menospreciado* escogió Dios, y lo *que no es*, para deshacer lo que es, a fin de que nadie se *jacte* en su presencia» (itálicas del autor). Muchos «toros» orgullosos se han levantado en los círculos cristianos y en los ministerios en nuestras iglesias. Estos «toros» soberbios y arrogantes han menospreciado a pequeñas iglesias y ministerios y Dios los ha derrumbado de una manera u otra. Muchos de ellos están secos, sin poder ni unción. Pastorean, predican, cantan y ministran de «experiencias del ayer» porque el respaldo de Dios ya se fue. A muchos otros ministerios que caminan en humildad el Señor los ha levantado, y con el pasar del tiempo han «mordido» e «incomodado» a estos «toros» famosos y arrogantes. La razón de la actitud de estos «toros» es simple: han dejado el secreto de la oración eficaz y han dado lugar a todo tipo de espíritus de orgullo. Con el pasar del tiempo se han olvidado de cómo empezaron, pequeños y humildes, y de los beneficios y del provecho que posee una vida humilde delante de Dios.

El mayor problema en la iglesia de hoy: ¡la soberbia!

¿Qué me respondería si le preguntara cuál ha sido la causa principal de por qué las oraciones de muchos creyentes no son contestadas? Quizás respondería que ha sido la deshonestidad, o la codicia, o la falta de integridad, o la envidia o los celos. O quizás diría que ha sido la inmoralidad sexual entre muchos cristianos y ministros de hoy. La lista podría seguir creciendo y cada cosa que se diga seguramente tiene un efecto destructivo en las vidas de creyentes y ministros.

Pero yo creo que hay un problema aun mayor, que bien se lo podría considerar la causa de todos los que se han nombrado o se podrían nombrar. Es un problema arraigado en lo profundo del corazón. Se trata de ¡la soberbia!

La soberbia fue el primer pecado cometido por Lucifer en el cielo. La belleza que Dios le dio lo llevó a rebelarse contra su Creador y sus consecuencias han sido devastadoras hasta el día de hoy (véase Ezequiel 28.1-19).

En Isaías 14.12-20 leemos que Satanás era un ángel llamado Lucero o Lucifer quien, enamorado de su propia belleza, cayó en el orgullo y en una sobrestimación de sí mismo. Según los versículos 13 y 14 de Isaías 14, su rebelión se manifiesta en cinco acciones concretas dirigidas contra Dios. En cinco frases anuncia su decisión de tomar el lugar del Altísimo:

1. Subiré al cielo

2. En lo alto levantaré mi trono

3. En el monte del testimonio me sentaré

4. Sobre las alturas de las nubes subiré

5. Seré semejante al Altísimo

Pero los vv. 15-20 dejan en claro que la última palabra la tiene Dios, quien le dice:

1. Serás echado al infierno

2. Te contemplarán (es decir, harán de ti un espectáculo)

3. Hablarán de ti (es decir, se mofarán y te maldecirán)

4. Serás echado de tu sepulcro como cadáver

5. Estarás solo

La última palabra de Dios dicha a Satanás aún es aplicable hoy día a cualquier intento contra el pueblo de Dios, la iglesia. El orgullo fue la raíz del pecado de Lucifer y de su desobediencia y rebelión. Lo mismo sucede hoy.

C. S. Lewis, renombrado escritor, profesor universitario y uno de los más grandes pensadores del siglo XX, afirmó: «Existe un vicio del cual ningún hombre en el mundo está libre; uno que todos detestan cuando lo ven en otra persona, del cual, difícilmente cualquiera imagina ser culpable. El vicio del que estoy hablando es el orgullo. El orgullo supera a todos los demás vicios en el ser humano. Es la disposición mental absolutamente anti-Dios». Lewis escribió esto unos sesenta años atrás, en el capítulo «El gran pecado», de su libro, *Mero cristianismo*. Hoy, en el siglo XXI, el problema no ha cambiado. Al contrario, se ha intensificado. En cierta ocasión, William Law también dijo refiriéndose al orgullo: «Todos los vicios del hombre caído tienen su raíz en el orgullo de sí mismo, amor por sí mismo, estimándose a sí mismo y buscando siempre beneficiarse a sí mismo. Esa es la esencia del orgullo. ¡El yo!»

Vemos la evidencia y la devastación del orgullo en todas las áreas de la vida, trátese de los negocios, la política, los deportes, el ministerio, la iglesia, el matrimonio, la familia. De acuerdo con la Palabra de Dios, el orgullo es la causa primordial de la destrucción desenfrenada de la humanidad desde los comienzos iniciados por Lucifer. Miles de años antes que C. S. Lewis hiciera sus comentarios sobre el orgullo, el libro de Proverbios ya presentaba serias observaciones sobre el orgullo y sus amargas consecuencias.

1. El orgullo genera conflictos

Proverbios 13.10: «Ciertamente la soberbia concebirá contienda; mas con los avisados está la sabiduría».

Todos hemos estado alguna vez envueltos en disputas en que la cuestión central ha sido la insistencia de alguien en probar que estaba en lo correcto, a pesar de los hechos. Eso jamás fue agradable.

2. El orgullo causa la ruina

Proverbios 16.18: «Antes del quebrantamiento es la soberbia, y antes de la caída la altivez de espíritu».

Grandes empresarios y hombres de negocios han arruinado corporaciones en tanto que ministros han destruido ministerios e iglesias poniendo ambos fin a sus carreras debido a la soberbia. Con seguridad, el orgullo está, de una manera u otra, en la raíz de estos lamentables fracasos de liderazgo.

3. El orgullo refleja el estado más íntimo de una persona

Proverbios 21.4: «Altivez de ojos, y orgullo de corazón, y pensamiento de impíos, son pecado».

Como Lewis escribió, detestamos ver el orgullo en otra persona, porque reconocemos en él el egocentrismo y la presunción. Pero muchas veces no nos fijamos en nosotros mismos ni evaluamos nuestra propia condición.

4. El orgullo tiene su antídoto: La humildad

Proverbios 15.33: «El temor de Jehová es enseñanza de sabiduría; y a la honra precede la humildad».

Así como no nos gusta la demostración obvia del orgullo, la humildad es la virtud que todos admiramos. Gandhi y la Madre Teresa fueron apenas dos ejemplos que impactaron a la humanidad. Contrario a la autopromoción, podemos descubrir que nuestros objetivos pueden ser alcanzados a través de la abnegada consideración por las necesidades de los demás.

Cierta vez, un caballo muy orgulloso de su montura y por los adornos que llevaba, se encontró en el camino con un burro. Este transportaba sobre sus lomos una pesada carga. Al verlo, el caballo le dijo: «Es con mucha dificultad que me resisto a la tentación de darte una buena patada». El pobre burro mantuvo la calma y apenas hizo un gesto silencioso clamando a su modo por la justicia del cielo. No mucho tiempo después, el orgulloso caballo, cansado y sin aliento, fue enviado por su dueño a otra hacienda. Allí se encontró con el burro, que al ver al caballo jalando una carreta de estiércol, le dijo: «¿Dónde están tu rica montura y los adornos que llevabas? ¿Dónde está la pompa y el gran orgullo que tenías cuando pasaste a mi lado? Ve la situación a que fuiste reducido, igual que yo, un simple animal de carga».

El orgullo es un destructor silencioso pero muy poderoso. No está a la vista sino que permanece escondido en lo más profundo del corazón. Solamente sale a la superficie por las acciones, actitudes y palabras de la persona. Sólo Dios lo ve y el sabio de corazón lo puede discernir. Por el contrario, la humildad nos llevará a grandes bendiciones y por ella recibiremos muchos favores del Dios Todopoderoso. Todo lo que tenemos que hacer es examinarnos honestamente en oración y pedir al Señor que nos investigue el alma con rayos X, así como David lo hizo en Salmos 139.23-24: «Examíname, oh Dios, y conoce mi corazón; pruébame y conoce mis pensamientos; y ve si hay en mí camino de perversidad, y guíame en el camino eterno». Esta debe ser nuestra oración diaria, hecha con integridad y sinceridad. La moneda tiene dos caras: el orgullo y la humildad. ¿Cuál de las dos escogerá usted? Como cristianos, ¿qué beneficios podremos recibir por medio de la sencillez, la abnegación y la negación de nosotros mismos?

Recuerde a Uzías, el rey de Judá, de quien leemos en 2 Crónicas capítulo 26. Uzías empezó bien, pero al final de su vida su corazón se enorgulleció provocando su propia destrucción. Había hecho lo recto ante los ojos de Jehová, y cuando buscó al Señor éste le prosperó. Salía a pelear y Dios le ayudaba. Su fama se extendió hasta Egipto, porque se hizo muy poderoso. Edificó torres, abrió muchas cisternas, tuvo muchos ganados, viñas y labranzas, tuvo un gran ejército de guerreros, preparó escudos, lanzas, yelmos, arcos y hondas. Hizo en Jerusalén máquinas inventadas por ingenieros para que estuviesen en las torres y en los baluartes para arrojar saetas y grandes piedras, y su fama se extendió lejos, porque fue ayudado maravillosamente por el Señor hasta hacerse poderoso. Pero entonces, leyendo el versículo 16 del capítulo citado vemos lo que ocurrió: «Mas cuando ya era fuerte, su corazón se enalteció para su ruina; porque se rebeló contra Jehová su Dios». Quiso quemar incienso y el Señor lo hirió de lepra y así murió en una casa apartada y su hijo Jotam reinó en su lugar. Le sugiero que lea todo el capítulo 26 de 2 Crónicas y tendrá una idea clara del orgullo y de sus consecuencias devastadoras. Así es hoy en día en muchas iglesias y ministerios y con muchos cristianos. Empezaron bien, pero terminaron mal. Sus corazones se enorgullecieron para su propia destrucción. ¡No haga usted lo mismo!

¿Qué beneficios y bendiciones podremos recibir, por medio de la oración y de la humildad?

Beneficios y bendiciones de la humildad

1. Tendremos bendiciones financieras, reputación y larga vida

Proverbios 22.4: «Riquezas, honra y vida son la remuneración de la humildad y del temor de Jehová».

2. Aprenderemos de los demás

Filipenses 2.3-4: «Nada hagáis por contienda o por vanagloria; antes bien con humildad, estimando cada uno a los demás como superiores a él mismo, no mirando cada uno por lo suyo propio, sino cada cual también por lo de los otros».

3. Tendremos honra

Proverbios 15.33: «El temor de Jehová es enseñanza de sabiduría; y a la honra precede la humildad».

4. Viviremos en armonía con los hermanos

Efesios 4.2: «Con toda humildad y mansedumbre, soportándoos con paciencia los unos a los otros en amor».

5. Podremos perdonar y recibir perdón

Colosenses 3.12-13: «Vestíos, pues, como escogidos de Dios, santos y amados, de entrañable misericordia, de benignidad, de humildad, de mansedumbre, de paciencia; soportándoos unos a otros, y perdonándoos unos a otros si alguno tuviere queja contra otro. De la manera que Cristo os perdonó, así también hacedlo vosotros».

6. Seremos exaltados en su tiempo

Santiago 4.6, 10: «Pero él da mayor gracia. Por esto dice: Dios resiste a los soberbios, y da gracia a los humildes. Humillaos delante del Señor, y él os exaltará».

1 Pedro 5.5-6: «Revestíos de humildad; porque: Dios resiste a los soberbios [orgullosos] y da gracia [misericordia] a los humildes. Humillaos, pues, bajo la poderosa mano de Dios, para que él os exalte cuando fuere tiempo».

Y por último, Salmos 147.6: «Jehová exalta a los humildes y humilla a los impíos hasta la tierra».

7. Seremos guiados por Dios

Salmos 25.9: «Encaminará a los humildes por el juicio, y enseñará a los mansos su carrera».

8. No seremos aborrecidos por Dios

Proverbios 6.16-17: «Seis cosas aborrece Jehová, y aún siete abomina su alma: Los ojos altivos…»

9. Recibiremos la disciplina divina

Salmos 119.71: «Bueno me es haber sido humillado, para que aprenda tus estatutos».

Isaías 26.16: «Jehová, en tribulación te buscaron; derramaron oración cuando los castigaste».

10. Obtendremos la salvación

Salmos 149.4: «Porque Jehová tiene contentamiento en su pueblo; hermoseará a los humildes con la salvación».

11. Obtendremos sabiduría

Proverbios 11.2: «Cuando viene la soberbia, viene también la deshonra; mas con los humildes está la sabiduría».

12. Nos apartará del orgullo

Proverbios 16.19: «Mejor es humillar el espíritu con los humildes que repartir despojos con los soberbios».

13. Seremos sostenidos

Proverbios 29.23: «La soberbia del hombre lo abate; pero al humilde de espíritu sustenta la honra».

14. Tendremos gozo y alegría

Isaías 29.19: «Entonces los humildes crecerán en alegría en Jehová, y aún los más pobres de los hombres se gozarán en el Santo de Israel».

15. Dios mirará al sencillo

Isaías 66.2: «Pero miraré a aquél que es pobre y humilde de espíritu, y que tiembla a mi palabra».

16. Nos hace ver quién somos en realidad

Romanos 12.16: «Unánimes entre vosotros; no altivos, sino asociándoos con los humildes. No seáis sabios en vuestra propia opinión».

17. Nos hace ver nuestra dependencia y que sin Cristo no hacemos nada

Juan 15.4-5: «Permaneced en mí, y yo en vosotros. Como el pámpano no puede llevar fruto por sí mismo, si no permanece en la vid, así tampoco vosotros, si no permanecéis en mí. Yo soy la vid, vosotros los pámpanos; el que permanece en mí, y yo en él, éste lleva mucho fruto; porque separados de mí nada podéis hacer».

18. Nos hace buscar y dar la gloria solamente a Dios

Juan 5.44: «¿Cómo podéis vosotros creer, pues recibís gloria los unos de los otros, y no buscáis la gloria que viene del Dios único?»

19. Nos hace vivir en sencillez sin importar cuanto Dios nos usa

2 Corintios 12.7: «Y para que la grandeza de las revelaciones no me exaltase desmedidamente, me fue dado un aguijón en mi carne, un mensajero de Satanás que me abofetee, para que no me enaltezca sobremanera».

20. Nos hace evitar las comparaciones con los demás hermanos y ministros

1 Corintios 4.6-7: «Pero esto, hermanos, lo he presentado como ejemplo en mí y en Apolos por amor de vosotros, para que en nosotros aprendáis a no pensar más de lo que está escrito, no sea que por causa de uno, os envanezcáis unos contra otros. Porque ¿quién te distingue? ¿o qué tienes que no hayas recibido? Y si lo recibiste, ¿por qué te glorías como si no lo hubieras recibido?»

21. Nos enseña a vivir y aceptar sea cual sea nuestra situación momentánea

Filipenses 4.12: «Sé vivir humildemente, y sé tener abundancia; en todo y por todo estoy enseñado, así para estar saciado como para tener hambre, así para tener abundancia como para padecer necesidad».

22. Dios nos oirá y nos librará de males, calamidades y desastres

2 Reyes 22.18-20: «Mas el rey de Judá [Josías] que os ha enviado para que preguntaseis a Jehová, diréis así: Así a dicho Jehová el Dios de Israel: Por cuanto oíste las palabras del libro, y tu corazón se enterneció, y te humillaste delante de Jehová, cuando oíste lo que yo he pronunciado contra este lugar y contra sus moradores, que vendrán a ser asolados y malditos, y rasgaste tus vestidos, y lloraste en mi presencia, también yo te he oído, dice Jehová. Por tanto, he aquí yo te recogeré con tus padres, y serás llevado a tu sepulcro en paz, y no verán tus ojos todo el mal que yo traigo sobre este lugar. Y ellos dieron al rey la respuesta» (añadido del autor).

23. Dios nos librará de la soberbia:

Proverbios 3.7-8: «No seas sabio en tu propia opinión; teme a Jehová, y apártate del mal. Porque será medicina a tu cuerpo; y refrigerio para tus huesos».

24. Tendremos una actitud correcta

Mateo 23.12: «Porque el que se enaltece será humillado, y el que se humilla será enaltecido».

25. Nos hace recapacitar y evitar la necedad

Proverbios 30.32: «Si neciamente has procurado enaltecerte, o si has pensado hacer mal, pon el dedo sobre tu boca».

26. Tendremos la bondad, justicia y misericordia en nuestras vidas

Miqueas 6.8: «Oh hombre, él [Dios] te ha declarado lo que es bueno, y qué pide Jehová de ti; solamente hacer justicia, y amar misericordia, y humillarte ante tu Dios» (añadido del autor).

27. Tendremos confianza en el Señor

Sofonías 3.12: «Y dejaré en medio de ti un pueblo humilde y pobre, el cual confiará en el nombre de Jehová».

28. Tendremos aceptación por el Señor

Salmos 51.17: «Los sacrificios de Dios son el espíritu quebrantado; al corazón contrito y humillado no despreciarás tú, oh Dios».

29. Tendremos como enseñanza el ejemplo de Cristo

Mateo 11.29: «Llevad mi yugo sobre vosotros, y aprended de mí, que soy manso y humilde de corazón; y hallaréis descanso para vuestras almas».

Filipenses 2.6-11: «El cual [Cristo], siendo en forma de Dios, no estimó el ser igual a Dios como cosa a qué aferrarse, sino que se despojó a sí mismo, tomando forma de siervo, hecho semejante a los hombres; y estando en la condición de hombre, se humilló a sí mismo, haciéndose obediente hasta la muerte, y muerte de cruz. Por lo cual Dios también le exaltó hasta lo sumo, y le dio un nombre que es sobre todo nombre, para que en el nombre de Jesús se doble toda rodilla de los que están en los cielos, y en la tierra, y debajo de la tierra; y toda lengua confiese que Jesucristo es el Señor, para gloria de Dios Padre».

30. Evitaremos la vanagloria

Gálatas 5.26: «No nos hagamos vanagloriosos, irritándonos unos a otros, envidiándonos unos a otros».

31. Evitaremos caer

Proverbios 16.18: «Antes del quebrantamiento es la soberbia, y antes de la caída la altivez de espíritu».

32. Evitaremos el quebrantamiento

Proverbios 18.12: «Antes del quebrantamiento se eleva el corazón del hombre, y antes de la honra es el abatimiento».

33. Evitaremos ser abatidos por la altivez

Salmos 18.27: «Porque tú salvarás al pueblo afligido, y humillarás los ojos altivos».

34. Tendremos paciencia y amor

Efesios 4.2: «Con toda humildad y mansedumbre, soportándoos con paciencia los unos a los otros en amor».

35. Seremos salvos

Job 22.29: «Cuando fueren abatidos, dirás tú: Enaltecimiento habrá; y Dios salvará al humilde de ojos».

36. Dios nos levantará

Mateo 23.12: «Porque el que se enaltece será humillado, y el que se humilla será enaltecido».

37. Dios estará cerca de nosotros

Salmos 34.18: «Cercano está Jehová a los quebrantados de corazón; y salva a los contritos de espíritu».

38. Y Dios nos revelará sus misterios a nosotros

Lucas 10.21: «En aquella misma hora Jesús se regocijó en el Espíritu, y dijo: Yo te alabo, oh Padre, Señor del cielo y de la tierra, porque escondiste estas cosas de los sabios y entendidos, y las has revelado a los niños [humildes]» (añadido del autor).

¿Qué le pareció esta lista de treinta y ocho beneficios y bendiciones que podemos tener si descubrirnos el secreto de la humildad por medio de la oración? ¡Todo esto es para mí y para usted! Y para terminar este capítulo les contaré que en una ocasión la zorra y el leopardo estaban disputando para ver cual de ellos poseía más belleza. El leopardo le enseñó, uno por uno, todos los lugares decorados en su piel. A su turno, la zorra le dijo: «Mucho más belleza tengo yo que tú, mi amigo leopardo, porque mi belleza no está en el cuerpo sino en la sagacidad de mi mente». Esto fue exactamente lo que hizo el diablo. Se enorgulleció por su belleza y usó su mente para engañar a Eva y hacerla pecar junto con Adán. De la misma forma hasta hoy él engaña a millones de personas y las tiene cautivas por el espíritu de orgullo en sus corazones.

Que Dios nos ayude a vencer el orgullo y la soberbia por medio del secreto de la oración eficaz. Por ella llegaremos a obtener la humildad y sólo la oración nos hará ver y discernir cosas dentro de nosotros que de otra manera no las pudiéramos ver ni saber que existen. Es por medio de la oración eficaz que la humildad nos llevará en victoria sobre la soberbia y el orgullo.

CAPÍTULO 2

El secreto de la integridad

PORQUE ÉL ME ESCONDERÁ EN *su tabernáculo en el día del mal; me ocultará en lo reservado [secreto] de su morada; sobre una roca me pondrá en alto.* (Salmos 27.5. Añadido del autor.)

El salmista decía que Dios le escondería en su presencia. Nuestra victoria en medio del día del mal —pruebas, luchas y tribulaciones— está en escondernos en Cristo por medio del secreto de la oración eficaz hasta que pase la tormenta. En la *roca de la integridad* usted y yo estaremos seguros porque Él nos hará victoriosos por medio de una vida recta, íntegra y de credibilidad.

Lamentaciones 1.18: «Jehová es **justo;** yo contra su palabra me rebelé. Oíd ahora, pueblos todos, y ved mi dolor; mis vírgenes y mis jóvenes fueron llevados en cautiverio». En el hebreo, la palabra *justo* que se usa aquí es *tsaddiq,* que significa correcto, claro, limpio, apropiado; en fin, alguien que se caracteriza por su integridad, su equidad y su espíritu justiciero. En la Biblia, esta palabra aparece más de 200 veces y procede del verbo *tsadaq* que significa ser justo y estar justificado y limpio. *Tsadaq* y sus derivados encierran la idea de justicia e integridad en la forma de vivir. Salmos 97.11 dice que la justicia le da a una persona luz y felicidad. *Tsaddiq* aparece 66 veces en el libro de Proverbios. La persona *tsaddiq* es la que «vivirá por la fe» según Habacuc 2.4. En este versículo de Lamentaciones, Jehová es *tsaddiq,* o sea, es «justo e íntegro en todo momento, aun cuando ordene castigos». Dios es un Dios íntegro y recto, y demanda lo mismo de nosotros su iglesia. La oración dirigida por el Espíritu Santo nos deja saber las áreas de nuestras vidas en las que necesitamos integridad y rectitud. Solamente en la comunión con Dios Él podrá revelarnos su carácter de integridad que abarca todos los atributos del Ser omnipotente.

El carácter y la integridad

Se cuenta que cierto día, Francisco de Asís dijo a uno de los monjes más jóvenes: «Vamos a ir a la ciudad a predicar». El novicio se puso feliz. Llegando a la ciudad caminaron a lo largo de la avenida principal; después, entraron por calles secundarias y oscuras, dirigiéndose a los suburbios y de ahí regresaron al monasterio. Al llegar, el joven monje le dijo: «¿Usted se olvidó, hermano, que habíamos ido a la ciudad para predicar». Francisco de Asís le respondió: «Hijo mío, ¡predicamos! Estábamos predicando mientras caminábamos. Muchas personas se fijaron en nosotros y observaron nuestro comportamiento con mucha atención. Así fue que predicamos, con nuestro testimonio y nuestra integridad. Hijo mío, no tendríamos ninguna utilidad en predicar a menos que lo hiciéramos con el ejemplo de nuestras vidas». Ésta es la clave: ¡Nuestro ejemplo íntegro! Es por medio del secreto de la oración eficaz que Dios moldeará nuestro carácter y hará que éste sea íntegro, cabal, recto, justo y creíble. En el tiempo de la oración Dios nos revelará y nos hablará por su Palabra las áreas que necesitamos cambiar. Pero, ¿qué es el carácter?

El diccionario lo define así: Conjunto de cualidades psíquicas y afectivas que condicionan la conducta de cada individuo. Es una condición, índole, naturaleza de algo o alguien que lo distingue de los demás. Es firmeza, energía, genio. Una señal espiritual que queda en una persona como efecto de un conocimiento o experiencias importantes.

La caracterología, por su parte, estudia las características y cualidades que determinan los rasgos y el carácter de una persona y la distinguen claramente de las demás.

La integridad debe ser parte importante y necesaria en la formación de nuestro carácter como cristianos y ministros. En Jueces 9.16, 19 se nos dice que nuestro carácter es visto por los demás por medio de nuestro proceder: «Ahora, pues, si con verdad y con *integridad* habéis *procedido*... (v. 16, itálicas del autor) «Si con verdad y con *integridad* habéis *procedido*...» (v. 19, itálicas del autor). El pasaje hace énfasis y repite dos veces la misma cosa, dando a entender la importancia de nuestro procedimiento con los demás. ¿Cómo en realidad hemos procedido nosotros en la cuestión de la integridad? ¿Cómo es nuestro carácter?

Una vez el presidente y gerente general de una compañía manufacturera se enteró que su empresa había estado produciendo un producto defectuoso. Un reportero de la televisión pidió una entrevista con él para hablar del tema. Al ser informado, el gerente general vio que tenía tres opciones: 1. Negar el problema (algo que algunos empleados le animaron a hacer). 2. Eludir la responsabilidad y dejar que un subalterno tratara de disimular el problema. 3. Enfrentar la situación, reconocer la existencia del problema, ofrecer disculpas y buscar una solución. Se decidió por la tercera opción, a lo que llamó integridad.

Alguien intentó sobornar al ejecutivo de una inmobiliaria para que apoyara cierto proyecto. Pero la persona que intentó el soborno no sabía que el ejecutivo ya había recomendado a su junta directiva que siguieran apoyando el proyecto. Por un momento, el ejecutivo pensó que podría aceptar el soborno y nadie lo sabría, pero rehusó hacerlo y reportó el hecho a las autoridades. ¡Eso es integridad!

El diccionario de la lengua española define la palabra integridad como totalidad, plenitud, entero, íntegro, intachable y recto. La palabra integridad proviene de un vocablo que significa rectitud. En términos simples, usted hace lo que usted es. En ocasiones la integridad no es apreciada ni recompensada, especialmente cuando otros individuos piensan que no importa cómo logran sus objetivos, lo importante es lograrlos. La integridad es parte de nuestros valores morales que se fundamentan en rendir cuentas a Dios quien, a su vez, me pide que rinda cuentas a los demás. Cuando usted hace lo correcto solamente porque espera que le agradezcan o le recompensen, está siendo motivado solamente por su imagen. Pero cuando hace lo correcto porque su conciencia lo demanda, usted está siendo motivado por la integridad.

En el año del 2005 estábamos de vacaciones con la familia en Montego Bay, Jamaica. Cuando fui a pagar la cuenta al término de nuestra estadía en el hotel, llevé conmigo a mi hijo Joshua Jr. La chica del hotel me dio la cuenta y después de revisarla le dije: «Señorita, por favor, ¿pudiera ver aquí? Creo que su cuenta no está correcta…». Inmediatamente ella me dijo: «Discúlpenos, señor Yrion, ¿le hemos cobrado demasiado?» «No», le dije, «me está cobrando demasiado poco. Se han olvidado de cobrarme el cuarto. Todo lo demás está bien, menos la habitación…». Sorprendida, la joven me dijo: «Tiene usted razón; de veras que es una persona *íntegra*». Joshua, que había seguido en silencio toda la situación, me dijo: «Papi, eres un hombre de Dios de verdad, nadie haría esto». A lo que le contesté: «¿Sólo ahora te has dado cuenta que tu padre es un hombre integro y recto? ¡Te llevó doce años enterarte, hijo!»

Otro cristiano medio «chueco», quizás habría mirado la cuenta y al ver que no le estaban cobrando por el uso de la habitación, tal vez habría pensado: «Dios, ¡me estás bendiciendo!» Pero no. Dios no le estaría bendiciendo sino que el tal cristiano, de existir, estaría robando concientemente al no pagar por un servicio recibido.

Sus hijos y los demás deben conocerle como un hombre de carácter íntegro, recto e intachable en todas las áreas de su vida. Esta debe ser su tarjeta de presentación. Al vivir usted una vida de intimidad con Dios, permaneciendo en el secreto de la oración eficaz, estará desarrollando un carácter basado en la integridad personal y ministerial.

El corazón íntegro y recto

Mateo 1.19: «José su marido, como era **justo** y no quería infamarla, quiso dejarla secretamente». La palabra *justo* usada aquí, corresponde en el griego a *dikaios*, que quiere decir derecho, sin culpa, recto, íntegro, de conformidad con las leyes de Dios y del hombre. La palabra se usó originalmente para describir a la gente que vivía de acuerdo con la *dike*, o sea, con las reglas y las costumbres.

En el Nuevo Testamento se la aplica principalmente a las personas que viven de acuerdo con la norma divina del derecho y de la integridad, lo cual sólo es posible por medio de la justificación y la santificación en Cristo.

La Biblia dice que José era un hombre justo y que su corazón era íntegro. Es la actitud del corazón y sus motivaciones que determinará el nivel de integridad y rectitud en nuestras vidas. José era un hombre temeroso de Dios y cuando supo que María estaba esperando un hijo antes de casarse con él, no quiso difamarla. Después, el ángel le comunicó que María iría dar a luz a un niño engendrado por el Espíritu Santo. Pero antes que el ángel le hablará él ya había decidido en su corazón no ponerla en evidencia. A eso llamamos una actitud de integridad. Su corazón era recto y justo para con Dios y con los hombres. Seguramente José tenía una vida de oración y de comunión con Dios, pues nadie puede tener una integridad espiritual si no conoce a Dios. La oración en nuestras vidas hará que tengamos corazones íntegros y rectos, pues el Espíritu de Dios nos revelará lo que tenemos que cambiar a diario en nuestro caminar con Cristo.

Al hablar del corazón del hombre inmediatamente pensamos en las enfermedades físicas del corazón que causan la muerte de miles de personas cada año. Escuchamos y leemos a diario sobre cómo cuidar de nuestro corazón. Expertos hablan sobre dietas balanceadas, ejercicios, evitar excesos de cafeína y alcohol, no fumar, mantener el peso ideal, someternos a exámenes periódicos para asegurarnos que la presión sanguínea y otros indicadores fisiológicos estén bajo control. Problemas físicos en el corazón pueden ser particularmente críticos para hombres de negocios, profesionales y también de ministros que están motivados por el deseo de alcanzar el éxito; personas que se comprometen a hacer lo que sea necesario para realizar sus objetivos, aunque eso signifique exigir demasiado esfuerzo de sus cuerpos y mentes.

Pero hay otro tipo de «problemas del corazón» que nos afligen a muchos de nosotros. En este caso, «corazón» se refiere a nuestros objetivos hábilmente disimulados, a la motivación real detrás de nuestro modo de vivir, cómo actuamos con relación a otros, inclusive lo que decimos. La mayoría de nosotros desea estar cerca de personas cuyos corazones son «rectos», que exhiben un carácter aprobado y tienen un compromiso con la integridad y la rectitud. Son individuos genuinos, que no ocultan intenciones. Pero parece que en nuestros días tales personas están en vías de extinción en las diferentes áreas de la actividad humana e incluso en la función eclesiástica de hoy. ¿Será que tenemos que hacer la pregunta de oro de Proverbios 20.6 que dice: «Muchos hombres proclaman cada uno su propia bondad, pero hombre de verdad, ¿quién lo hallará?»

¿Cómo está su corazón hoy? ¿Es usted un camaleón que cambia para adecuarse al medio ambiente, ajustando rápidamente su comportamiento y sus palabras según las conveniencias para alcanzar su objetivo? Si su motivación está enfocada en determinado resultado final como para tener éxito en los negocios o una promoción en el trabajo o crecer en el ministerio, pero todo sin integridad y respeto a los demás, le diré que usted es un candidato muy fuerte a tener «problemas de corazón». Solamente reteniendo los valores en que creemos y fuimos educados e instruidos, y dejando moldear nuestro comportamiento, y no al contrario, podremos mantener corazones saludables, tanto en la vida secular como en la espiritual, tanto en el trabajo como en el ministerio.

Veamos lo que dice el libro de Proverbios sobre el corazón y la integridad:

1. La condición de nuestro corazón indica quienes realmente somos

Proverbios 27.19: «Como en el agua el rostro corresponde al rostro, así el corazón del hombre al del hombre».

¿Se examinó cuidadosamente en el espejo y descubrió una mancha que no tenía? No se puede culpar al espejo por la mancha. Él no hizo otra cosa que revelar la verdad. El corazón funciona de la misma manera, revelando lo más profundo de nuestro interior. En otras palabras, nuestro corazón revela nuestro verdadero «yo». Podemos disfrazarnos, ocultándonos detrás de una fachada de sinceridad y autenticidad, pero si nuestro corazón no está en el lugar correcto, tarde o temprano la verdad será revelada.

2. Un corazón saludable atrae buena compañía

Proverbios 22.11: «El que ama la limpieza de corazón, por la gracia de sus labios tendrá la amistad del rey».

Cuando los demás saben que pueden confiar y contar con nosotros sin importar las circunstancias, es posible construir relaciones fuertes, mutuamente benéficas.

3. Un corazón engañador acabará siendo descubierto

Proverbios 26.24-26: «El que odia disimula con sus labios; mas en su interior maquina engaño. Cuando hablare amigablemente, no le creas; porque siete abominaciones hay en su corazón. Aunque su odio se cubra con disimulo, su maldad será descubierta en la congregación».

Podemos engañar a las personas por cierto tiempo, pero inevitablemente nuestra duplicidad será revelada.

4. La mejor manera de garantizar un buen corazón es estar cerca del Señor

Proverbios 28.14: «Bienaventurado el hombre que siempre teme a Dios; mas el que endurece su corazón caerá en el mal».

Si yo deseo que mi automóvil continúe funcionando bien, tengo que seguir las recomendaciones del manual de fábrica y llevarlo cada cierto tiempo al taller mecánico para las revisiones correspondientes. En la búsqueda de un buen corazón, tanto en el área personal como ministerial, debemos empeñarnos para hacer lo mismo.

5. Debemos confiar en el Señor de todo el corazón en todas las áreas

Proverbios 28.14: «Bienaventurado el hombre que siempre teme a Dios; mas el que endurece su corazón caerá en el mal».

Proverbios 3.5-6: «Fíate de Jehová de todo tu corazón, y no te apoyes en tu propia prudencia. Reconócelo en todos tus caminos, y él enderezará tus veredas».

La tecnología nos tiene acostumbrados a requerir datos y hechos para todo lo que hacemos, pero a veces nos sentimos limitados al tomar una decisión que requiere una solución espiritual y no tecnológica. Por eso es necesario contar con la sabiduría divina en momentos como estos en todas las áreas de nuestras vidas.

6. La actitud del corazón determina nuestra salud física y espiritual

Proverbios 14.30: «El corazón apacible es vida de la carne; mas la envidia es carcoma [pudrición] de los huesos» (añadido del autor).

Tener un corazón con actitudes y motivos correctos espiritualmente, aumentará la probabilidad de tener un cuerpo y un corazón sanos físicamente.

7. El Señor conoce las intenciones de nuestro corazón

Proverbios 17.3: «El crisol para la plata, y la hornaza para el oro; pero Jehová prueba los corazones».

Todo lo que hacemos, personal o ministerialmente, pasará por un severo sistema de aprobación por parte de Dios. Nuestras acciones y palabras son el resultado de nuestros motivos y los motivos son el resultado de lo que está en nuestro corazón. Y lo que está dentro de nuestro corazón se llama carácter.

8. Todos nuestros motivos y actitudes fluyen del corazón

Proverbios 4.23: «Sobre toda cosa guardada, guarda tu corazón; porque de él mana la vida».

Un corazón no recto y con falta de integridad puede llevarnos a actuar y a tomar decisiones que en el fondo reconocemos como erradas y anti-éticas. El momento de enseñar a nuestro corazón a siempre elegir lo intachable, recto e íntegro, es antes que surjan las tentaciones y crisis y no en medio de ellas.

9. Sólo el Señor conoce lo profundo de nuestros corazones

Proverbios 21.2: «Todo camino del hombre es recto en su propia opinión; pero Jehová pesa los corazones».

El profeta Jeremías ya nos había dicho que el corazón es engañoso, Moisés dijo que Dios probó a Israel para saber lo que había en sus corazones, y Dios dijo a Samuel que Él ve el corazón del hombre. Nosotros miramos el exterior de alguien, pero Dios ve el interior de su alma, espíritu y corazón. Solamente Dios puede decir la última palabra sobre nosotros, nuestros motivos, acciones, actitudes, comportamiento y palabras.

Hace muchos años, el hermano Joseph Kratzle, encargado de la limpieza en un edificio de Chicago, encontró dos paquetes con 114.000 dólares que un residente del edificio había perdido. Joseph era un hombre de oración y temeroso de Dios. Su recompensa fue una moneda de $0,25 centavos y un gentil ofrecimiento de yodo para curarse las manos que se había cortado mientras buscaba los paquetes en las bolsas de basura. Kratzle aceptó los 25 centavos, pero rehusó la oferta del yodo. Él mismo cuidó de sus heridas luego que salió del sótano donde había trabajado incansablemente por más de tres horas en busca del dinero perdido. Alguien, por equivocación, había puesto el dinero en las bolsas que había que echar en la basura. Pero esta no fue la primera vez que Kratzle encontró dinero. Años antes, cuando trabajaba como limpiador de ventanas en un banco, encontró un paquete con 83.000 dólares en el piso. Pero en aquella ocasión su recompensa fue mayor. El presidente del banco le dio una propina de $25,00. ¿Qué hizo que el hermano Joseph entregara estas cantidades enormes de dinero? Su integridad. Su vida de oración y comunión con Dios le hicieron de él un hombre íntegro e intachable delante de Dios y de los hombres. El secreto de la oración eficaz moldeó su carácter y lo llevó a vivir una vida íntegra. La razón por la cual muchos cristianos no viven en integridad es porque no tienen una vida privada de oración y no conocen el secreto de su poder y de su eficacia para combatir la tentación de la avaricia.

Si usted compara la lista de nombres de los reyes tanto de Judá como de Israel que hicieron lo recto, verá que es mucho más pequeña que la de los reyes que hicieron lo malo. Veamos la lista de rectitud y fidelidad:

1. Asa

1 Reyes 15.9-11: «En el año veinte de Jeroboam rey de Israel, Asa comenzó a reinar sobre Judá. Y reinó cuarenta y un años en Jerusalén; el nombre de su madre fue Maaca, hija de Abisalom. *Asa hizo lo recto ante los ojos de Jehová*, como David su padre» (itálicas del autor).

2. Josafat

2 Crónicas 20.31, 32: «Así reinó Josafat sobre Judá; de treinta y cinco años era cuando comenzó a reinar, y reinó veinticinco años en Jerusalén... *Y anduvo en el camino de Asa su padre, sin apartarse de él, haciendo lo recto ante los ojos de Jehová*» (itálicas del autor).

3. Joás (de Judá)

2 Reyes 12.1-2: «En el séptimo año de Jehú comenzó a reinar Joás, y reinó cuarenta años en Jerusalén... *Y Joás hizo lo recto ante los ojos de Jehová todo el tiempo que le dirigió el sacerdote Joiada*» (itálicas del autor). Pero al final de su vida se rebeló contra Jehová olvidándose lo que Dios y el sacerdote Joiada habían hecho por él. Véase 2 Crónicas 24.15-27.

4. Amasías

2 Reyes 14.1-3: «En el año segundo de Joás hijo de Joacaz rey de Israel, comenzó a reinar Amasías, hijo de Joás rey de Judá. Cuando comenzó a reinar era de veinticinco años, y veintinueve años reinó en Jerusalén... *Y él hizo lo recto ante los ojos de Jehová*, aunque no como David su padre; hizo conforme a todas las cosas que había hecho Joás su padre» (itálicas del autor).

5. Azarías (Uzías)

2 Reyes 14.21 y 15.1-3: «Entonces todo el pueblo de Judá tomó a Azarías que era de dieciséis años, y lo hicieron rey en lugar de Amasías su padre». «En el año veintisiete de Jeroboam rey de Israel comenzó a reinar Azarías, hijo de Amasías, rey de Judá. Cuando comenzó a reinar era de dieciséis años, y cincuenta y dos años reinó en Jerusalén... *E hizo lo recto ante los ojos de Jehová*, conforme a todas las cosas que su padre Amasías había hecho» (Véase 2 Crónicas 26.3-5

donde Azarías es llamado con el nombre de Uzías. Itálicas del autor). Desafortunadamente, al final de su vida, el corazón de Uzías se enalteció y a causa de su orgullo el Señor lo destruyó (Véase 2 Crónicas 26.1-23).

6. Jotam

2 Reyes 15.32-34: «En el segundo año de Peka hijo de Remalías rey de Israel, comenzó a reinar Jotam hijo de Uzías [Azarías] rey de Judá. Cuando comenzó a reinar era de veinticinco años, y reinó dieciséis años en Jerusalén... *Y él hizo lo recto ante los ojos de Jehová,* hizo conforme a todas las cosas que había hecho su padre Uzías [Azarías]» (añadido e itálicas del autor).

7. Ezequías

2 Reyes 18.1-3: «En el tercer año de Oseas hijo de Ela, rey de Israel, comenzó a reinar Ezequías, hijo de Acaz, rey de Judá. Cuando comenzó a reinar era de veinticinco años... *Hizo lo recto ante los ojos de Jehová,* conforme a todas las cosas que había hecho David su padre» (itálicas del autor). Después Ezequías se enorgulleció, pero después de haberse enaltecido se humilló y Jehová no le castigó (véase 2 Crónicas 32.24-26).

8. Josías

2 Reyes 22.1-2: «Cuando Josías comenzó a reinar era de ocho años, y reinó en Jerusalén treinta y un años... *E hizo lo recto ante los ojos de Jehová,* y anduvo en todo el camino de David su padre, *sin apartarse a derecha ni a izquierda*» (itálicas del autor).

El corazón de los reyes que buscaron a Jehová y anduvieron en sus caminos orando y temiéndole fue recto e íntegro. Mientras ellos oraban y tenían su tiempo con Dios y observaban sus leyes y estatutos, el Señor les prosperaba, pero cuando dejaban el secreto de la oración eficaz, decaían y muchos de ellos terminaron destruyéndose al dejar la oración y al Señor. El éxito de un ministerio y de todo cristiano en todas las áreas de su vida está muy entrelazado con la oración. Tomemos por ejemplo el reinado de Uzías. Vea lo que dice 2 Crónicas 26.5 «Y persistió en buscar [orar] a Dios en los días de Zacarías, entendido en visiones de Dios; y en estos días que él buscó [oró] a Jehová, él le prosperó» (añadido del autor). Allí está la clave: la oración hará de nosotros cristianos íntegros y rectos. Desdichadamente, cuando Uzías se tornó poderoso y dejó la intimidad con Dios, la oración y el temor, su corazón se enorgulleció por causa de su fama a raíz de lo cual vino su ruina y destrucción. ¡No haga usted lo mismo! ¡No abandone la oración!

Ahora le diré lo que es la gran bendición de tener un corazón recto e íntegro y le contaré una experiencia que tuve hace algunos años. Tenía que llevar nuestro automóvil, un Honda Civic del año 1990, a hacer la prueba del humo que todos los vehículos del estado de California deben hacer cada dos años. Cuando el empleado conectó los aparatos al carro e hizo funcionar la computadora, el resultado fue negativo. Nuestro automóvil no pasó la prueba. Yo me sorprendí porque nunca antes mi «carrito cristiano» nos había fallado. Esto fue allá por el año 1998. Si no se pasa la prueba no había permiso para usar el carro y era el único que teníamos. ¿Cómo iba a poder predicar en el área de Los Ángeles sin él? Le dije al empleado que por favor hiciera la prueba de nuevo porque yo creía que algo estaba mal con los aparatos y la computadora, pero no con mi hondita, además que mi carrito era «cristiano». El hombre repitió la prueba y salió peor. Todo, absolutamente todo, había fallado. Yo podía leer en la pantalla de la computadora, de arriba abajo, la palabra *fail* repetida en cada área revisada. Yo empecé a preocuparme, así es que oré en mi espíritu para que Dios me indicara el paso que tenía que dar. Viendo mi preocupación, el empleado se me acercó y me dijo: «Lo siento, su carro está mal, muy mal, no pasó la prueba y, usted sabe, así no lo puede manejar». «¿Qué podremos hacer?» le dije. Y agregué: «Habrá que ver dónde está lo malo y arreglarlo». Entonces el hombre se acercó aun más a mí y me dijo, en voz baja: «¡No hay problema, yo sé como arreglar esto!» «¿Cómo?» le pregunté, sorprendido. Y me respondió: «Hay una manera… pero… si usted está de acuerdo… yo puedo poner mi carro… y hacer la prueba en él… y… hummm… después escribir el numero del registro de su Honda y… hummm… enviarlo al Departamento de Vehículos Motorizados en Sacramento como si fuera su carro que lo hizo… es ilegal… es contra la ley… es un riesgo… y le va a costar más dinero… pero usted necesita su carro… ¿verdad?» *¡Qué hombre más atrevido!*, me dije. *Él no sabe quien soy yo.* Y mirándole directamente a la cara y fijando mis ojos en los suyos, le dije: «Yo no hago nada ilegal ni contra la ley. Yo soy un ministro del evangelio y no violo las leyes para mi beneficio. Usted está muy, pero muy equivocado si cree que haré lo que me está proponiendo». ¡El hombre se llevó un gran susto! Y empezó a tartamudear. «Ah, bueno… disculpe… yo no sabía que era ministro… es que muchos latinos lo hacen… lo siento… disculpe… no fue mi intención…» «¡Oh sí, cómo no!» le dije, «usted me dio la opción con toda intención para violar la ley». Llamé a mi cuñado quien vino por mí y dejé el carro para repararlo. Cuando llegué a casa, usted no me va a creer. Mientras Damaris servia la cena, yo puse, como siempre, el noticiero en el canal hispano. La primera noticia que salió fue esta: «El estado de California está haciendo redadas en las gasolineras, porque fue descubierto que muchos dueños de estos negocios están pasando pruebas del humo falsas. Tanto el dueño del local como los motoristas, están siendo buscados por la policía. Si se les detiene se exponen a una multa de 250 mil dólares y de seis meses a dos años de cárcel para cada uno de los infractores». «¡Santo Dios!», grité al tiempo que me tomaba la cabeza con las dos manos y me levantaba de la silla exclamando: «¡Qué trampa me puso el diablo!» Cuando expliqué a Damaris lo que me había sucedido, ella me dijo: «Tú no sabes si el hombre era un inspector del estado y te estaba probando, y si no, tanto él como tú, podrían haber sido detenidos y procesados. ¡Imagínate lo que te hubiera pasado si hubieras aceptado lo que te proponía! ¿Qué habría sido de nosotros, y de tu nombre, y de tu ministerio, de tu reputación y de tu integridad? Mis queridos hermanos, no tengo ninguna duda que el beneficio de haber actuado con integridad me trajo la bendición de ser librado de la cárcel y de no haber sido destruido por el enemigo. Puedo identificarme literalmente con lo que dijo Elifaz a Job: «¿No es tu temor a Dios tu confianza? ¿No es tu esperanza la integridad de tus caminos?» (Job 4.6). Este es el resultado de vivir una vida de oración y de vivir en rectitud e integridad: ¡Ser librado de las manos del enemigo!

El corazón no recto y no íntegro y su infidelidad

A medida que los años pasan he notado una gran infidelidad en el corazón de muchos ministros, hermanos y sus familias. Una infinidad de personas que se dicen cristianos, viven con sus corazones ciegos, sin rectitud y sin integridad. La razón es obvia: abandonaron el lugar secreto de la oración y sus corazones perdieron toda la sensibilidad espiritual que antes tuvieron y se corrompieron. Solamente menciono algunos ejemplos que me ha tocado conocer.

Centenares de hermanos, ministros y librerías cristianas han hecho copias de videos y DVD vendiéndolos sin nuestro permiso ganando dinero a costa de nuestro trabajo y esfuerzo. Nos han robado en Australia, en Europa, en Japón, en Canadá, aquí en Estados Unidos, en México y en toda América Latina, en Brasil y en las islas del Caribe. Hemos constatado tristemente que ministros han lucrado descarada e ilegalmente con nuestro material. Nunca he querido llevarlos ante la justicia de los hombres. Solamente hemos esperado en Dios. Algunos de ellos perdieron sus familias, sus esposas, sus hijos, otros sus bienes, otros sus ministerios, otros sus iglesias, y aun algunos han muerto literalmente cuando Damaris y yo y el ministerio hemos orado y ayunado y pedido justicia de los cielos por esta infamia, robo e infidelidad hacia nosotros. Nuestro ministerio ha recibido un sin número de cheques sin fondo por compra de nuestro material. Además de llamarles por teléfono, se les envía una carta con la copia del cheque y la carta del banco. Noventa por ciento de ellos no regresan el material y mucho menos envían un nuevo cheque. De la misma manera, una gran cantidad de hermanos nos han comprado el material con sus tarjetas de crédito. Muchísimas han sido rechazadas. Igualmente llamamos, pero un 90% de ellos quedan de enviar un cheque que nunca llega. Librerías cristianas han adquirido nuestro material y nunca han enviado el cheque para pagarlos. Aun pastores han comprado nuestros DVD y videos y nunca han enviado el cheque. Esto sin hablar que algunos de ellos nos han dado un cheque sin fondos como ofrenda después de nosotros ministrar en sus iglesias. Otros pastores no nos han reintegrado el valor de los tiquetes aéreos después de haberlos comprado con su autorización y su promesa de devolvernos el dinero. ¡Es increíble pero es verdad!

Cierta vez fui a un evento en Los Ángeles donde el pastor al final pidió a los hermanos que hicieran una promesa de fe, que oraran al Señor y después que enviaran la cantidad por correo a nuestro ministerio. En el momento de la unción, al final, muchos hermanos lo hicieron y llevé para la casa un gran número de papelitos con sus nombres y teléfonos. El pastor nos pidió que los llamáramos por teléfono. ¡Qué fracaso cuando llamamos! Todos, salvo una persona, se olvidaron y nadie envió lo que habían prometido al Señor. El pastor debió de haber levantado y recogido una ofrenda para nosotros, pero optó por pedir promesas y las promesas se las llevó el viento y quienes sufrieron el daño fuimos nosotros. ¿Por qué sucede todo esto en el seno de la iglesia del Señor? Por la falta de integridad y de rectitud; porque los corazones de estas personas no son fieles ni íntegros. Si ellos no son fieles en las cosas del Señor, ¿cómo estarán sus deudas personales y sus vidas espirituales? Una gran parte de hermanos no pagan sus impuestos, usan nombres falsos, números del seguro social falsos, huyen para otros estados, cambian de direcciones, falsifican firmas e informaciones para comprar casas, para solicitar empleo, para la residencia legal, para la ciudadanía. Pero, en realidad, ¿por qué sucede esto entre quienes se dicen cristianos y aun ministros del Evangelio? ¿Por qué han sucumbido ante la deshonestidad y la infidelidad? ¿Será que los ladrones y los mentirosos entrarán en el reino de Dios? ¿Por qué actuarán así?

1. Porque abandonaron el lugar secreto de la oración

Jeremías 23.18, 22: «Porque ¿quién estuvo en el secreto de Jehová, y vio, y oyó su palabra? ¿Quién estuvo atento a su palabra, y la oyó? Pero si ellos [los hermanos y ministros] hubieran estado en mi secreto [de la oración], habrían hecho oír mis palabras a mi pueblo [hubieron dado testimonio de rectitud] y lo habrían hecho volver de su mal camino [sus robos y mentiras] y de la maldad [su deshonestidad] de sus obras» (añadido del autor).

2. Porque sus corazones no son rectos

Salmos 78.37a «Pues sus corazones *no eran rectos* para con él...» (itálicas del autor).

3. Porque dejaron el pacto que hicieron con Dios

Salmos 78.37b: «...ni estuvieron firmes en su pacto».

4. Porque han sido una mala influencia para los demás

Proverbios 28.10: «El que hace errar a los rectos por el mal camino, él caerá en su misma fosa».

5. Porque están llenos de malicia y pecan deliberadamente

Miqueas 7.2-3: «Faltó el misericordioso de la tierra, y ninguno hay recto entre los hombres; todos acechan por sangre [roban]; cada cual arma red a su hermano [y roban deliberadamente, conscientemente]. Para completar *su maldad* con sus manos, el príncipe demanda [el ministro], y el juez juzga por recompensa; y el grande habla el antojo de su alma, y lo confirman [lo siguen haciendo]» (añadidos e itálicas del autor).

6. Porque están llenos de infidelidad y orgullo

Habacuc 2.4: «He aquí que aquel cuya alma no es recta, se enorgullece; mas el justo por su fe [su integridad, su rectitud] vivirá» (añadido del autor).

7. Porque viven en ganancias deshonestas y no tienen rectitud

Hechos 8.18-21: «Cuando vio Simón que por la imposición de las manos de los apóstoles se daba el Espíritu Santo, les ofreció dinero, diciendo: Dadme también a mí este poder, para que cualquiera a quien yo impusiere las manos reciba el Espíritu Santo. Entonces Pedro le dijo: Tu dinero perezca contigo, porque has pensado que el don de Dios se obtiene con dinero. No tienes tú parte ni suerte en este asunto, porque *tu corazón no es recto* delante de Dios» (itálicas del autor).

8. Porque están llenos de injusticia, inmundicia, manchas, errores, adulterio, pecados, seducción, codicia, maldición, falta de rectitud, maldad, iniquidad, perdición, esclavitud, corrupción y contaminación

2 Pedro 2.13-22: «Recibiendo el galardón de su *injusticia*, ya que tienen por delicia el gozar de deleites cada día. Estos son *inmundicias* y *manchas*, quienes aun mientras comen con vosotros, se recrean en sus *errores*. Tienen los ojos llenos de *adulterio*, no se sacian de *pecar, seducen* a las almas inconstantes, tienen el corazón habituado a la *codicia* y son hijos de *maldición*. Han *dejado* el camino *recto*, y se han extraviado siguiendo el camino de Balaam hijo de Beor, el cual amó el premio de la *maldad*, y fue reprendido por su *iniquidad*… Estos son fuentes sin agua, y nubes empujadas por la tormenta, para los cuales *la más densa oscuridad* está reservada para *siempre* [la perdición eterna]… Les prometen libertad, y son ellos mismos *esclavos de corrupción*. Porque el que es vencido por alguno es hecho esclavo del que lo venció. Ciertamente, si habiéndose ellos escapado de las *contaminaciones* del mundo, por el conocimiento del Señor y Salvador Jesucristo, enredándose otra vez en ellas son vencidos, su postrer estado viene a ser peor que el primero. Porque mejor les hubiera sido no haber conocido el camino de justicia, que después de haberlo conocido, volverse atrás del santo mandamiento que les fue dado. Pero les ha acontecido lo del verdadero proverbio: El perro vuelve a su vómito, y la puerca lavada a revolcarse en el cieno» (añadidos e itálicas del autor).

9. Porque secretamente no actuarán en rectitud para con Dios

2 Reyes 17.9: «Y los hijos de Israel [muchos en la iglesia hoy] hicieron secretamente cosas no rectas contra Jehová su Dios, edificándose lugares altos [corazones perversos] en todas sus ciudades [en todo el mundo] desde las torres de las atalayas [dejaron de vigilar y orar] hasta las ciudades fortificadas [se destruyeron sus vidas espirituales]» (añadidos del autor).

Hace algún tiempo, en el estado de California hubo una ley que autorizaba a aquellos que habían trabajado en el campo que pudieran solicitar la residencia legal siempre que pudieran probar que en realidad habían trabajado en la agricultura en Estados Unidos. De la noche a la mañana millones de personas llenaron solicitudes de residencia legal basados en la afirmación de que sí habían trabajado en la plantación y cosecha de alimentos. Muchos cristianos hicieron solicitud con la esperanza de recibir su status legal. Pero el Servicio de Inmigración y Naturalización de California se percató que había demasiada gente haciendo estas solicitudes. Y mandaron a llamar a muchos de los cuales la justicia había desconfiado en algún detalle de su aplicación. Cuando comparecieron ante las autoridades, les hicieron muchas preguntas sobre agricultura, siembra, cosecha, insecticidas y pesticidas, el tiempo de sembrar y de cosechar, la época de las lluvias, el tipo de semilla usado, dónde trabajaron. Muchos cristianos habían obtenido cartas de sus pastores quienes mintieron en un intento por ayudarles, o con la intención premeditada de engañar a la ley. Muchos, al ser descubiertos, tuvieron problemas con la justicia. Algunos terminaron en la cárcel por perjurio y otros fueron deportados. Lo peor fue que muchos creyentes que se identificaron como seguidores de Cristo terminaron avergonzando y burlándose del nombre del Señor. Por esto es que el evangelio está siendo blasfemado y ridiculizado; por tantos cristianos y ministros que ni aún han nacido de nuevo y mucho menos conocen el camino de la verdad.

Examinemos la lista de los nombres de los reyes de Judá y de Israel que hicieron lo malo. Encontraremos que es mucho más extensa que la de los que hicieron lo recto:

1. Salomón

1 Reyes 11.4-13: «Y cuando Salomón era viejo, sus mujeres inclinaron su corazón tras dioses ajenos, y *su corazón no era perfecto con Jehová su Dios...* E

hizo Salomón *lo malo ante los ojos de Jehová y no siguió cumplidamente a Jehová como David su padre.* Y se enojó Jehová contra Salomón, por cuanto *su corazón se había apartado de Jehová Dios de Israel...mas él no guardó lo que le mandó Jehová»* (itálicas del autor).

2. Jeroboam I

1 Reyes 13.33-34; 14.9: «Con todo esto, no se apartó Jeroboam *de su mal camino...*Y esto fue causa de pecado a la casa de Jeroboam... sino *que hiciste lo malo* sobre todos los que han sido antes de ti» (itálicas del autor).

3. Roboam

1 Reyes 14.21-22: «Roboam hijo de Salomón reinó en Judá. De cuarenta y un años era Roboam cuando comenzó a reinar y diecisiete años reinó en Jerusalén... *Hizo lo malo ante los ojos de Jehová»* (itálicas del autor).

4. Abiam

1 Reyes 15.1-3: «En el año dieciocho del rey Jeroboam hijo de Nabat, Abiam comenzó a reinar sobre Judá, y reinó tres años en Jerusalén... *Y anduvo en todos los pecados que su padre había cometido antes de él; y no fue su corazón perfecto con Jehová su Dios»* (itálicas del autor).

5. Baasa

1 Reyes 15.33-34: «En el tercer año de Asa rey de Judá, comenzó a reinar Baasa hijo de Ahías sobre todo Israel en Tirsa; y reinó veinticuatro años. *E hizo lo malo ante los ojos de Jehová, y anduvo en el camino de Jeroboam, y en su pecado que hizo pecar a Israel»* (itálicas del autor).

6. Zimri

1 Reyes 16.15, 19: «En el año veintisiete de Asa rey de Judá, comenzó a reinar Zimri, y reinó siete días en Tirsa... y así murió, *por los pecados que había cometido, haciendo lo malo ante los ojos de Jehová»* (itálicas del autor).

7. Omri

1 Reyes 16.23, 25: «En el año treinta y uno de Asa rey de Judá, comenzó a reinar Omri sobre Israel, y reinó doce años; en Tirsa reinó seis años. *Y Omri hizo lo malo ante los ojos de Jehová, e hizo peor que todos los que habían reinado antes de él»* (itálicas del autor).

8. Acab

1 Reyes 16.29-30: «Comenzó a reinar Acab hijo de Omri sobre Israel en el año treinta y ocho de Asa rey de Judá. Y reinó Acab hijo de Omri sobre Israel en Samaria veintidós años. Y Acab hijo de Omri *hizo lo malo ante los ojos de Jehová, más que todos los que reinaron antes de él*» (itálicas del autor).

9. Ocozías

1 Reyes 22.51-52: «Ocozías hijo de Acab comenzó a reinar sobre Israel en Samaria, el año diecisiete de Josafat rey de Judá; y reinó dos años sobre Israel. *E hizo lo malo ante los ojos de Jehová, y anduvo en el camino de su padre, y en el camino de su madre [Jezabel], y en el camino de Jeroboam* hijo de Nabat, *que hizo pecar a Israel*» (itálicas y añadido del autor).

10. Joram

2 Reyes 8.16-18: «En el quinto año de Joram hijo de Acab, rey de Israel, y siendo Josafat rey de Judá, comenzó a reinar Joram hijo de Josafat, rey de Judá. De treinta y dos años era cuando comenzó a reinar, y ocho años reinó en Jerusalén. *Y anduvo en el camino de los reyes de Israel, como hizo la casa de Acab, porque una hija de Acab fue su mujer, e hizo lo malo ante los ojos de Jehová*» (itálicas del autor).

11. Ocozías

2 Reyes 8.25-27: «En el año doce de Joram hijo de Acab, rey de Israel, comenzó a reinar Ocozías hijo de Joram, rey de Judá. De veintidós años era Ocozías cuando comenzó a reinar, y reinó un año en Jerusalén... *Anduvo en el camino de la casa de Acab, e hizo lo malo ante los ojos de Jehová, como la casa de Acab; porque era yerno de la casa de Acab*» (itálicas del autor).

12. Joacaz

2 Reyes 13.1-2: «En el año veintitrés de Joás hijo de Ocozías, rey de Judá, comenzó a reinar Joacaz hijo de Jehú sobre Israel en Samaria; y reinó diecisiete años. *E hizo lo malo ante los ojos de Jehová, y siguió en los pecados de Jeroboam hijo de Nabat, el que hizo pecar a Israel, y no se apartó de ellos*» (itálicas del autor).

13. Joás

2 Reyes 13.10-11: «El año treinta y siete de Joás rey de Judá, comenzó a reinar Joás hijo de Joacaz sobre Israel en Samaria; y reinó dieciséis años. *E hizo lo malo ante los ojos de Jehová; no se apartó de todos los pecados de Jeroboam hijo de Nabat, el que hizo pecar a Israel; en ellos anduvo*» (itálicas del autor).

14. Jeroboam II

2 Reyes 14.23-24: «El año quince de Amasías hijo de Joás rey de Judá, comenzó a reinar Jeroboam hijo de Joás sobre Israel en Samaria; y reinó cuarenta y un años. *E hizo lo malo ante los ojos de Jehová, y no se apartó de todos los pecados de Jeroboam hijo de Nabat, el que hizo pecar a Israel*» (itálicas del autor).

15. Zacarías

2 Reyes 15.8-9: «En el año treinta y ocho de Azarías [Uzías] rey de Judá, reinó Zacarías hijo de Jeroboam sobre Israel seis meses. *E hizo lo malo ante los ojos de Jehová, como habían hecho sus padres; no se apartó de los pecados de Jeroboam hijo de Nabat, el que hizo pecar a Israel*» (añadido e itálicas del autor).

16. Manahem

2 Reyes 15.17-18: «En el año treinta y nueve de Azarías [Uzías] rey de Judá, reinó Manahem hijo de Gadi sobre Israel diez años, en Samaria. *E hizo lo malo ante los ojos de Jehová; en todo su tiempo no se apartó de los pecados de Jeroboam hijo de Nabat, el que hizo pecar a Israel*» (añadido e itálicas del autor).

17. Pekaía

2 Reyes 15.23-24: «En el año cincuenta de Azarías [Uzías] rey de Judá, reinó Pekaía hijo de Manahem sobre Israel en Samaria, dos años. *E hizo lo malo ante los ojos de Jehová; no se apartó de los pecados de Jeroboam hijo de Nabat, el que hizo pecar a Israel*» (añadido e itálicas del autor).

18. Peka

2 Reyes 15.27-28: «En el año cincuenta y dos de Azarías [Uzías] rey de Judá, reinó Peka hijo de Remalías sobre Israel en Samaria; y reinó veinte años. *E hizo lo malo ante los ojos de Jehová; no se apartó de los pecados de Jeroboam hijo de Nabat, el que hizo pecar a Israel*» (añadido e itálicas del autor).

19. Acaz

2 Reyes 16.1-3. «En el año diecisiete de Peka hijo de Remalías, comenzó a reinar Acaz hijo de Jotam rey de Judá. Cuando comenzó a reinar Acaz era de veinte años y reinó en Jerusalén dieciséis años; *y no hizo lo recto ante los ojos de Jehová su Dios, como David su padre. Antes anduvo en los caminos de los reyes de Israel, y aun hizo pasar por fuego a su hijo...*» (itálicas del autor).

20. Oseas

2 Reyes 17.1-2: «En el año duodécimo de Acaz rey de Judá, comenzó a reinar Oseas hijo de Ela en Samaria sobre Israel; y reinó nueve años. *E hizo lo malo ante los ojos de Jehová, aunque no como los reyes de Israel que habían sido antes de él*» (itálicas del autor).

21. Manasés

2 Reyes 21.1-2, 16: «De doce años era Manasés cuando comenzó a reinar, y reinó en Jerusalén cincuenta y cinco años... *E hizo lo malo ante los ojos de Jehová según las abominaciones de las naciones que Jehová había echado de delante de los hijos de Israel... Fuera de esto derramó Manasés mucha sangre inocente en gran manera, hasta llenar a Jerusalén de extremo a extremo; además de su pecado con que hizo pecar a Judá, para que hiciese lo malo ante los ojos de Jehová*» (itálicas del autor). Pero al final de su vida, Manasés tuvo un encuentro con el Señor que lo llevó a la humildad y al arrepentimiento de sus pecados. Vea lo que dice 2 Crónicas 33.10-13: «Y habló Jehová a Manasés y a su pueblo, mas ellos no escucharon; por lo cual Jehová trajo contra ellos los generales del ejército del rey de los asirios, los cuales aprisionaron con grillos a Manasés, y atado con cadenas lo llevaron a Babilonia. Mas luego que fue puesto en angustias, *oró a Jehová su Dios*, humillado grandemente en la presencia del Dios de sus padres. Y habiendo *orado a él*, fue atendido, pues Dios *oyó su oración* y lo restauró a Jerusalén, a su reino. Entonces reconoció Manasés que Jehová era Dios» (itálicas del autor). Es interesante que cuando Manasés oró a Dios, reconoció sus pecados y transgresiones. Fue la oración que trajo convicción y llevó a Manasés a humillarse y al arrepentimiento y cuando Dios oyó su oración, fue restaurado y reconoció que Jehová era Dios.

22. Amón

2 Reyes 21.19-22: «De veintidós años era Amón cuando comenzó a reinar, y reinó dos años en Jerusalén... *E hizo lo malo ante los ojos de Jehová, como había hecho Manasés su padre. Y anduvo en todos los caminos en que su padre anduvo, y sirvió a los ídolos a los cuales había servido su padre, y los adoró; y dejó a Jehová el Dios de sus padres, y no anduvo en el camino de Jehová»* (itálicas del autor).

23. Joacaz

2 Reyes 23.31-32: «De veintitrés años era Joacaz cuando comenzó a reinar, y reinó tres meses en Jerusalén... *E hizo lo malo ante los ojos de Jehová, conforme a todas las cosas que sus padres habían hecho»* (itálicas del autor).

24. Joacim

2 Reyes 23.36-37: «De veinticinco años era Joacim cuando comenzó a reinar, y once años reinó en Jerusalén... *E hizo lo malo ante los ojos de Jehová, conforme a todas las cosas que sus padres habían hecho»* (itálicas del autor).

25. Joaquín

2 Reyes 24.8-9: «De dieciocho años era Joaquín cuando comenzó a reinar, y reinó en Jerusalén tres meses... *E hizo lo malo ante los ojos de Jehová, conforme a todas las cosas que había hecho su padre»* (itálicas del autor).

26. Sedequías

2 Reyes 24.18-19: «De veintiún años era Sedequías cuando comenzó a reinar, y reinó en Jerusalén once años... *E hizo lo malo ante los ojos de Jehová, conforme a todo lo que había hecho Joacim»* (itálicas del autor).

Aquí tenemos la lista de los infieles. Al hacer una comparación, encontramos que ocho reyes fueron rectos e íntegros, aunque de estos ocho, Joás y Uzías (Azarías) terminaron mal, entonces quedamos con seis reyes que fueron fieles a lo largo de sus vidas. La lista de los infieles, no rectos y no íntegros suma veintiséis reyes. Si a estos veintiséis se le agregan Joás y Uzías, tenemos veintiocho reyes que hicieron lo malo y de éstos, solamente Manasés se arrepintió al final de su vida. Quedamos entonces con veintisiete reyes que hicieron y terminaron haciendo lo malo. El primer rey de Israel, Saúl, empezó bien pero terminó mal.

Si lo añadimos a la lista, serían veintiocho reyes los que hicieron lo malo. El rey David aunque empezó mal en el caso de su adulterio con Betsabé y de su asesinato contra Urías el marido de ésta, terminó bien. Pudiéramos añadirlo a la lista de los infieles al principio, pero David después en toda su vida fue recto e íntegro, con lo que terminaría en la lista de los fieles; así, tendríamos ocho reyes que hicieron lo recto ante los ojos de Jehová contando a Manasés que terminó bien. De David y su integridad dice 1 Reyes 15.5: «Por cuanto David había hecho lo recto ante los ojos de Jehová, y de ninguna cosa que le mandase se había apartado en todos los días de su vida, salvo en lo tocante de Urías heteo». Salomón, aunque edificó el templo de Jehová y empezó bien, terminó mal, pues de las mil mujeres que tuvo, muchas de éstas eran extranjeras e hicieron que su corazón se apartara de Jehová, y terminó quemando incienso a dioses extraños por lo que Jehová dividió su reino. Por este motivo, Salomón pudiera estar en las dos listas. Es interesante notar que la mayoría de los reyes que hicieron lo recto eran de Judá y reinaron en Jerusalén. Sin duda que el ejemplo de David en cuanto a su arrepentimiento y humildad dejó marcas en los reyes que vinieron después de él. También es interesante notar que la mayoría de los reyes infieles y no rectos fueron de Israel. Fue el mal ejemplo de Jeroboam, pues de la mayoría de los reyes de Israel las Escrituras dicen que: «Hizo lo malo ante los ojos de Jehová y no se apartó de los pecados que hizo Jeroboam hijo de Nabat...» Y también dice de algunos reyes: «Porque se casó con la hija de Acab... porque tenia lazos de parentesco con Acab y Jezabel». Fue el espíritu de rebeldía de Jeroboam y los lazos familiares de la perversa pareja de Acab y de Jezabel y de la manipulación y control que Jezabel tenía sobre su esposo Acab. Esto influyó en sus hijas y éstas influyeron bajo el mismo espíritu de manipulación y control a los reyes que se casaron con ellas y a los reyes que vinieron después, y muchos de ellos fueron influenciados mayormente por estos dos perversos reyes: Jeroboam y Acab. Lo mismo sucede hoy en la iglesia: «El espíritu que reina ahora es la falta de integridad y rectitud. Es la mentira, la deshonestidad, el orgullo, el adulterio, la soberbia, la arrogancia, el aplauso, el ego, el yo y el robo». Es interesante notar también que si un rey había sido fiel e íntegro, la mayoría de las veces su hijo que reinaría en su lugar sería fiel e íntegro. De la misma forma, si un rey había sido malo e infiel, su hijo sería de igual manera malo e infiel. Entones podemos hablar del poder del ejemplo de los padres hacía a sus hijos, sean éstos buenos o malos, sus hijos serán influenciados por el ejemplo de ellos y serán, en la mayoría de los casos, lo que sus padres fueron.

Cierta vez un evangelista de la América Latina fue a predicar en una campaña en Miami, en la Florida. Siendo un hombre casado, se quitó el anillo de matrimonio y lo dejó en su hotel. Durante la campaña empezó a enamorar a una bella chica. El pastor que lo invitó no sabía si en realidad era casado o no. Al término de la actividad, el domingo por la noche, el pastor y muchos hermanos de la iglesia junto al evangelista, fueron a un restaurante a cenar. La chica los acompañó y el evangelista se sentó junto a ella. En una mesa distante había alguien que vio al evangelista y puso atención a su comportamiento. Después de un tiempo, estando éste y la joven de lo más entretenidos, se levantó la persona que los observaba y vino hacia a donde estaba el predicador. Lo enfrentó y le dijo, mencionando su nombre delante de todos: «¡Qué gusto de verte, fulano! Acabo de llegar a Miami y, por cierto, tu esposa y tus hijos te mandan saludos». Allí se acabó toda la farsa y el engaño del mal llamado evangelista que es como muchos otros, lobos vestidos con piel de oveja que traen un mal nombre a nosotros los verdaderos evangelistas y hombres de Dios que hemos ministrado con integridad y rectitud alrededor del mundo por más de veintitrés años. No hay nada escondido que no venga a ser revelado.

Conozco a un pastor aquí en Estados Unidos que me dijo en confianza mientras estuve ministrando con él en su ciudad: «Hermano Yrion, invité a un famoso cantante para que viniera a ministrarnos en la alabanza. Al principio, me dijo que vendría con toda la familia y yo envié el dinero para cuatro personas. Cuando le fui a recoger en el aeropuerto se apareció solo y dijo que su esposa no había podido venir y que sus hijos estaban enfermos. Le mencioné a él que yo le había enviado el dinero del pasaje para cuatro personas y que debería darme de regreso el dinero de los tres pasajes que no fueron usados. Pasó toda la campaña dando excusas y terminó al final diciéndome, mientras lo llevé al aeropuerto, que me enviaría el dinero de regreso. Después de la actividad, hablé varias veces por teléfono a la casa del tal cantante reclamándole del dinero, pero todo fue en vano. Más tarde hablé con uno de sus amigos más cercano del ministerio, y éste me dijo que no podía creer que ese tan «famoso cantante» me hubiera hecho eso». Después de un tiempo, regresé a predicar en la iglesia de este pastor amigo mío y le pregunté si el «tal cantante» ya le había devuelto lo que le debía de los pasajes. Me dijo que después de varios años, nunca el cantante había hecho el intento de devolverle el dinero. Al contrario, me dijo que había usado el dinero para pagar los tres pasajes de su familia para asistir a otra campaña, en otra ciudad y con otro pastor. ¡Es una vergüenza! Yo conozco a este cantante; he predicado en un evento en que él estuvo cantando. Después lo he visto en eventos grandes como la EXPOLIT en Miami y otros más. Y sigue en lo mismo. Para él no ha pasado nada. Sigue robando, engañando y mintiendo y sigue en el púlpito, cantando las grandes y famosas alabanzas de sus discos compactos y promoviendo «su gran ministerio». ¡Es increíble lo que estamos viviendo en nuestros días en el ministerio! Son corazones sucios, ladrones, no rectos, no íntegros, que están en el ministerio para engañar, para vivir bien, para robar y hacer daño a aquellos que en realidad son verdaderos siervos de Dios y verdaderos cantantes que adoran a Cristo por medio de una vida recta e íntegra.

La integridad en el ministerio

Madurar o maduración es el proceso a través del cual una cosa llega a su total crecimiento o desarrollo, como la maduración de una idea, un pensamiento, de un fruto. Madurar es cuando los frutos están maduros, o los proyectos llegaron a su realización plena, cuando se adquiere pleno desarrollo físico o intelectual, cuando se crece en edad y en sensatez. En nuestro caso es crecer espiritualmente, madurar en las cosas espirituales del Señor y de su Palabra. Madurativo es algo que tiene virtud para hacer madurar. Madurez es la sazón de los frutos, buen juicio, prudencia, sensatez, alguien que desarrolla su función con responsabilidad. Es la cualidad y estado de lo que está maduro, crecido o perfeccionado. Es llegar a la madurez con nuestra idea. Una persona adulta, madura, seria, con conocimiento en su área de trabajo, sabedor de lo que hace, capaz de enseñar a otros. En el ámbito espiritual, somos llamados como cristianos y siervos de Dios a madurar. El proceso de maduración espiritual lleva años y son experiencias y circunstancias que el Señor permite para que crezcamos en su gracia y conocimiento. La madurez trae la integridad, la rectitud y la credibilidad que es la estampa, la carta abierta de recomendación de quienes somos, lo que creemos y lo que predicamos. Las Escrituras nos dicen que Dios nos ha llamado para que le sirvamos en el ministerio con rectitud, credibilidad y sobre todo integridad. En Josué 24.14 el gran general Josué nos lo dice con toda claridad: «Ahora, pues, temed a Jehová, y servidle con integridad y en verdad; y quitad de entre vosotros los dioses a los cuales sirvieron vuestros padres al otro lado del río, y en Egipto; y servid a Jehová». Dios nos llama a servirle en verdad y en todas las áreas de nuestras vidas nos dice enfáticamente que debemos hacerlo con integridad.

¿Ya pensó usted en el valor de una buena reputación y lo que significa una opinión favorable de los demás sobre usted? Henry Ford dijo lo siguiente sobre esto: «Usted no puede construir una reputación sobre aquello que va a hacer». En otras palabras, la reputación es lo que somos hoy, la integridad refleja lo que está dentro de nuestros corazones, y la credibilidad se expresa en nuestras palabras, acciones, actitudes y decisiones que tomamos hoy. La reputación se adquiere diariamente. Es un compromiso de alcanzar la excelencia cada día, paso a paso. Tenemos que seguir escalando a nuevos y más altos niveles y llegar a la cima y requerir de nosotros mismos lo mejor en cada oportunidad que se nos presenta. Proverbios 22.1 nos confirma esto: «De más estima es el *buen nombre* [integridad] que las muchas riquezas, y la *buena fama* [reputación] más que la plata y el oro» (itálicas y añadidos del autor). Aquí no se está hablando de fama en el sentido de ser conocido, aplaudido y reconocido en el ministerio. Está refiriéndose a que debemos adquirir una buena reputación y que esta sea intachable, recta e íntegra. No hay nada más terrible y bochornoso que oír que ciertos ministros tienen una reputación en diferentes áreas de sus vidas que son desagradables, dudosas, feas, turbias, y que sus reputaciones y «fama» son una lástima a la Causa de Cristo. A veces, al mencionar el nombre de algunos ministros que conozco, los demás inmediatamente me dicen que estos nombres son sinónimos de… (mentira, robo, negocios sucios, engaño, trampas, ganancias deshonestas, etc.) ¡Qué triste!

Por el otro lado, he mencionado nombres de ministros y automáticamente los demás me dicen que estos nombres son sinónimos de un gran carácter, de una reputación intachable, de un hombre o mujer seria e íntegra, de una credibilidad que está a la altura de lo que ellos y sus ministerios son. ¡Qué bendición! Si usted visita una tienda de artículos para escritorio, encontrará una gran cantidad de productos como computadoras, monitores, papeles de impresión de varios pesos y colores, lapiceros, muebles y gran número de accesorios. Pero nunca va a encontrar un departamento de reputación, porque la reputación y un buen nombre no se compran; es algo que se adquiere cada día por medio de la búsqueda de la excelencia y de la santidad y que solamente puede ser adquirida de momento a momento, día tras día. La reputación se consigue a lo largo del curso de nuestras vidas y hemos descubierto que Dios está interesado más en nuestra credibilidad y reputación hacia a los demás de lo que todo lo que pudiéramos hacer por él. La razón es que su nombre Santo está en juego porque nosotros nos identificamos como cristianos y ministros de su iglesia; por lo tanto, tenemos que tener conciencia de que en todo lo que hacemos está de por medio el nombre del Señor y la reputación del evangelio que predicamos.

J. Herbert Kane, en su libro *Understanding Christian Missions* [Entendiendo las misiones cristianas], escribió estas palabras en relación con los misioneros y su reputación, credibilidad e integridad: «Nosotros hemos admirado su celo por la obra de Dios. Su valentía, su dedicación y su humildad. Lo alabamos por su espíritu de sacrificio, por su sentido del deber y por su voluntad a renunciar a todo. Reconocemos su gran capacidad de ir con su familia y sus hijitos pequeños a una tierra distante y muy lejana. Admiramos su fe, esperando en el Señor, quien suple diariamente para sus necesidades. Y sobre todo lo admiramos porque el misionero ha hecho todo esto sin pensar en ninguna recompensa». Aquí está, resumido, todo el esfuerzo del misionero que lo hace con integridad, pasión, rectitud y lo demuestra con su credibilidad. Su celo, su valentía, su dedicación, su humildad, su sacrificio, su renuncia, su fe y su abnegación a todo, hacen de él un verdadero hombre y mujer de Dios y su marca de su ministerio es su reputación intachable. Aquí estamos hablando de verdaderos ministros, misioneros, pastores, evangelistas, maestros y siervos y siervas de Dios en diferentes llamados y dones. Por favor, no nos compare con los malos ejemplos algunos de los cuales mencionamos más arriba. La iglesia debe aprender a hacer una distinción de lo que es negocio y ministerio; lo que es el aplauso y la abnegación, lo que es el orgullo y la humildad, y lo que es una mala reputación y la gran diferencia de una buena reputación. Estoy hablando de *verdaderos* ministros, hombres y mujeres de reputación intachable, de buen nombre, de integridad y de *credibilidad*.

En Job 2.3 leemos: «Y Jehová dijo a Satanás: ¿No has considerado a mi *siervo* Job, que no hay otro como él en la tierra, *varón perfecto y recto, temeroso* de Dios y *apartado* del mal, y que todavía retiene su *integridad*, aun cuando tú me incitaste contra él para que lo arruinara sin causa?» (itálicas del autor). Todos conocemos la historia de Job. Después que el Señor permitiera que el diablo le quitara sus posesiones y aun matara a sus hijos, las Escrituras dicen en Job 1.22 que «En todo esto no pecó Job, ni atribuyó a Dios [no culpó a Dios por todo lo que le sucedió] despropósito alguno» (añadido del autor). Entonces regresó Satanás para intentar nuevamente que Job blasfemara contra Dios y lo que leyó arriba fue la respuesta que le dio el Señor. ¡Imagínese si esto nos sucediera a nosotros! ¿Cuántos en realidad soportaríamos lo que tuvo que soportar Job? Ni siquiera pudiéramos pensar en perder a nuestros hijos, porque las posesiones se pueden recuperar mediante el trabajo, ¿pero los hijos? Sin embargo, Job los perdió y aún mantuvo su discreción y cuidado de no culpar a Dios reteniendo su *integridad*. ¿Cómo es posible? Vea las cualidades de Job; su reputación delante de Dios era tan grande que el propio Señor le dijo a Satanás que era un hombre recto, temeroso de Dios, apartado del mal e íntegro. ¿Podrá Dios decir esto de nosotros hoy? Job conocía a Dios y sus caminos. Tenía una vida de oración y de intimidad con el Señor. La Biblia dice que se levantaba muy de mañana y ofrecía a Dios holocaustos por la vida de sus hijos. Los holocaustos eran ofrecidos en espíritu de oración y reverencia. Los holocaustos primero se hacían espiritualmente en oración y después se presentaban literalmente. Allí residía el secreto de Job. Se mantenía en el secreto de la oración eficaz y por esto Dios lo había bendecido grandemente. La oración hizo de él un hombre íntegro.

En el siglo 18, la India fue severamente atacada por los imperios europeos. Solamente un hombre, el misionero luterano Christian Schwartz era una persona confiable, íntegra, recta y respetada por los ingleses, los franceses y los holandeses. También los hindúes y los musulmanes confiaban en él. Uno de los príncipes de los musulmanes, Hyder Ali, rehusó tratar directamente con los ingleses diciendo: «Envíenme el misionero Schwartz, en él confío, pues sé que no va a traicionarme». ¡Qué gran reputación de este misionero! ¡Esto es lo que yo digo! Si tuviéramos más hombres como Schwartz el ministerio de hoy sería tan diferente, así como la noche del día. El apóstol Pablo hablando a Tito (2.7-8) le dice cómo debería comportarse: «Presentándote tú en *todo* como *ejemplo* de buenas obras, en la enseñanza mostrando *integridad*, seriedad, palabra sana, e *irreprochable*, de modo que el adversario se avergüence, y no tenga *nada malo que decir de vosotros*» (itálicas del autor). Allí está la clave para poder tener nosotros un ministerio fructífero. Éste debe estar basado en la rectitud e integridad, ser el ejemplo en todo, intachable, donde nadie pueda hablar nada en contra de nosotros y de nuestra familia y sin poder acusarnos de alguna cosa sea lo que sea. Dios siempre cumplirá su Palabra en nuestras vidas. Si somos íntegros y fieles, llegará el día cuando Él nos bendecirá grandemente. Todo lo que tenemos que hacer es vivir de acuerdo a sus demandas, y las bendiciones vendrán. Sobre esto dijo el gran misionero Hudson Taylor en China: «Hay solamente un Dios vivo. Él ha hablado por su Palabra, y quiere decir exactamente lo que dijo. Él siempre mantendrá su promesa y la cumplirá porque nuestro Dios es un Dios de carácter y de palabra, y es inmutable. No cambia».

En Job 27.5b leemos la declaración de Job: «Hasta que muera, no quitaré de mí mi integridad». Después de todo lo que había pasado Job, de perder sus posesiones, sus hijos y estar en profundo dolor en su cuerpo por la lepra que le provocó el diablo, con su propia mujer aconsejándole que blasfemara a Dios y se muriera, Job mantenía su integridad. ¿No es increíble? Necesitamos desarrollar nosotros hoy esta misma determinación y carácter. ¿Y cómo pudiéramos definir la palabra *ética* juntamente con integridad y rectitud? Ética es el principio de lo que es correcto y de lo que no es correcto en la vida de un individuo o un grupo social. Sabemos que quien sustenta una *ética puritana*, es alguien que posee los valores de la ética antigua o primitiva. Usted puede preguntar a cualquier dueño de negocios y él le dirá que es muy difícil encontrar personas confiables. Lo mismo acontece en la arena política, donde es muy difícil encontrar un político recto e íntegro. Desdichadamente, la vida ministerial no es diferente de la vida secular. La confianza es algo que se adquiere con el tiempo. Es una virtud, un carácter auténtico y sólido que ha sido probado en las trincheras de las presiones de la vida. El problema de que casi no se puede encontrar personas confiables es que humana y fundamentalmente, la persona no íntegra y recta es deshonesta en su manera de vivir. A muchos les falta la integridad y otros ni siquiera saben lo que es esto. Pensemos en el caso de Ananías y Safira de Hechos 5.1-11. Ellos habían vendido su propiedad ocultando (mintiendo) al Espíritu Santo el valor real del precio de la venta. Como castigo por sus mentiras, los dos pagaron con sus vidas. Si Dios hiciera esto mismo hoy en el medio cristiano y ministerial, muchas iglesias estarían vacías. La integridad debe caracterizar nuestras vidas en todo, no solamente en aquella parte que nos expone ante los demás. Una persona de integridad nunca engaña, defrauda o roba. Esto incluye sus ofrendas y diezmos a la iglesia y sus impuestos al gobierno. Proverbios 20.10 nos dice, en relación con esto: «Pesa falsa y medida falsa, ambas cosas son abominables a Jehová». Este es el retrato de una persona o cristiano o ministro no íntegro.

El otro lado de la moneda es Proverbios 11.1 que dice: «El peso falso es abominación a Jehová, mas la pesa cabal le agrada». Ésta es la persona integra, recta, intachable y de reputación, honesta y fiel. Una persona de integridad mantiene su palabra. Nunca promete algo que sabe que no hará ni se olvida de lo que ha prometido. Estas son personas de principios. Y están dispuestas a mantenerse firmes en sus convicciones aunque esto les pueda costar algo.

La integridad y la rectitud harán de nosotros personas con:

1. Conocimiento de que tenemos un Dios justo en los cielos

Colosenses 4.1: «Amos, haced lo que es *justo y recto* con vuestros siervos, sabiendo que también vosotros tenéis un Amo en los cielos» (itálicas del autor).

Es necesario que los dueños de negocios y empresarios cristianos sepan que son llamados a la integridad; también a tratar con dignidad, respeto y amabilidad a los empleados que están bajo su autoridad. La rectitud de los hombres de negocios en el ambiente cristiano hará la diferencia en el mundo de las finanzas.

2. Carácter sólido, justo y verdadero

Salmos 15.1-2: «Jehová, ¿quién habitará [futuro] en tu tabernáculo? ¿Quién morará [mañana] en tu monte santo? El que anda en *integridad* y *hace justicia*, y habla *verdad* en su corazón» (añadidos e itálicas del autor).

No hay duda que la integridad tiene sus recompensas, porque producirá caracteres rectos, y nuestro carácter determinará nuestro futuro y el curso de nuestras vidas. Piense en esto: Usted siembra un pensamiento y cosechará una acción; siembra una acción y cosechará una costumbre; siembra una costumbre y cosechará un carácter; siembra un carácter y cosechará lo que será en el futuro, lo que será su familia, su iglesia y su ministerio.

3. Seguridad y conciencia limpia

Proverbios 10.9: «El que camina en integridad anda confiado; mas el que pervierte sus caminos será quebrantado».

Una conciencia segura y limpia es el resultado de la integridad. Usted podrá mantenerse firme en la tormenta con estas cualidades. Su corazón y sus pensamientos serán limpios y esto hará de usted una torre de seguridad.

4. Intimidad personal con Dios

Salmos 51.6: «He aquí, tú amas la verdad en lo *íntimo*, y en lo *secreto* [la oración] me has hecho comprender sabiduría» (añadido del autor).

Lo que produce la integridad es una profunda intimidad de relación personal con Dios y su Palabra. Esta es la perfecta comunión del Padre con nosotros. Un corazón verdadero y transparente, honesto, recto e íntegro tendrá intimidad con su Creador por medio de la oración.

5. Familias e hijos bendecidos

Proverbios 20.7: «Camina en su *integridad* el justo; sus hijos son dichosos después de él» (itálicas del autor).

Un hombre y una mujer rectos pueden estar seguros de que por sus ejemplos e integridad su descendencia será poderosamente bendecida. Esta es la promesa de Dios.

En una determinada iglesia, un predicador expuso con elocuencia su sermón basado en Éxodo 20.15: «No hurtarás». La palabra fue muy penetrante, y todos los que allí estaban salieron conscientes de que necesitaban ser íntegros en todas las circunstancias de la vida. Esa misma semana, el predicador se embarcó en un autobús y pagó su pasaje al chofer y pasó a tomar asiento. Cuando revisó el cambio que había recibido se dio cuenta que le habían dado veinticinco centavos de más. Se paró, fue a donde el chofer y le dijo: «Amigo, usted se equivocó y me dio veinticinco centavos de más». A lo que el chofer contestó: «No fue una equivocación, amigo predicador. Lo hice a propósito para ver lo que haría. Yo estuve en la iglesia el fin de semana donde usted predicó sobre la integridad y me pregunté si usted practicaba y vivía lo que predicaba. Tomé la decisión en mi mente de regresar a la iglesia si usted me devolvía los veinticinco centavos. Usted es un hombre de Dios y vive lo que predica». La razón por la que este ministro vivía una vida recta e íntegra es porque era un hombre de oración. No sólo predicaba sino que también tenía una vida de oración. La comunión con Dios le había hecho un hombre recto y temeroso de Dios y su conducta y reputación eran el resultado de su vida de oración. Allí está, apreciados hermanos, el beneficio de la integridad: Una reputación y conducta recta e intachable. ¿Y qué otros beneficios podremos recibir por medio de la oración al ser personas íntegras en nuestro carácter y rectas en nuestro proceder?

Beneficios y bendiciones de la integridad

1. Seremos afirmados

1 Reyes 9.4-5: «Y si tú anduvieres delante de mi como anduvo David tu padre, en *integridad* de corazón y en equidad, haciendo todas las cosas que yo te he mandado, y guardando mis estatutos y mis decretos, *yo afirmaré* el trono de tu reino sobre Israel para siempre, como hablé a David tu padre, diciendo: No faltará varón de tu descendencia en el trono de Israel» (itálicas del autor).

2. Seremos examinados

Job 31.6: «*Péseme* Dios en balanzas de justicia, y conocerá mi *integridad*» (itálicas del autor).

3. Seremos guardados

Salmos 25.21: «*Integridad* y rectitud *me guarden*, porque en ti he esperado» (itálicas del autor).

4. Seremos juzgados

Salmos 7.8b: «Júzgame, oh Jehová, conforme a mi justicia, y conforme a mi *integridad*» (itálicas del autor).

5. Andaremos confiados

Salmos 26.1: «Júzgame, oh Jehová, porque yo en mi *integridad* he andado; he confiado asimismo en Jehová sin titubear» (itálicas del autor).

6. Seremos redimidos

Salmos 26.11: «Mas yo andaré en mi *integridad*; *redímeme*, y ten misericordia de mí» (itálicas del autor).

7. Seremos sustentados

Salmos 41.12: «En cuanto a mí, en mi *integridad* me has *sustentado*, me has hecho estar delante de ti para siempre» (itálicas del autor).

8. Seremos perfeccionados

Salmos 101.2: «Entenderé el camino de la *perfección* cuando vengas a mí. En la *integridad* de mi corazón andaré en medio de mi casa» (itálicas del autor).

9. Seremos hechos perfectos algún día

Proverbios 4.18: «Mas la senda de los *justos* es como la luz de la aurora, que va en aumento hasta que el día es *perfecto*» (itálicas del autor).

10. Estaremos confiados

Proverbios 10.9: «El que camina en su *integridad* anda *confiado*; mas el que pervierte sus caminos será quebrantado» (itálicas del autor).

11. Seremos encaminados

Proverbios 11.3: «La *integridad* de los *rectos* los *encaminará*; pero destruirá a los pecadores la perversidad de ellos» (itálicas del autor).

12. Temeremos al Señor

Proverbios 14.2: «El que camina en su *rectitud teme* a Jehová; mas el de caminos pervertidos lo menosprecia» (itálicas del autor).

13. Seremos levantados

Proverbios 18.10: «Torre fuerte es el nombre de Jehová; a él correrá el *justo*, y será *levantado*» (itálicas del autor).

14. Es lo mejor para nosotros

Proverbios 19.1: «Mejor es el pobre que camina en *integridad*, que el de perversos labios y fatuo» (itálicas del autor).

15. Seremos limpios y rectos

Proverbios 21.8: «El camino del hombre perverso es torcido y extraño; mas los hechos del *limpio* son *rectos*» (itálicas del autor).

16. Nuestros hijos también serán limpios y rectos

Proverbios 20.11: «Aun el *muchacho* es conocido por sus hechos, si su conducta fuere *limpia y recta*» (itálicas del autor).

17. Nuestra descendencia será dichosa

Proverbios 20.7: «Camina en su *integridad* el justo, *sus hijos son dichosos* después de él» (itálicas del autor).

18. Nuestros caminos serán ordenados

Proverbios 21.29: «El hombre impío endurece su rostro; mas el *recto ordena sus caminos*» (itálicas del autor).

19. Seremos siempre levantados

Proverbios 24.16: «Porque siete veces cae el *justo* y *vuelve a levantarse*, mas los impíos caerán en el mal» (itálicas del autor).

20. Es mejor que las riquezas

Proverbios 28.6: «Mejor es el pobre que camina en su *integridad*, que el de perversos caminos y *rico*» (itálicas del autor).

21. Seremos salvos

Proverbios 28.18: «El que en *integridad* camina será *salvo*; mas el de perversos caminos caerá en alguno» (itálicas del autor).

22. Dios es recto con los íntegros

2 Samuel 22.26: «Con el misericordioso te mostrarás misericordioso, y *recto para con el hombre íntegro*» (itálicas del autor).

23. Dios está con los íntegros

Job 36.4: «Porque de cierto no son mentira mis palabras; contigo está el que es *íntegro* en sus conceptos» (itálicas del autor).

24. Nuestros corazones serán rectos y sinceros

Job 33.3: «Mis razones declararán la *rectitud* de mi *corazón*, y lo que saben mis labios, lo hablarán con *sinceridad*» (itálicas del autor).

25. Viviremos en la presencia de Dios y no caeremos jamás

Salmos 15.1-3, 5: «Jehová, ¿quién habitará en tu tabernáculo? ¿Quién morará en tu monte santo? El que anda en *integridad* y hace justicia, y habla verdad en su corazón. El que no calumnia con su lengua, ni hace mal a su prójimo, ni admite reproche alguno contra su vecino... Quien su dinero no dio a usura, ni contra el inocente admitió cohecho. El que hace estas cosas, *no resbalará jamás*» (itálicas del autor).

26. Nos librará del orgullo y de la rebelión

Salmos 19.13: «Preserva también a tu siervo de las soberbias; que no se enseñoreen de mí; entonces seré *íntegro* y estaré limpio de gran *rebelión*» (itálicas del autor).

27. Oirá Dios nuestra alabanza

Salmos 33.1: «Alegraos, oh *justos,* en Jehová; en los *íntegros* es *hermosa la alabanza*» (itálicas del autor).

28. Tendremos un final feliz

Salmos 37.37: «Considera al *íntegro,* y mira al *justo;* porque *hay un final dichoso* para el hombre de paz» (itálicas del autor).

29. No seremos avergonzados

Salmos 119.80: «Sea mi corazón *íntegro* en tus estatutos, para que no sea yo *avergonzado*» (itálicas del autor).

30. Tendremos un corazón dadivoso

1 Crónicas 29.17: «Yo sé, Dios mío, que tú escudriñas los *corazones,* y que la *rectitud* te agrada; por eso yo con *rectitud de mi corazón* voluntariamente te he *ofrecido* todo esto, y ahora he visto con alegría que tu pueblo, reunido aquí ahora, *ha dado para ti* espontáneamente» (itálicas del autor).

31. Dios escuchará nuestra oración y seremos vindicados

Salmos 17.1-2: «Oye oh Jehová, una causa justa; está atento a mi *clamor. Escucha mi oración* hecha de labios sin engaño. De tu presencia proceda *mi vindicación;* vean tus ojos la *rectitud*» (itálicas del autor).

32. Seremos enseñados y guiados por Dios en nuestro camino

Salmos 27.11: «*Enséñame* oh Jehová, tu *camino,* y *guíame* por senda de *rectitud* a causa de mis enemigos» (itálicas del autor).

33. No seremos desamparados y el Señor nos guardará

Salmos 37.28: «Porque Jehová ama la *rectitud,* y no *desampara* a sus santos [al justo e íntegro]. Para siempre serán *guardados;* mas la descendencia de los impíos será destruida» (itálicas y añadidos del autor).

34. Y nos irá bien

Deuteronomio 6.18: «Y has lo *recto* y bueno ante los ojos de Jehová, *para que te vaya bien,* y entres y poseas la buena tierra que Jehová juró a tus padres» (itálicas del autor).

35. De igual manera les irá bien a nuestros hijos

Deuteronomio 12.25: «*Para que te vaya bien* a ti y a *tus hijos* después de ti, cuando hicieres *lo recto* ante los ojos de Jehová» (itálicas del autor).

36. No culparemos al inocente

Deuteronomio 21.9: «Y quitarás la culpa de la sangre inocente de en medio de ti, cuando hicieres lo *recto* ante los ojos de Jehová» (itálicas del autor).

37. Seremos prosperados

Job 8.6: «Si fueres *limpio y recto*, ciertamente luego se despertará por ti, y hará *próspera* la morada [nuestra vida personal y ministerio] *de tu justicia*» (añadidos e itálicas del autor).

38. Seremos recompensados por medio de nuestra rectitud y limpieza

Salmos 18.23-24: «Fui *recto* para con él, y me he guardado de mi maldad, por lo cual me ha *recompensado* Jehová conforme a mi justicia; conforme a la *limpieza* de mis manos delante de su vista» (itálicas del autor).

39. Tendremos alegría y gozo

Salmos 32.11: «Alegraos en Jehová y gozaos justos; y cantad con jubilo todos vosotros los *rectos* de corazón» (itálicas del autor).

40. Tendremos sabiduría

Salmos 51.6: «He aquí, tú amas la verdad en lo íntimo, y en lo secreto [de la oración] me has hecho comprender *sabiduría*» (añadidos e itálicas del autor).

41. Tendremos un corazón limpio y seremos renovados

Salmos 51.10: «Crea en mí, oh Dios, un *corazón limpio*, y *renueva* un espíritu *recto* dentro de mí» (itálicas del autor).

42. Seremos equitativos y justos

Salmos 94.15: «Sino que el *juicio* será vuelto a la *justicia*, y en pos de ella irán todos los *rectos* de corazón» (itálicas del autor).

43. Veremos y entenderemos las misericordias del Señor

Salmos 107.42-43: «*Véanlo* los *rectos*, y alégrense, y todos los malos cierren su boca. ¿Quién es sabio y guardará estas cosas, y entenderá las misericordias de Jehová?» (itálicas del autor).

44. Tendremos la bondad de Dios

Salmos 125.4: «Haz bien, oh Jehová a los buenos, y a los que son *rectos* en su corazón» (itálicas del autor).

45. Alabaremos y viviremos en la presencia de Dios

Salmos 140.13: «Ciertamente los *justos alabarán* tu nombre; los *rectos morarán en tu presencia*» (itálicas del autor).

46. Andaremos en rectitud, y esperaremos los juicios de Dios en su nombre

Isaías 26.7-8: «El camino del *justo es rectitud;* tú, que eres recto, pesas el camino del *justo*. También el camino de tus *juicios*, oh Jehová, te hemos *esperado; tu nombre* y tu memoria son el deseo de nuestra alma» (itálicas del autor).

47. Y Él nos librará del maligno

Salmos 27.5: «Porque él me esconderá en su tabernáculo en el día del mal; me ocultará en lo reservado de su morada; sobre una roca me pondrá en alto».

¿Qué le pareció esta lista de cuarenta y siete beneficios y bendiciones que podemos tener si descubrimos el secreto de la integridad por medio de la oración? ¡Todo esto es para usted y para mí! Si posee un carácter fiel e íntegro, el Señor le bendecirá enormemente. Si su corazón es íntegro y recto, andará confiado y sin temor a las malas noticias o sorpresas desagradables para usted, su familia y su ministerio. Pero si a su corazón le falta la rectitud y la integridad y es infiel, entonces tendrá muchos problemas para tener comunión con Dios y con los demás. Si es usted un ministro, su distintivo, su tarjeta de presentación, quién es, todo esto deberá estar basado en la integridad de su persona. Todos deben conocerle como un hombre de Dios o una mujer de Dios en todos los sentidos que la palabra expresa. Desdichadamente, vivimos en una época donde los valores de la moral, el respeto y la integridad en el ministerio han sido cambiados por el aplauso, la fama y el reconocimiento por los logros alcanzados, sin importar de qué manera se consiguieron. ¡Cuántos escándalos y caídas de ministerios han manchado la santidad de nuestro llamado y han dejado huellas profundas de fracaso para la iglesia cristiana! Que Dios nos ayude a vivir una vida recta, íntegra, honesta, con respeto y sinceridad para que el mundo crea que realmente somos seguidores de Cristo y que demostramos a los demás lo que predicamos.

CAPÍTULO 3

El secreto de la santidad

Sı, PUES, HABÉIS RESUCITADO CON *Cristo, buscad las cosas de arriba, donde está Cristo sentado a la diestra de Dios. Poned la mira en las cosas de arriba, no en las de la tierra. Porque habéis muerto, y vuestra vida está escondida* [en secreto] *con Cristo en Dios.* (Colosenses 3.1-3. Añadido del autor.)

El apóstol Pablo dice que nuestra vida está escondida en Dios, o sea, el secreto de la búsqueda de la santidad está en escondernos en su propósito para nosotros y olvidarnos de lo terrenal. Nuestra meta es buscar en oración vivir una vida santa y desarrollar un carácter de santificación en todas las áreas, sean en lo personal o en lo espiritual. La oración forjará un carácter de santidad en la vida de aquellos que la practican, porque es en la oración que el Señor nos hace ver lo que está equivocado en nosotros y la necesidad de cambio. Y cuando cambiamos, estamos en el camino de la santificación.

En 1 Tesalonicenses 3.13 leemos: «Para que sean afirmados vuestros corazones, irreprensibles en **santidad** delante de Dios nuestro Padre, en la venida de nuestro Señor Jesucristo con todos sus *santos*» (itálicas del autor). La palabra **santidad** usada aquí es **hagiosune** en el griego y se refiere al proceso, la cualidad y la condición de una actitud santa y a la santidad en la conducta personal. Es el principio que separa al creyente del mundo («poned la mira en las cosas de arriba»). **Hagiosune** nos consagra al servicio de Dios, en alma y cuerpo, y se cumple en la dedicación moral y en una vida entregada a la pureza. Hace que cada aspecto de nuestro carácter esté bajo la supervisión de Dios y cuente con su aprobación. Como nuestra vida está «escondida con Cristo en Dios» estamos «muertos a la carne»; o sea, a los «placeres terrenales». Por lo tanto, cada creyente debe buscar en oración conocer las áreas de su vida que necesita arreglar, corregir y santificar. Los hombres y mujeres de Dios del pasado fueron grandes siervos porque tenían una vida de oración y el resultado fue el gran nivel de santidad que alcanzaron. Sus metas eran la santificación de sus vidas y llegaron a alcanzarla por medio de la consagración personal, por la Palabra, por el ayuno y por la oración.

1 Tesalonicenses 5.23 dice: «Y el mismo Dios de paz os *santifique* por completo; y todo vuestro ser, espíritu, alma y cuerpo, sea guardado irreprensible para la venida de nuestro Señor Jesucristo» (itálicas del autor). La santificación bíblica es uno de los aspectos de nuestra salvación tanto en el sentido *objetivo* (la salvación entendida desde el punto de vista divino), como en el sentido *subjetivo* (la salvación entendida desde el punto de vista de la experiencia humana). La santificación considerada de esta manera tiene dos lados:

1. Su definición bíblica general es la separación del pecado, del mal, del mundo, de la carne, de los placeres terrenales y de las pasiones pecaminosas para el uso de Dios. Como dice el apóstol Pablo en Hechos 27.23: «Porque esta noche ha estado conmigo el ángel del Dios de quien soy y a quien sirvo».

2. El sentido técnico y general de santificar es «separarse para un determinado fin, para un propósito especial, tornarse consagrado y santo y ser usado por Dios». Como dijo Cristo en Juan 10.36: «¿Al que al Padre *santificó* y envió al mundo, *vosotros decís:* Tú blasfemas, porque dije; Hijo de Dios soy?» (itálicas del autor) La palabra usada aquí para *santificó* en el griego es *hagiadzo.* Compare con las palabras hagiografía y hagiógrafo. *Hagiadzo* es consagrar, separar, dedicar, reverenciar, apartar, santificar y hacer santo. *Hagiadzo,* como un estado de santidad, es opuesto a *koinon,* que identifica algo común o inmundo. En el Antiguo Testamento, diversas cosas, lugares y ceremonias recibían el nombre de *hagiadzo.* En el Nuevo Testamento, la palabra describe una cualidad de vida que es fruto del Espíritu Santo. Aquí en este pasaje de la Escritura, refiriéndose a Cristo porque su Padre le apartó, a Jesús se le llama apropiadamente «el Santo de Dios».

La diferencia entre santidad y santificación

Santidad es un estado pero la santificación es un proceso. Las dos cosas deben existir en nuestras vidas como creyentes. Debemos buscar en oración la santidad y la santificación. Veamos lo que dice 1 Timoteo 4.5: «Porque por la palabra de Dios y por la oración es santificado». Seremos santificados en la medida de nuestra búsqueda y deseo que cada día vayamos perfeccionando las áreas en las que necesitamos santificación. Véase también lo que dice Hebreos 12.14: «Seguid la paz con todos, y la *santidad* sin la cual nadie verá al Señor» (itálicas del autor).

Veamos, pues, lo que es la santidad.

1. La santidad es una cualidad de Dios

Levítico 11.45: «Porque yo soy Jehová... seréis, pues, santos, porque yo soy santo». El carácter de Dios es santo. Su naturaleza es santa. Todo su ser y personalidad es santo.

Porque Él es santo, su estado es santidad, Levítico 20.26: «Habéis, pues, de serme santos, porque yo Jehová soy santo y os he apartado de los pueblos para que seáis míos». Entonces somos santos en Él, porque le pertenecemos a Él.

Levítico 19.1-2: «Habló Jehová a Moisés, diciendo: Habla a toda la congregación de los hijos de Israel, y diles: **Santos** seréis, porque santo soy yo Jehová vuestro Dios». Aquí, la palabra **santos** corresponde al hebreo *qadosh,* que quiere decir apartado, dedicado a propósitos santos, ser santo, sagrado, limpio, ser moral y ceremonialmente puro. El verbo *qadosh* significa apartar algo o a alguien para un uso santo. La santidad implica tanto la separación de todo lo profano y contaminante como la dedicación a todo lo santo y puro. En el Antiguo Testamento la gente y aun los objetos, tales como el aceite de la unción y los utensilios, son vistos como santos para el Señor. Levítico es el libro de la Biblia donde más énfasis se hace sobre la santidad y sobre la impureza. En Levítico 10.10 se dice que Dios deseaba que los sacerdotes pudieran distinguir estos conceptos y que fueran capaces de enseñar al pueblo a hacer lo mismo. La naturaleza de Dios, sus motivos, sus palabras, sus pensamientos y sus obras son completamente santos, por esto se le llama *qadosh,* «el Santo», o *qedosh Yisrael,* «el Santo de Israel». De ahí que Levítico 19.2 diga: **Qedoshim,** (santos) «seréis porque santo soy yo Jehová vuestro Dios» (añadido del autor).

2. Uno de los nombres y atributos de Dios es Santo

Proverbios 9.10b: «Y el conocimiento del Santísimo es la inteligencia».

Debemos conocerlo a Él como Santo que es.

Isaías 57.15a: «Porque así dijo el Alto y Sublime, el que habita la eternidad, y cuyo nombre es el Santo: Yo habito en la altura y la santidad».

Su nombre se diferencia de todo lo demás, su nombre es Santo.

Juan 17.11b: «...y yo voy a ti. Padre Santo, a los que me has dado, guárdalos en tu nombre».

Jesús lo llamó Padre Santo. Nosotros debemos hacer lo mismo.

3. Dios es glorioso en santidad

Éxodo 15.11b: «¿Quién como tú... magnífico en santidad?» Santidad es el atributo más sobresaliente de Dios junto a su misericordia. Todo lo que Él hace está basado en su santidad. Esto es lo que Él es, Santo.

Veamos, pues, ahora lo que es la santificación:

- **Es la voluntad de Dios para nosotros**
  1 Tesalonicenses 4.3: «Pues la voluntad de Dios es vuestra santificación; que os apartéis de fornicación».

- **Es su deseo desde antes que creara el mundo**
  Efesios 1.4: «Según nos escogió en él antes de la fundación del mundo, para que fuésemos santos y sin mancha delante de él».

- **Cristo murió por ella**
  Hebreos 13.12: «Por lo cual también Jesús, para santificar al pueblo mediante su propia sangre, padeció fuera de la puerta».
  Juan 17.19: «Y por ellos yo me santifico a mí mismo, para que también ellos sean santificados en la verdad».

- **Sin santificación no hay salvación**
  2 Tesalonicenses 2.13b: «...de que Dios os haya escogido desde el principio para salvación, mediante la santificación por el Espíritu y la fe en la verdad».

- **Somos llamados a la santificación**
  1 Tesalonicenses 4.7: «Pues no nos ha llamado Dios a inmundicia, sino a santificación».
  1 Corintios 1.2a: «A la iglesia de Dios que está en Corinto, a los santificados en Cristo Jesús, llamados a ser santos...».

Romanos 1.7: «A todos los que estáis en Roma, amados de Dios, llamados a ser santos».

- **La iglesia cristiana debe ser una asamblea en santificación**
Salmos 89.5, 7: «Celebrarán los cielos tus maravillas, oh Jehová, tu verdad también en la congregación de los santos... Dios temible en la gran congregación de los santos...».

- **La santificación debe ser el deseo de todo creyente**
Mateo 5.8: «Bienaventurados los de **limpio** corazón, porque ellos verán a Dios». En el griego, la palabra *limpio* usada aquí es *katharos,* que quiere decir sin mancha, limpio, puro y sin contaminación. La palabra describe la limpieza física (Mateo 23.26 y 27.59), la limpieza ceremonial (Lucas 11.41 y Romanos 14.20), y también la pureza y la ética (Juan 13.10 y Hechos 18.6). El pecado contamina y corrompe, pero la sangre de Cristo nos limpia de todo pecado.

- **Dios abomina lo que se opone a la santificación**
2 Corintios 6.17: «Por lo cual, salid de en medio de ellos, y apartaos, dice el Señor, y no toquéis lo inmundo; y yo os recibiré».

- **Todo aquel que desea servir al Señor debe vivir en santificación**
Salmos 24.3-5: «¿Quién subirá al monte de Jehová? ¿Y quién estará en su lugar santo? El limpio de manos y puro de corazón; el que no ha elevado su alma a cosas vanas, ni jurado con engaño. Él recibirá bendición de Jehová, y justicia del Dios de salvación».

- **Es sobre la santificación que el diablo centraliza sus ataques, pues se disfraza para cambiar de león rugiente a ángel de luz**
1 Pedro 5.8: «Sed sobrios, y velad; porque vuestro adversario el diablo, como león rugiente, anda alrededor buscando a quien devorar».
2 Corintios 11.14: «Y no es maravilla, porque el mismo Satanás se disfraza como ángel de luz».

- **La santificación es doctrina bíblica inmutable tanto en el Antiguo Testamento como en el Nuevo**
Éxodo 19.6a: «Y vosotros me seréis un reino de sacerdotes, y gente santa».
1 Pedro 1.16: «Porque escrito está: Sed santos, porque yo soy santo».

- **La santificación es requisito indispensable en nosotros para la venida de Cristo**
  2 Pedro 3.14: «Por lo cual, oh amados, estando en espera de estas cosas, procurad con diligencia ser hallados por él sin mancha e irreprensibles, en paz».
  Efesios 5.27: «A fin de presentarla a sí mismo, una iglesia gloriosa, que no tuviese mancha ni arruga ni cosa semejante, sino que fuese santa y sin mancha».

Cierta vez un joven cristiano de oración que trabajaba en una tintorería salió a entregar un traje a un cliente. Al llegar a la dirección indicada, se percató que se trataba de un cabaret. Se paró delante del local y oró al Señor en su mente y espíritu y tomó la decisión de no entrar allí. Mirando a su alrededor, vio a alguien que estaba allí cerca y le pidió amablemente que llamara al dueño del lugar, diciéndole que su ropa lo esperaba afuera. Bastante irritado, el cliente llamó por teléfono a la tintorería protestando por el servicio que se le había dado. Cuando el joven regresó al negocio recibió la amenaza de que perdería el empleo si volvía a hacer lo mismo. Con mucha seguridad, el joven replicó, diciendo: «Con trabajo o sin trabajo jamás entraré en un cabaret. Yo prometí a mi madre y al Señor que nunca he de entrar en un lugar de perdición como ese y estoy dispuesto a cumplir mi palabra, cueste lo que cueste». El tiempo pasó y el Señor honró a aquel muchacho. Más tarde llegó a ser el dueño de la tintorería. Este joven estuvo dispuesto a asumir una posición por Cristo en relación con la santificación. Fíjese que él oró en su mente y corazón y decidió no ceder en cuanto a sus convicciones. Cuando usted vive una vida de comunión con Dios y desea agradarle, este es el resultado: deseará buscar la santificación en su vida y tratará de no transigir con el mundo, aunque le cueste su trabajo, su promoción o algo más. Sepa que Dios le respaldará siempre. Pero usted debe hacer su parte y Dios hará la suya en guardarle santo, puro e irreprensible para Él.

Los diferentes sentidos de la palabra santificar

La palabra santificar quiere decir separar, poner aparte, consagrar, para ser propiedad exclusiva de alguien en particular. El hebreo *qadosh* se traduce como apartar para el uso santo del Señor. Éxodo 13.12 nos dice: «Dedicarás [apartarás, separarás, consagrarás] a Jehová todo aquel que abriere matriz, y asimismo todo primer nacido» (añadidos e itálicas del autor). El griego *hagiasmos* tiene el mismo significado en 2 Tesalonicenses 2.13 que dice: «Pero nosotros debemos dar siempre gracias a Dios respecto a vosotros hermanos amados por el Señor, de que Dios os haya escogido desde el principio para salvación, mediante la *santificación*…» (itálicas del autor).

Veamos algunos ejemplos:

1. Jesús santificado por el Padre

Juan 10.36a: «¿Al que el Padre santificó [a Jesús] y envió al mundo…» (añadido del autor).

Juan 17.19a: «Y por ellos yo [Jesús] me santifico a mi mismo…» (añadido del autor).

¿Cómo el Padre pudo haber santificado a Jesús si Él ya era santo? ¿Y cómo Jesús pudo haberse santificado a sí mismo si nunca conoció pecado?

El sentido aplicable literalmente a estas Escrituras y la interpretación correcta, teológicamente hablando, es que la parte humana de Jesús fue separada de su parte divina siendo *santificado como hombre, no como Dios, para llevar a cabo su misión redentora en el mundo y en forma humana*. De la misma forma nosotros como creyentes debemos santificarnos en oración para la obra, llamado y misión que tenemos en este mundo al servir al Señor en el ministerio y como cristianos al ser enviados a testificar de su Palabra a los demás.

2. Dios se santificó

Ezequiel 36.23: «Y santifiqué mi grande nombre, profanado entre las naciones, el cual profanasteis vosotros en medio de ellas; y sabrán las naciones que yo soy Jehová, dice Jehová el Señor, cuando sea santificado en vosotros delante de sus ojos».

Ezequiel 38.23: «Y seré engrandecido y santificado y seré conocido ante los ojos de muchas naciones; y sabrán que yo soy Jehová».

¿Cómo pudo Dios haber santificado su nombre si Él siempre ha sido Santo?

El sentido aplicable literalmente a estas Escrituras y la interpretación correcta, teológicamente hablando, es que Dios *se reveló a sí mismo como Santo.*

De la misma forma nosotros, en oración y con nuestras vidas, debemos revelar en nuestro testimonio, nuestras acciones, actitudes, pensamientos, palabras y actos la santidad de Dios en nuestro espíritu, cuerpo y alma.

3. Santificamos a Dios

1 Pedro 3.15a: «Sino santificad a Dios el Señor en vuestros corazones...»

Isaías 8.13: «A Jehová de los ejércitos, a él santificad; sea él vuestro temor, y sea él vuestro miedo».

Isaías 29.23: «Porque verá a sus hijos, obra de mis manos en medio de ellos, que santificarán mi nombre; y santificarán al Santo de Jacob, y temerán al Dios de Israel».

¿Cómo podemos nosotros santificar a Dios si Él siempre ha sido, es y será Santo?

El sentido aplicable literalmente a estas Escrituras y la interpretación correcta, teológicamente hablando, es que *tenemos que separar a Dios para nosotros y hacerlo el único Señor de nuestras vidas y temerle a Él solamente viviendo en santidad.*

De la misma forma, debemos santificar a Cristo en oración, separarnos para Él y temerle a Él y a su Palabra sobre todas las cosas y autoridades humanas.

4. Santificar el nombre de Dios públicamente

Mateo 6.9: «Vosotros, pues, oraréis así: Padre nuestro que estás en los cielos, santificado sea tu nombre».

Números 20.12: «Y Jehová dijo a Moisés y a Aarón: Por cuanto no creísteis en mí, para santificarme delante de los hijos de Israel, por tanto, no meteréis esta congregación en la tierra que les he dado».

Números 27.14: «Pues fuisteis rebeldes a mi mandato en el desierto de Zin, en la rencilla de la congregación, no santificándome en las aguas a ojos de ellos...».

Deuteronomio 32.51: «Por cuanto pecasteis contra mí en medio de los hijos de Israel en las aguas de Meriba de Cades, en el desierto de Zin; porque no me santificasteis en medio de los hijos de Israel».

¿Cómo podemos nosotros santificar su Santo nombre públicamente si su nombre ya es Santo?

El sentido aplicable literalmente a estas Escrituras y la interpretación correcta, teológicamente hablando, es que *debemos honrarlo y obedecerlo al tenerle como Santo a los ojos del mundo*.

De la misma forma, debemos en oración y en santidad, buscar honrar su nombre a través de nuestra obediencia y renuncia al enseñar al mundo que por medio de nuestras vidas rectas, íntegras y santas podremos revelar el carácter de Dios que es Santo.

5. Nosotros como sacerdocio y nación santa

1 Pedro 2.5, 9: «Vosotros también, como piedras vivas, sed edificados como casa espiritual y sacerdocio santo… Mas vosotros sois linaje escogido, real sacerdocio, nación santa, pueblo adquirido por Dios…».

¿Cómo podemos nosotros ser sacerdocio si ya no tenemos el tabernáculo en el desierto y cómo ser nación santa si no pertenecemos a Israel como pueblo escogido?

El sentido aplicable literalmente de estas Escrituras y la interpretación correcta, teológicamente hablando, es que *nosotros somos sacerdotes espirituales en nuestras familias como padres y fuimos salvos y escogidos como iglesia en Cristo y somos una gran nación, los salvos, no de nacionalidad de Israel, sino de nacionalidad celestial por medio de la santificación.* De la misma forma que Israel fue escogido por Dios para ser una nación peculiar, exclusiva y personal de Él, nosotros espiritualmente como pueblo de Dios y su iglesia que somos, hemos sido *sacados* del mundo y escogidos por Cristo y puestos *afuera* de la corrupción de la carne, y *puestos aparte* para servirle en oración y anunciar las virtudes de Aquel que nos llamó de las tinieblas a su luz admirable por medio de la santificación.

Horatius Bonar (1808-1889), el gran predicador escocés, fue un hombre de oración con una gran comunión con Dios. Fue muy respetado por su iglesia y su denominación. Dios le dio muchos dones y talentos, entre ellos el de evangelista, escritor, poeta e himnólogo. Él escribió muchos himnos que aún hoy se cantan. Durante su ministerio, hizo mucho énfasis en la santidad en la vida personal de los creyentes y en la vida de los ministros. Él creía que la santificación era una parte muy importante de la iglesia y durante toda su vida sus sermones hacían énfasis sobre la búsqueda de la santidad en todos los aspectos de la vida cristiana. Jonathan Edwards, de la misma forma, durante el avivamiento de 1747 en Nueva Inglaterra, donde predicó el famoso sermón «Pecadores en las manos de un Dios airado», decía él, haciendo énfasis en la santidad que «un hombre santo era un arma poderosa en las manos de Dios». Igualmente Horatius Bonar, en su vida personal y ministerio caminó muy cerca de Dios en cuanto a la santidad. En uno de sus memorables sermones, Bonar dijo: «No son opiniones las que el hombre necesita, sino la verdad; no es teología, sino Cristo; no es literatura y ciencia, sino el conocimiento del amor generoso de Dios que ofrece salvación por medio del regalo de su Hijo Jesucristo». La oración y temor de Dios hicieron de este predicador, un gran hombre recto, íntegro y de un nivel asombroso en cuanto a la santificación. Y yo les digo, mis queridos hermanos, que: es en el secreto de la santidad que podremos oír la voz de Dios, disfrutar de su comunión, obtener la gracia divina para vencer las pruebas y caminar cerca del Padre, del Hijo y del Espíritu Santo cada día creciendo en la fe y en el conocimiento de la Palabra.

Qué son y qué no son la santificación y la santidad

1. *Santificación y santidad son la limpieza espiritual de nuestro espíritu y alma*

Isaías 52.11: «Apartaos, apartaos, salid de ahí, no toquéis cosa inmunda; salid de en medio de ella; purificaos [limpiaos] los que lleváis los utensilios de Jehová» (añadido del autor).

2 Timoteo 2.21: «Así que, si alguno se *limpia* de estas cosas, será instrumento para honra, *santificado*, útil al Señor, y dispuesto para toda buena obra» (itálicas del autor).

2 Corintios 7.1: «Así que, amados, puesto que tenemos tales promesas, *limpiémonos* de toda contaminación de carne y de espíritu, perfeccionando la santidad en el temor de Dios» (itálicas del autor).

Santificación es limpieza total de cualquier cosa que contamine nuestra alma y espíritu y que obstruya el paso de nuestra comunión y santificación con Cristo. El alma es la sede de nuestras metas, acciones, actitudes, voluntad, emociones y sentimientos. El espíritu es la sede de la conciencia, de la mente, del intelecto, de la comprensión, de la intuición, de la creatividad, de la motivación y de la sensibilidad espiritual para con Dios. Todo esto debe ser santificado y limpiado diariamente por medio de la oración y de la Palabra de Dios.

2. Santificación y santidad son la limpieza de nuestro cuerpo

2 Crónicas 29.5, 15-19: «Y les dijo: ¡Oídme levitas! Santificaos ahora y santificad la casa [nuestro cuerpo] de Jehová el Dios de vuestros padres, y sacad del santuario [nuestro cuerpo] la inmundicia… Estos reunieron a sus hermanos, y se santificaron, y entraron, conforme al mandamiento del rey y las palabras de Jehová, para limpiar la casa de Jehová. Y entrando los sacerdotes dentro de la casa de Jehová para limpiarla, sacaron toda la inmundicia que hallaron en el templo [nuestro cuerpo] de Jehová, al atrio de la casa de Jehová; y de allí los levitas la llevaron fuera [saque todo de usted] al torrente de Cedrón. Comenzaron a santificarse el día primero del mes primero, y a los ocho del mismo mes vinieron al pórtico de Jehová; y santificaron la casa de Jehová… Ya hemos limpiado toda la casa de Jehová… asimismo hemos preparado y santificado todos los utensilios…» (añadidos del autor).

1 Corintios 6.18-20: «Huid de la fornicación. Cualquier otro pecado que el hombre cometa, está fuera del cuerpo; mas el que fornica, contra su propio cuerpo peca. ¿O ignoráis que vuestro cuerpo es templo del Espíritu Santo, el cual está en vosotros, el cual tenéis de Dios, y que no sois vuestros? Porque habéis sido comprados por precio; glorificad, pues a Dios en vuestro cuerpo y en vuestro espíritu, los cuales son de Dios».

Santificación es la limpieza de nuestro cuerpo, pues somos el templo de Dios, donde Él habita, es su casa espiritual en nosotros. El cuerpo es la sede de los cinco sentidos: Visión, audición, gusto, olfato y el tacto. Todas estas áreas deben ser santificadas y limpiadas diariamente por medio de la oración y de la Palabra de Dios.

3. Santificación y santidad es servir a Dios en nuestros cuerpos y abandonar el pecado

Romanos 6.6, 12-13, 19, 22: «Sabiendo esto, que nuestro viejo hombre fue crucificado juntamente con él [Cristo], para que el cuerpo del pecado sea destruido, a fin de que no sirvamos más al pecado... No reine, pues, el pecado en vuestro cuerpo mortal, de modo que lo obedezcáis en sus concupiscencias; ni tampoco presentéis vuestros miembros al pecado como instrumentos de iniquidad, sino presentaos vosotros mismos a Dios como vivos de entre los muertos [muertos espirituales], y vuestros miembros a Dios como instrumentos de justicia... que así como para iniquidad presentasteis vuestros miembros para servir a la inmundicia y a la iniquidad, así ahora para santificación presentad vuestros miembros para servir a la justicia [a Dios]... Mas ahora que habéis sido libertados del pecado y hechos siervos de Dios, tenéis por vuestro fruto la santificación, y como fin, la vida eterna» (añadidos del autor).

Por medio de la santificación, podemos servir a Dios con toda nuestra alma, cuerpo y espíritu, sabiendo que en un tiempo fuimos esclavos del pecado, pero que ahora, libertados, somos siervos del Dios Todopoderoso para su honra y su gloria.

4. Santificación y santidad consisten en tener en orden todas las áreas de nuestra vida

Números 2.1-2: «Habló Jehová a Moisés y a Aarón diciendo: Los hijos de Israel acamparán cada uno junto a su bandera, bajo las enseñas de las casas de sus padres; alrededor del tabernáculo de reunión acamparán».

Había orden y organización en las tribus durante la peregrinación del desierto cuando tenían que acampar junto al tabernáculo. Dios es un Dios de orden; por lo tanto, las áreas espirituales de nuestra vida deben estar en orden, santificadas, y debemos estar alrededor de personas de oración que nos puedan influir con su carácter de santidad y pureza.

5. Santificación y santidad son individuales y no pueden transmitirse

Ezequiel 18.4, 20: «He aquí que todas las almas son mías; como el alma del padre, así el alma del hijo es mía; el alma [individual] que pecare, esa [individual] morirá. El alma que pecare, esa morirá; el hijo no llevará el pecado del padre, ni el padre llevará el pecado del hijo, la justicia del justo será sobre él, y la impiedad del impío será sobre él» (añadidos del autor).

6. Santificación y santidad significan algún día ser como Cristo es

1 Juan 2.6: «El que dice que permanece en él, debe andar como él anduvo».

Proverbios 4.18: «Mas la senda de los justos es como la luz de la aurora, que va en aumento [nuestra santificación] hasta que el día es perfecto [la santidad completa y final]» (añadidos del autor).

Efesios 4.13: «Hasta que todos lleguemos a la unidad de la fe y del conocimiento del Hijo de Dios, a un varón perfecto [la santidad final y completa], a la medida de la estatura de la plenitud de Cristo» (añadidos del autor).

Ésta debe ser nuestra meta y nuestro deseo en oración: alcanzar la victoria final, cuando seamos como Él es, cuando termine nuestro proceso de santificación aquí en la tierra y lleguemos a la santidad completa y final en la eternidad gloriosa en Cristo. Debemos buscar esto diariamente.

Todo esto es la santificación, ¿pero qué no es la santidad?

1. Santidad no es la apariencia exterior

1 Samuel 16.7: «Y Jehová respondió a Samuel: No mires a su parecer, ni a lo grande de su estatura, porque yo lo desecho; porque Jehová no mira lo que mira el hombre; pues el hombre mira lo que está delante de sus ojos [la apariencia], pero Jehová mira el corazón» (añadido del autor).

Mateo 23.25-28: «¡Ay de vosotros, escribas y fariseos, hipócritas! porque limpiáis lo de fuera del vaso y el plato [la apariencia], pero por dentro estáis llenos de robo y de injusticia. ¡Fariseo ciego! Limpia primero lo de dentro del vaso y del plato, para que también lo de fuera sea limpio. ¡Ay de vosotros, escribas y fariseos, hipócritas! porque sois semejantes a sepulcros blanqueados, que por fuera, a la verdad, se muestran hermosos [la apariencia], mas por dentro están llenos de huesos de muertos y de toda inmundicia. Así también vosotros por fuera, a la verdad, os mostráis justos a los hombres [la apariencia], pero por dentro estáis llenos de hipocresía e iniquidad» (añadidos del autor).

Muchos cristianos y aun ministros demuestran una apariencia de santidad, pero en realidad están llenos de pecados y de suciedad, porque sus vidas están lejos de ser santas según el deseo de Dios.

2. Santidad no es el bautismo del Espíritu Santo

Hechos 1.8a: «Pero recibiréis poder, cuando haya venido sobre vosotros el Espíritu Santo».

Muchos cristianos y aun ministros demuestran una espiritualidad falsa, basada en el orgullo y en la soberbia del uso de sus talentos espirituales, creyendo que santidad es hablar en lenguas o actuar bajo el poder de Dios. Pero sus vidas están llenas de inmoralidades y perversiones.

3. Santidad no es la actuación de los dones espirituales

1 Corintios 1.7a: «De tal manera que nada os falta en ningún don».

1 Corintios 3.1: «De manera que yo, hermanos, no pude hablaros como a espirituales, sino como a carnales, como a niños en Cristo».

El apóstol Pablo decía que los de la iglesia de Corinto tenían todos los dones, pero que aun eran carnales, niños inmaduros y bebés espirituales. Muchos cristianos y aun ministros creen que los dones espirituales son señal de santidad, que por la actuación de ellos o por lo que Dios los usa es señal de aprobación de Dios. Esto no es así. Dios honra su Palabra cuando ella es predicada, pero nuestras vidas darán cuenta delante de Dios de nuestra falta de santidad. El ejemplo más grande de esto es la gran cantidad de predicadores, ministros, pastores, evangelistas, misioneros y cantantes que han caído de la gracia en pecados inmorales al creer que su espiritualidad estaba basada en sus dones, cuando en realidad sus vidas necesitaban el desarrollo de la santificación siendo ellos carentes de la santidad y del temor de Dios en sus vidas.

Charles William Eliot (1834-1926), antiguo presidente de la Universidad Harvard, tenía en su rostro una marca de nacimiento que le incomodaba mucho. Siendo aun muy joven le informaron que la ciencia médica no podía hacer nada para remediar el mal. Ese fue un momento muy difícil que él describió como «el tiempo oscuro de mi alma». Mirando la tristeza del hijo, su madre le dio el siguiente consejo: «Hijo, no es posible que te libres de este sufrimiento... pero es posible que, con la ayuda de Dios, puedas cultivar tu vida y alma en santidad, de tal manera que las personas se olviden de mirar tu rostro y solamente miren la santidad de tu ser». Esto es lo que somos llamados a vivir como cristianos y ministros: una vida de santidad a un punto tal que exprese en nuestro rostro la santidad del Señor. Podremos adquirir esto en oración creyendo que cada día Él nos mostrará lo que debemos cambiar y ser perfeccionados en santificación.

La santificación y la santidad son triples

La santificación y la santidad del creyente en Cristo son progresivas y completas al mismo tiempo. Como ya dijimos anteriormente, la santificación es un proceso, pero la santidad es un estado. Las dos cosas deben coexistir en nuestras vidas cristianas.

1. La santidad es un estado debido a nuestra posición en Cristo

Colosenses 2.10: «Y vosotros estáis completos en él [Cristo], que es la cabeza de todo principado y potestad» (añadido del autor).

Hebreos 10.10: «En esa voluntad somos santificados mediante la ofrenda del cuerpo de Jesucristo hecha una vez para siempre».

Filipenses 3.15a: «Así que, todos los que somos perfectos, esto mismo sintamos…»

1 Corintios 6.11: «Y esto erais algunos; mas ya habéis sido lavados, ya habéis sido santificados, ya habéis sido justificados en el nombre del Señor Jesús y por el espíritu de nuestro Dios».

Filipenses 1.1: «Pablo y Timoteo, siervos de Jesucristo, a todos los santos en Cristo Jesús que están en Filipos».

Nuestra santidad ahora es completa y perfecta, cuando la consideramos en el sentido de la posición que tenemos en Cristo. Esta es la santidad en el *sentido objetivo*, pues nosotros los creyentes estamos en Cristo. Su santidad es nuestra santidad. Véanse los siguientes versículos de las Escrituras:

1 Corintios 1.30: «Mas por él estáis vosotros en Cristo Jesús, el cual nos ha sido hecho por Dios sabiduría, justificación, santificación y redención».

2 Corintios 5.21: «Al que no conoció pecado [Cristo], por nosotros lo hizo pecado, para que nosotros fuésemos hechos justicia de Dios en él» (añadido del autor).

Romanos 8.1: «Ahora, pues, ninguna condenación hay para los que están en Cristo Jesús, los que no andan conforme a la carne, sino conforme al Espíritu [santificación]» (añadido del autor).

Juan 15.4: «Permaneced en mí [Cristo], y yo en vosotros. Como el pámpano no puede llevar fruto por sí mismo, si no permanece en la vid, así tampoco vosotros, si no permanecéis en mí» (añadido del autor).

2. La santificación es progresiva y constituye un proceso diario

Apocalipsis 22.11: «El que es injusto, sea injusto todavía; y el que es inmundo, sea inmundo todavía; y el que es justo, practique la justicia todavía; y el que es santo, santifíquese todavía».

Filipenses 3.12a: «No que lo haya alcanzado ya, ni que ya sea perfecto, sino que prosigo…».

Esta es la santificación basada en la experiencia humana. Ahora nuestra santificación es un proceso diario y progresivo mientras vivimos aquí en la tierra. Este es el *sentido subjetivo*, del cual es la santificación y la separación y la búsqueda de la pureza en cuanto a los pecados conscientes, físicos, morales y espirituales. Nuestra carne siempre tratará de levantarse en contra de los principios de Dios establecidos en las Escrituras en cuanto a la santificación. Esta es la esfera presente y actual de nuestra santificación.

En el *sentido objetivo* nuestra salvación tiene tres aspectos simultáneos en nuestra vida:

A. Justificación

B. Regeneración

C. Santificación

Y en el *sentido subjetivo*, nuestra salvación tiene tres diferentes tiempos, no aspectos:

A. Justificación en el pasado

Romanos 5.1: «Justificados, pues, por la fe, tenemos paz para con Dios por medio de nuestro Señor Jesucristo».

B. Santificación en el presente

Romanos 6.22: «Mas ahora que habéis sido libertados del pecado y hechos siervos de Dios, tenéis por vuestro fruto la santificación, y como fin, la vida eterna».

C. Glorificación en el futuro

Romanos 8.23: «Y no sólo ella [la creación], sino que también nosotros mismos [la iglesia], que tenemos las primicias del Espíritu, nosotros también gemimos dentro de nosotros mismos, esperando [factor tiempo] la adopción, la redención de nuestro cuerpo» (añadidos del autor).

Romanos 13.11: «Y en esto, conociendo el tiempo, que es ya hora de levantarnos del sueño; porque ahora está más cerca [factor tiempo] de nosotros nuestra salvación que cuando creímos» (añadido e del autor).

1 Pedro 1.5: «Que sois guardados por el poder de Dios mediante la fe, para alcanzar la salvación que está preparada para ser manifestada en el tiempo postrero».

1 Juan 3.2: «Amados, ahora [factor tiempo: en este momento] somos hijos de Dios, y aun no se ha manifestado lo que hemos de ser [factor tiempo]; pero sabemos que cuando él se manifieste [factor tiempo], seremos [factor tiempo] semejantes a él, porque le veremos [factor tiempo] tal como él es» (añadidos del autor).

3. Y la santidad plena, final y completa

Apocalipsis 22.4: «Y verán su rostro [el de Dios y del Cordero] y su nombre estará en sus frentes» (añadido del autor).

Mateo 5.8: «Bienaventurados los de limpio corazón, porque ellos verán a Dios».

Cierta vez una misionera escocesa que servía al Señor en India, regresó a la casa de sus padres para un tiempo de vacaciones. Allí contó que un día estaba enseñando a un grupo de niños sobre la vida de Jesús y haciendo énfasis en su carácter santo. Mientras hablaba, una niña escuchaba con mucha atención. Deseaba decir algo pero no se le daba la oportunidad. En un momento y sin poder contenerse más, levantó la mano y dijo: «Maestra, maestra. Yo conozco a este Jesús. Él vive bien cerca de nuestra casa». Curiosa, la maestra le dijo: «¿De veras? ¿Y quién es esa persona?» A lo que la niña contestó: «Es un predicador como usted, maestra. Él vive allí hace mucho tiempo». La niña se estaba refiriendo a otro misionero. ¿No es increíble? Ella pudo identificar a esta persona con el Jesús de la historia que estaba oyendo. ¿Podrá la gente decir lo mismo de nosotros? La Biblia dice que algún día seremos en santidad como Él es. Ésta será la santidad plena, final y completa en Cristo.

El lado divino y el lado humano de la santificación

Levítico 20.7-8 dice: «Santificaos, pues, y sed santos, porque yo Jehová soy vuestro Dios. Y guardad mis estatutos, y ponedlos por obra. Yo Jehová que os santifico». Aquí vemos los dos lados de la santificación. Primero, dice *santificaos*. Es el lado *humano* de nosotros que necesita ser santificado. Segundo, dice: *Yo Jehová, os santifico*. Es la santidad desde el lado *divino*, de Dios, que imparte esta santificación; o sea, es Él que nos santifica. Veamos:

A. Jesús tuvo el lado *divino*. Juan 10.36: «¿Al que el Padre santificó y envió al mundo, vosotros decís: Tú blasfemas, porque dije: Hijo de Dios soy?»

B. Jesús tuvo el lado *humano*. Juan 17.19: «Por ellos yo me santifico a mí mismo, para que también ellos sean santificados en la verdad».

Como Dios, la parte divina de Jesús ya era santa, pero Él necesitaba como hombre, es decir, su parte humana, ser santificado y enviado al mundo. De la misma forma, nosotros, después que nos convertimos, tenemos una parte, el lado divino, el Espíritu de Dios viviendo dentro de nosotros; somos santos porque Él es santo. Pero tenemos la otra parte, el lado humano, que necesita santificación diaria. Por medio de la oración podremos saber las áreas que necesitamos cambiar.

1. El lado divino de la santificación

Dios ha provisto la sangre de Cristo para nuestra santificación, cosa que ocurre en el momento de nuestra conversión. En ese instante, nuestros pecados fueron cancelados y perdonados y nos tornamos *santos* porque Él es santo. El pecado tiene un aspecto doble: Primero, están los pecados de comisión, o sea, esos que se cometen voluntariamente. Segundo, están los pecados congénitos o pecados de omisión, que son esos en que se deja de hacer algo que necesitaba ser hecho. En 1 Juan 1.7, 9 se nos dice: «Pero si andamos en luz, como él está en luz, tenemos comunión unos con otros, y la sangre de Jesucristo nos limpia de todo pecado. Si confesamos nuestros pecados, él es fiel y justo para perdonar nuestros pecados, y limpiarnos de toda maldad». *Aquí,* perdón se refiere a los pecados cometidos, y limpiar o purificar se refiere a los pecados congénitos, o sea, los de omisión. Todos podemos tener un pensamiento impuro, sin que necesariamente se haya transformado en acción. Nuestra mente y estos pensamientos necesitan ser limpiados y purificados por la sangre de Cristo. También se puede relacionar con los pecados de comisión, pues alguien que peca voluntariamente también es apto para recibir perdón y al mismo tiempo la limpieza y purificación de su alma, cuerpo y espíritu. Limpiar es tornar puro, es quitar el deseo de pecar. 1 Juan 3.3 dice: «Y todo aquel que tiene esta esperanza en él, se *purifica* a si mismo, así como él es *puro*» (itálicas del autor). La palabra griega que aquí se traduce *puro* es *hagnos*, que proviene de la misma raíz de *hagios,* santo. El adjetivo describe a una persona o cosa como limpia, modesta, pura, sin mácula, moralmente sin falta y sin mancha. La capacidad de Cristo al haber vencido la tentación y la carne y haber permanecido puro hace de él nuestro modelo de santificación.

2. El lado humano de la santificación

Diariamente necesitamos de la sangre de Cristo para limpiar y purificar nuestras vidas al remover el pecado después de haberlo confesado. Esto es la santificación progresiva; un proceso de cada día, lento pero seguro. Es una lucha constante entre la carne y el espíritu. En Romanos 7.18 el apóstol Pablo dice: «Y yo sé que en mí, esto es, en mi carne, no mora el bien; porque el querer el bien está en mí, pero no el hacerlo». Y en Romanos 8.7, 13: «Por cuanto la mente carnal es enemistad contra Dios; porque no se sujeta a la ley de Dios, ni tampoco puede… porque si vivís conforme a la carne, moriréis; mas si por el Espíritu hacéis morir las obras de la carne, viviréis». También el apóstol Pablo hace mención de esto en Gálatas 2.20: «Con Cristo estoy juntamente crucificado, y ya no vivo yo, mas vive Cristo en mí; y lo que ahora vivo en la carne, lo vivo en la fe del Hijo de Dios, el cual me amó y se entregó a si mismo por mí». ¿Cómo podemos, como humanos, buscar la santificación y obtenerla? Salmos 119.9 nos proporciona la respuesta: «¿Con qué limpiará el joven *[cualquier persona]* su camino? Con guardar *[poner en practica]* tu palabra» (añadidos e itálicas del autor). Finalmente, en Mateo 5.48 Jesús dijo que podemos vivir una vida cristiana santa, recta y perfecta en él: «Sed, pues, vosotros perfectos *[santos]*, como vuestro Padre que está en los cielos es perfecto *[santo]*» (añadido e itálicas del autor). Por medio de la oración podemos discernir las áreas de nuestra vida que necesitan ser cambiadas y seguir hacia adelante con el proceso de la santificación. ¿Y qué beneficios y bendiciones podremos recibir, por medio de la oración, al caminar en santidad delante del Dios que nos llamó a ser santos?

Beneficios y bendiciones de la santidad

1. Seremos santificados por la Palabra y la oración

1 Timoteo 4.5: «Porque por la palabra de Dios y por la oración es santificado».

2. Tendremos el sello de la aprobación divina

Éxodo 28.36: «Harás además una lámina de oro fino, y grabarás en ella como grabadura de sello, SANTIDAD A JEHOVÁ».

3. Será motivo de deleite y de hermosura para nosotros

1 Crónicas 16.29b: «...postraos delante de Jehová en la hermosura de la santidad».

4. Podremos estar en la presencia de Dios y alabarle

Salmos 29.2: «Dad a Jehová la gloria debida a su nombre; adorad a Jehová en la hermosura de la santidad».

5. Tendremos los testimonios, la Palabra de Dios establecida en nosotros

Salmos 93.5a: «Tus testimonios son muy firmes; la santidad conviene a tu casa...»

6. No nos extraviaremos del Camino

Isaías 35.8: «Y habrá allí calzada y camino, y será llamado Camino de Santidad; no pasará inmundo por él, sino que él mismo estará con ellos; el que anduviere en este camino, por torpe que sea, no se extraviará».

7. Seremos perfeccionados en el temor de Dios

2 Corintios 7.1: «Así que, amados, puesto que tenemos tales promesas, limpiémonos de toda contaminación de carne y de espíritu, perfeccionando la santidad en el temor de Dios».

8. Seremos vestidos de una nueva naturaleza

Efesios 4.24: «Y vestíos del nuevo hombre, creado según Dios en la justicia y santidad de la verdad».

9. Llegaremos a ver al Señor

Hebreos 12.14: «Seguid la paz con todos, y la santidad, sin la cual nadie verá al Señor».

10. Seremos siervos de Dios y obtendremos la vida eterna

Romanos 6.22: «Mas ahora que habéis sido libertados del pecado y hechos siervos de Dios, tenéis por vuestro fruto la santificación, y como fin, la vida eterna».

11. Viviremos en la voluntad de Dios

1 Tesalonicenses 4.3: «Pues la voluntad de Dios es vuestra santificación; que os apartéis de fornicación».

12. Tendremos el llamado de Dios para nosotros

1 Tesalonicenses 4.7: «Pues no nos ha llamado Dios a inmundicia sino a santificación».

Romanos 1.7: «A todos los que estáis en Roma, amados de Dios, llamados a ser santos».

1 Corintios 1.2a: «A la iglesia de Dios que está en Corinto, a los santificados en Cristo Jesús, llamados a ser santos...»

13. Fuimos escogidos para la salvación por medio de esto

2 Tesalonicenses 2.13b: «...que Dios os haya escogido desde el principio para salvación, mediante la santificación por el Espíritu y la fe en la verdad».

14. Fuimos elegidos para esto

1 Pedro 1.2: «Elegidos según la presciencia de Dios Padre en santificación del Espíritu, para obedecer y ser rociados con la sangre de Jesucristo».

15. Somos considerados una asamblea de hermanos santos

Filipenses 4.21: «Saludad a todos los santos en Cristo Jesús. Los hermanos que están conmigo os saludan».

16. Somos ministros y hermanos santos

Hebreos 13.24a: «Saludad a todos vuestros pastores, y a todos los santos...»

17. Somos santificados y guardados por el Padre y el Hijo

Judas 1b: «A los llamados, santificados en Dios Padre, y guardados en Jesucristo».

18. Es un privilegio que Él nos santifique

Éxodo 31.13c: «Para que sepáis que yo soy Jehová que os santifico».

Levítico 21.8b: «Porque santo soy yo Jehová que os santifico».

19. Porque este es su mandamiento para nosotros

Levítico 11.44a: «Porque yo soy Jehová vuestro Dios, vosotros por tanto os santificaréis, *y seréis santos*, porque yo soy santo...» (itálicas del autor).

20. Por medio de ella Dios hace maravillas

Josué 3.5: «Y Josué dijo al pueblo: Santificaos, porque Jehová hará mañana maravillas entre vosotros».

21. Es el requisito para traer la presencia de Dios a nosotros

1 Crónicas 15.14: «Así los sacerdotes y los levitas se santificaron para traer el arca de Jehová Dios de Israel».

22. Porque fuimos lavados, santificados y justificados por Cristo y el Espíritu

1 Corintios 6.11: «Y esto erais algunos; mas ya habéis sido lavados, ya habéis sido santificados, ya habéis sido justificados en el nombre del Señor Jesús y por el Espíritu de nuestro Dios».

23. Ella nos dejará listo para el arrebatamiento de la iglesia

1 Tesalonicenses 5.23: «Y el mismo Dios de paz os santifique por completo; y todo vuestro ser, espíritu, alma y cuerpo, sea guardado irreprensible para la venida de nuestro Señor Jesucristo».

24. Es un privilegio que Cristo diga que somos sus hermanos por la santificación

Hebreos 2.11: «Porque el que santifica *[Cristo]* y los que son santificados *[nosotros]* de uno son todos; por lo cual no se avergüenza de llamarnos hermanos» (añadidos e itálicas del autor).

25. Porque Cristo murió para santificarnos con su sangre

Hebreos 9.13-14: «Porque si la sangre de toros y de los machos cabríos, y las cenizas de la becerra rociadas a los inmundos, santificaban para la purificación de la carne, ¿cuánto más la sangre de Cristo, el cual mediante el Espíritu eterno se ofreció a sí mismo sin mancha a Dios, limpiará vuestras conciencias de obras muertas para que sirváis al Dios vivo?»

26. Porque tendremos corazones santos

1 Pedro 3.15a: «Sino santificad a Dios el Señor en vuestros corazones…».

27. Porque por medio de la santificación tendremos discernimiento espiritual

Levítico 10.10: «Para poder discernir entre lo santo y lo profano, y entre lo inmundo y lo limpio».

28. Porque fuimos apartados por Él para ser de Él

Levítico 20.26: «Habéis, pues, de serme santos, porque yo Jehová soy santo, y os he apartado de los pueblos para que seáis míos».

29. Porque somos su pueblo especial por ser santos

Deuteronomio 7.6: «Porque tú eres pueblo santo para Jehová tu Dios; Jehová tu Dios te ha escogido para serle un pueblo especial, más que todos los pueblos que están sobre la tierra».

30. Porque somos su pueblo único por ser santos

Deuteronomio 14.2: «Porque eres pueblo santo a Jehová tu Dios, y Jehová te ha escogido para que seas un pueblo único de entre todos los pueblos que están sobre la tierra».

31. Porque Él nos librará de todo mal si vivimos en santidad

Deuteronomio 23.14: «Porque Jehová tu Dios anda en medio de tu campamento, para librarte y para entregar a tus enemigos delante de ti; por tanto, tu campamento ha de ser santo, para que él no vea en ti cosa inmunda, y se vuelva de en pos de ti».

32. Porque Él nos bendecirá por ser su pueblo santo y de exclusiva posesión

Deuteronomio 26.18-19: «Y Jehová ha declarado hoy que tú eres pueblo suyo, de su exclusiva posesión, como te lo ha prometido, para que guardes todos sus mandamientos; a fin de exaltarte sobre todas las naciones que hizo, para loor y fama y gloria, y para que seas un pueblo santo a Jehová tu Dios, como él ha dicho».

33. Porque podremos cantar y celebrar su santidad

Salmos 30.4: «Cantad a Jehová, vosotros sus santos, y celebrad la memoria de su santidad».

34. Porque nada nos falta si andamos en santidad

Salmos 34.9: «Temed a Jehová, vosotros sus santos, pues nada falta a los que le temen».

35. Porque tendremos pacto con Dios por ser sus santos

Salmos 50.5: «Juntadme mis santos, los que hicieron conmigo pacto con sacrificio».

36. Porque somos el templo de Dios con nuestros cuerpos

1 Corintios 3.17: «Si alguno destruyere el templo de Dios, Dios le destruirá a él; porque el templo de Dios, el cual sois vosotros, santo es».

37. Porque nosotros juzgaremos el mundo

1 Corintios 6.2a: «¿O no sabéis que los santos han de juzgar al mundo».

38. Porque somos escogidos y llamados a recibir herencia en santidad

Efesios 1.4, 18: «Según nos escogió en él antes de la fundación del mundo, para que fuésemos santos y sin mancha delante de él… alumbrando los ojos de vuestro entendimiento, para que sepáis cuál es la esperanza a que él os ha llamado, y cuáles las riquezas de la gloria de su herencia en los santos».

39. Porque los demás serán testigos de nuestro testimonio de santidad

1 Tesalonicenses 2.10: «Vosotros sois testigos, y Dios también, de cuán santa, justa e irreprensiblemente nos comportamos con vosotros los creyentes».

40. *Porque tenemos este llamamiento y propósito de ser santos*
2 Timoteo 1.9: «Quien nos salvó y llamó con llamamiento santo, no conforme a nuestras obras, sino según el propósito suyo y la gracia que nos fue dada en Cristo Jesús antes de los tiempos de los siglos».

41. *Porque somos linaje, sacerdocio y nación santa*
1 Pedro 2.9: «Mas vosotros sois linaje escogido, real sacerdocio, nación santa, pueblo adquirido por Dios, para que anunciéis las virtudes de aquel que os llamó de las tinieblas a su luz admirable».

42. *Porque tenemos un futuro mucho mejor que lo que tenemos ahora*
2 Pedro 3.11: «Puesto que todas estas cosas han de ser deshechas, ¡cómo no debéis vosotros andar en santa y piadosa manera de vivir...!»

43. *Porque tenemos el privilegio de contender y pelear por la fe*
Judas 3: «Amados, por la gran solicitud que tenía de escribiros acerca de nuestra común salvación, me ha sido necesario escribiros exhortándoos que contendáis ardientemente por la fe que ha sido una vez dada a los santos».

44. *Y tendremos nuestra mirada en las cosas celestiales*
Colosenses 3.1-3: «Si, pues, habéis resucitado con Cristo, buscad las cosas de arriba, donde Cristo está sentado a la diestra de Dios. Poned la mira en las cosas de arriba, no en las de la tierra. Porque habéis muerto, y vuestra vida está escondida con Cristo en Dios».

¿Qué le pareció esta lista de cuarenta y cuatro beneficios y bendiciones que podemos tener si descubrimos el secreto de la santidad por medio de la oración? Todo esto lo podemos lograr en oración si decidimos fielmente con el deseo del corazón alcanzar todas estas promesas en nuestras vidas. Por medio del secreto de la oración usted podrá ser partícipe de todos estos beneficios y bendiciones que fueron prometidos a nosotros en las Escrituras. Todo eso está disponible para usted y para mí. Por medio de la oración y del proceso de la santificación lo podremos llegar a obtener. Decida vivir una vida santa y recta y verá las bendiciones de Dios fluir en todas las áreas de su existir.

CAPÍTULO 4

El secreto de la sabiduría

MAS ¡OH, QUIÉN DIERA QUE *Dios hablara, y abriera sus labios contigo, y te declarara los secretos de la sabiduría, que son de doble valor que las riquezas!* (Job 11.5-6)

Zofar el naamatita, amigo de Job, nos dice que Dios nos puede declarar los secretos de la sabiduría. ¿Cómo será esto posible? ¡Por medio de la oración! En Él habitan todos los tesoros y los secretos escondidos de la sabiduría para que nosotros podamos vivir una vida llena de plenitud, felicidad, abundancia y prosperidad. Dice que, para nosotros, la sabiduría es de doble valor que las riquezas. Entendemos entonces que la sabiduría que podemos adquirir de Dios está por encima de cualquier posesión material que podamos tener. En Proverbios 4.5, 7 Salomón ya nos decía: «Adquiere sabiduría, adquiere inteligencia... sabiduría ante todo, adquiere sabiduría; y sobre todas tus posesiones [*riquezas*] adquiere inteligencia» (añadido e itálicas del autor). Santiago 1.5 también nos habla del valor de la sabiduría y nos dice, de igual manera, que debemos orar para adquirirla: «Y si alguno de vosotros tiene falta de sabiduría, pídala a Dios, el cual da a todos abundantemente y sin reproche, y le será dada». ¿De qué manera podemos pedirla? ¡En oración! Dios sabe que necesitamos de sabiduría para vivir y conducirnos y que la manera más segura de obtenerla es por medio de la oración y de una vida recta, justa e íntegra.

En Isaías 11.2 se nos dice: «Y reposará sobre él el Espíritu de Jehová; espíritu de **sabiduría** y de inteligencia, espíritu de consejo y de poder, espíritu de conocimiento y de temor de Jehová». La palabra *sabiduría* usada aquí corresponde en el hebreo al término ***chochmah,*** que significa saber, inteligencia, habilidad ya sea en el sentido artístico (artesanía) o en el sentido moral (capacidad de vivir correctamente). Este sustantivo aparece unas ciento cincuenta veces en las Escrituras. Se encuentra en todas las secciones del Antiguo Testamento y se lo usa extensamente en Job, Proverbios y Eclesiastés. La sabiduría bíblica une a Dios, la fuente de todo entendimiento, con la vida cotidiana, donde los principios del sano vivir se ponen en práctica. Por lo tanto, se nos exhorta a hacer de Dios el punto de partida en toda búsqueda de la sabiduría (Salmos 111.10), y a buscarla sobre todas las cosas si queremos vivir victoriosamente (Proverbios 4.5-9). Este pasaje en particular se refiere a la sabiduría como una característica distintiva del Mesías que vendría, Cristo; que es la sabiduría de Dios en 1 Corintios 1.24. Por medio de la oración y de la aplicación de la sabiduría en nuestra vida diaria podremos recibir el saber para conducirnos; la inteligencia para tomar decisiones correctas; la habilidad de desarrollar nuestros dones y talentos y la capacidad para vivir una vida moral recta e íntegra.

La sabiduría está en Dios

1 Samuel 2.3b nos dice: «Porque el Dios de todo saber es Jehová». Sabemos por las Escrituras que la fuente de toda sabiduría reside en Dios. Es de Él que vinieron todas las cosas creadas e invisibles. Y es por Él y por su sabiduría que aprendemos. Job 9.4 dice: «Él es sabio de corazón y poderoso en fuerzas; ¿quién se endureció contra él, y le fue bien?» Haremos bien en hacer caso a sus palabras y obedecerle, sabiendo que en oración podremos recibir su sabiduría y entendimiento. Otra vez Job, en 12.13, nos habla, diciendo: «Con Dios está la sabiduría y el poder; suyo es el consejo y la inteligencia». ¿Cómo podremos recibir su poder y consejo? ¡Por medio de la oración! Basado en su sabiduría, Él nos guía a lo que debemos hacer. Y en 21.22 nos reitera: «¿Enseñará alguien a Dios sabiduría, juzgando él a los que están elevados?» ¿Quién podrá enseñar a Dios? ¡Nadie! Y como nosotros somos hijos de Dios, ¿quién nos podrá enseñar más que Dios? ¡Nadie! El apóstol Pablo, haciendo mención a lo que escribió Isaías, lo definió así en Romanos 11.33-36: «¡Oh profundidad de las riquezas de la sabiduría y de la ciencia de Dios! ¡Cuán insondables son sus juicios, e inescrutables sus caminos! Porque ¿quién entendió la mente del Señor? ¿O quien fue su consejero? ¿O quién le dio a él primero, para que le fuese recompensado? Porque de él, y por él, y para él, son todas las cosas. A él sea la gloria por los

siglos. Amén». Por lo tanto, de Dios es toda la sabiduría, ciencia e inteligencia. A la mente humana le es imposible entender a Dios con el raciocinio tan limitado que tenemos. Pero por medio de la oración podremos comprender las cosas de Dios por el Espíritu de Dios en nuestros corazones a través de su revelación y su discernimiento a nosotros. El sabio Salomón también nos declara en Proverbios 2.6: «Porque Jehová da la sabiduría, y de su boca viene el conocimiento y la inteligencia». Está en Él darnos sabiduría en todas las áreas de nuestra vida e inteligencia para ejercerlas correctamente por medio de su perfecta voluntad. Y es a nosotros, como iglesia, que nos fue dado el privilegio de anunciar por medio del evangelio de Cristo la inescrutable y profunda sabiduría de Dios a toda la tierra, a todo aquel que desea abrir su corazón y recibirla. Veamos el desafío que nos presenta Pablo en Efesios 3.8-11: «A mí, que soy menos que el más pequeño de todos los santos, me fue dada esta gracia de anunciar entre los gentiles el evangelio de las inescrutables riquezas de Cristo, y de aclarar a todos cuál sea la dispensación del misterio escondido desde los siglos en Dios, que creó todas las cosas; para que la multiforme sabiduría de Dios sea ahora dada a conocer por medio de la iglesia a los principados y potestades en los lugares celestiales, conforme al propósito eterno que hizo en Cristo Jesús nuestro Señor». ¡Qué profundo es el misterio de la salvación y cuán grande la sabiduría y el poder de Dios! ¡Nadie puede compararse al Señor! ¡Es imposible! Su sabiduría y conocimiento no tienen límites, su poder es inmensurable, es eterno y existe por sí mismo. Vea lo que dice Isaías 40.28: «¿No has sabido, no has oído que el Dios eterno es Jehová, el cual creó los confines de la tierra? No desfallece, ni se fatiga con cansancio, y su entendimiento [*sabiduría y conocimiento*] no hay quien lo alcance» (añadidos e itálicas del autor).

El explorador noruego Fridtjof Nansen intentó medir una parte extremadamente profunda del Océano Ártico. El primer día, usó la sonda más larga de que disponía pero no consiguió llegar al fondo. Entonces, escribió en su diario: «El océano es más profundo que mi sonda de medir». Al día siguiente añadió más sonda, pero de igual manera no pudo llegar al fondo. Y nuevamente escribió en su diario: «El océano es aun más profundo». Después de añadir mucha más sonda y de varios días de intentos, tuvo que dejar aquella parte del océano sin saber en realidad qué profundidad tenía. Todo lo que sabía era que medir la profundidad estaba más allá de sus posibilidades humanas. Así es que, escribió en su diario: «¡Cuán grande es Dios! ¿Cómo podré medir su poder y su sabiduría en la creación?» ¡Qué maravilloso es saber que nuestro Dios es grande, poderoso y sabio! ¡Qué privilegio servirle y arrodillarnos ante su presencia en oración y poder captar y entender espiritualmente el secreto de la sabiduría y del inmenso poder que reside en Él.

Por lo tanto:

1. La sabiduría está basada en las Escrituras de Dios

2 Timoteo 3.15-17: «Y que desde la niñez has sabido las Sagradas Escrituras, las cuales te pueden hacer sabio para la salvación por la fe que es en Cristo Jesús. Toda la Escritura es inspirada por Dios, y útil para enseñar, para redargüir, para corregir, para instruir en justicia, a fin de que el hombre de Dios sea perfecto, enteramente preparado para toda buena obra».

2. La sabiduría está basada en la misericordia de Dios

Jeremías 32.18-19: «Que haces misericordia a millares… Dios grande, poderoso, Jehová de los ejércitos es su nombre; grande en consejo [*sabiduría*], y magnífico en hechos…» (añadido e itálicas del autor).

3. La sabiduría está basada en las promesas de Dios

1 Reyes 8.24: «Que has cumplido a tu siervo David mi padre lo que le prometiste; lo dijiste con tu boca, y con tu mano lo has cumplido, como sucede en este día».

4. La sabiduría está basada en el pacto de Dios

Daniel 9.4: «Y oré a Jehová mi Dios e hice confesión diciendo: Ahora, Señor, Dios grande, digno de ser temido, que guardas el pacto y la misericordia con los que te aman y guardan tus mandamientos».

5. La sabiduría está basada en la fidelidad de Dios

Salmos 89.8: «Oh Jehová, Dios de los ejércitos, ¿quién como tú? Poderoso eres, Jehová, y tu fidelidad te rodea».

6. La sabiduría está basada en la justicia de Dios

1 Reyes 3.28: «Y todo Israel oyó aquel juicio que había dado el rey [*Salomón*]; y temieron al rey, porque vieron que había en él sabiduría de Dios para juzgar» (añadido e itálicas del autor).

7. La sabiduría está basada en la gloria de Dios

Salmos 29.2: «Dad a Jehová la gloria debida a su nombre; adorad a Jehová en la hermosura de la santidad».

8. La sabiduría está basada en el temor de Dios

Eclesiastés 12.9, 12-13: «Y cuanto más sabio fue el Predicador, tanto más enseñó sabiduría al pueblo; e hizo escuchar, e hizo escudriñar, y compuso muchos proverbios. Ahora, hijo mío, a más de esto, sé amonestado… El fin de todo discurso oído es este: Teme a Dios, y guarda sus mandamientos; porque esto es el todo del hombre».

Si buscarnos a Dios en oración recibiremos su sabiduría, al hacernos partícipes de su misericordia, su promesa, su pacto, su fidelidad, su justicia, su gloria y su temor. Todas estas áreas nos ayudarán para vivir una vida abundante en Cristo y desfrutar de sus bendiciones. En oración podremos recibir todo esto y mucho más.

La sabiduría se encuentra en Cristo

Lucas 2.40 dice, refiriéndose a Jesús: «Y el niño crecía y se fortalecía, y se llenaba de sabiduría; y la gracia de Dios era sobre él». La Escritura nos hace ver que desde su nacimiento y a la medida que Jesús crecía, la sabiduría de Dios estaba en él. Como ser divino, Cristo ya poseía sabiduría desde la eternidad junto al Padre. Al nacer tornándose en Dios-Hombre, Jesús, como ser humano, necesitaba de esta sabiduría para llevar a cabo su ministerio. Nuevamente, Lucas 2.52 nos confirma la Palabra: «Y Jesús crecía en sabiduría y en estatura, y en gracia para con Dios y los hombres». De igual forma nosotros, en el sentido espiritual, por medio de la oración necesitamos crecer en gracia y sabiduría en nuestra vida cristiana. Cuando Jesús ya estaba plenamente en su ministerio, sufrió el rechazo de las gentes de su propia ciudad en Nazaret, a causa de la incredulidad de ellos. De esta manera nos lo dice Mateo 13.54: «Y venido a su tierra, les enseñaba en la sinagoga de ellos, de tal manera que se maravillaban, y decían: ¿De dónde tiene éste esta sabiduría y estos milagros?» Sus vecinos y familiares no podían entender que la sabiduría que Jesús poseía era divina. A ellos les era difícil comprender que Cristo fuera el Mesías. Esto todavía sucede en nuestros días donde aun millones de personas lo rechazan por sencillamente no entender el plan de Dios para la salvación de la humanidad a través de Cristo. En 1 Corintios 1.24, 30 el apóstol Pablo escribiendo sobre la sabiduría del Señor Jesucristo afirma: «Mas para los llamados, así judíos como griegos, Cristo poder de Dios, y sabiduría de Dios. Mas por él estáis vosotros en Cristo Jesús, el cual nos ha sido hecho por Dios sabiduría, justificación y redención». Por su eterna sabiduría y su deseo desde la eternidad en salvarnos, nos escogió y nos llamó para sí haciendo de nosotros su pueblo, su iglesia y sus hijos. En Colosenses 2.2-3 leemos: «Hasta alcanzar todas las riquezas de pleno entendimiento, a fin de conocer el misterio de Dios el Padre y de Cristo, en quien están escondidos todos los tesoros de la sabiduría y del conocimiento». En Cristo podremos descubrir y recibir en oración su conocimiento, su sabiduría y su inteligencia para todas las áreas de nuestras vidas. Por más que estudiemos sobre la vida de Cristo, su poder y los tesoros de su sabiduría y conocimiento, nos tomaría toda la eternidad conocerlo en realidad, pues él es demasiado grande y poderoso para que nuestra tan pequeña y limitada mente lo pueda comprender y discernir. Y en Romanos 16.27, el apóstol de nuevo se refiere a la sabiduría de Cristo diciendo: «Al único y sabio Dios, sea gloria mediante Jesucristo para siempre». ¡Él es el único y verdadero y sabio Dios, Jesucristo; y después de Él no hay otro! Y en 1 Timoteo 1.16-17: «Para que Jesucristo mostrase en mí el primero toda su clemencia, para ejemplo de los que habrían de creer en él para vida eterna. Por tanto, al Rey de los siglos, inmortal, invisible, al único y sabio Dios, sea honor y gloria por los siglos de los siglos. Amén».

¡Qué maravillosa es la sabiduría y el poder de Cristo para con nosotros que le hemos recibido y le servimos!

Hace unos cuantos años, el mundialmente famoso pianista Arthur Rubinstein sorprendió a la primera ministra de Israel, Golda Meir y a toda la nación cuando públicamente declaró su fe en Cristo en un programa televisivo en Israel. De acuerdo con la noticia del canal Monte Sion, el hecho ocurrió cuando Golda Meir entrevistaba al virtuoso pianista. En una de las preguntas ella le pidió que dijera cuál había sido el acontecimiento más grande en su vida. Rubinstein respondió: «El momento más grande de mi vida ocurrió cuando tomé la decisión más sabia de mi vida, al recibir al Yeshua Hamashiach, o sea a Jesús como el Mesías en mi corazón. Desde entonces mi vida fue completamente transformada por Cristo y he experimentado la felicidad y la paz que nunca había tenido antes.

Después de la entrevista, los trabajadores del canal comentaron: «La señora Meir permaneció en silencio con una expresión de completa sorpresa por lo que había oído de Arthur Rubenstein». ¡Alabado sea el Nombre de Cristo! Allí se encuentra la más grande sabiduría para el hombre: haber reconocido a Cristo como Salvador y Señor. No hay decisión más sabia e importante que ésta. ¡Rubenstein la tomó! Tal vez usted que está leyendo este libro no sea salvo todavía. Usted puede ahora mismo tomar la misma decisión reconociendo sus pecados al arrepentirse y aceptar a Cristo como su Salvador y Señor y él le dará la salvación. O quizás usted ya sea un hermano o hermana en Cristo y está leyendo este libro para crecer en la fe y en el conocimiento de Cristo. Para crecer, necesitamos orar y hacerlo con entendimiento para recibir la sabiduría de Cristo en todas las áreas de nuestra vida personal, espiritual y ministerial. Por lo tanto, la sabiduría reside en nosotros los cristianos si sabemos orar y lo hacemos sabiamente como Cristo.

¿Cómo, realmente, oraba Jesús?

1. Con sabiduría y decisión

Lucas 22.45-46: «Cuando se levantó de la oración, y vino a sus discípulos, los halló durmiendo a causa de la tristeza; y les dijo: ¿Por qué dormís? Levantaos, y orad para que no entréis en tentación».

2. Con sabiduría e intensidad

Lucas 22.44: «Y estando en agonía, oraba más intensamente; y era su sudor como grandes gotas de sangre que caían hasta la tierra».

3. Con sabiduría y confianza

Mateo 26.53: «¿Acaso piensas que no puedo ahora orar a mi Padre, y que él no me daría más de doce legiones de ángeles?»

4. Con sabiduría y reverencia

Juan 17.1 «Estas cosas habló Jesús, y levantando los ojos al cielo, dijo: Padre, la hora ha llegado; glorifica a tu Hijo, para que también tu Hijo te glorifique a ti».

5. Con sabiduría y públicamente

Juan 6.11: «Y tomó Jesús aquellos panes, y habiendo dado gracias, los repartió entre los discípulos, y los discípulos entre los que estaban recostados; asimismo de los peces, cuanto querían».

6. Con sabiduría y secretamente

Lucas 5.16: «Mas él se apartaba a lugares desiertos, y oraba».

7. Con sabiduría y largamente

Lucas 6.12 «En aquellos días él fue al monte a orar, y pasó la noche orando a Dios».

8. Con sabiduría e instructivamente

Lucas 11.1-2: «Aconteció que estaba Jesús orando en un lugar, y cuando terminó, uno de sus discípulos le dijo: Señor, enséñanos a orar, como también Juan enseñó a sus discípulos. Y les dijo: Cuando oréis, decid: Padre nuestro…»

Si buscamos a Cristo en oración podremos llegar a orar sabiamente como Él lo hizo. Su discernimiento en nosotros hará que *oremos con decisión* por problemas que tengamos; hará que *oremos con intensidad* hasta que veamos venir la respuesta; hará que *oremos con confianza* sabiendo cuál es nuestra posición en Cristo; hará que *oremos con reverencia* con respecto a las cosas divinas; hará que *oremos públicamente* al anunciar a Cristo y su evangelio; hará que *oremos secretamente,* a solas con él en nuestro tiempo diario de comunión e intimidad; hará que *oremos largamente* sin desmayar al disfrutar de su presencia; hará que *oremos instructivamente* al estar siempre prontos y listos a aprender de Él en todas las áreas de nuestra vida.

La sabiduría habita en el Espíritu Santo

Éxodo 31.1-4: «Habló Jehová a Moisés, diciendo: Mira, yo he llamado por nombre a Bezaleel hijo de Uri, hijo de Hur, de la tribu de Judá; y lo he llenado del Espíritu de Dios, en sabiduría y en inteligencia, en ciencia y en todo arte, para inventar diseños, para trabajar en oro, en plata y en bronce». Como podemos ver en el versículo citado, es el Espíritu Santo quien nos llena de sabiduría para realizar la obra de Dios. Él es la tercera persona de la Santísima Trinidad. Nehemías 9.20a: «Y enviaste tu buen Espíritu para enseñarles». Por medio de la oración el Espíritu Santo nos enseña y capacita para que se produzca el crecimiento espiritual en nuestras vidas y nos lleva a la disciplina como lo hizo con Israel en el desierto. Job 32.8: «Ciertamente espíritu hay en el hombre, y el soplo del Omnipotente le hace que entienda». Dios nos ha dado el espíritu de vida y de la misma forma, por medio de su Espíritu y a través de él podremos entender las cosas pertenecientes a la vida tanto natural como espiritual, pues es su Espíritu que nos da el entendimiento. Job 33.4: «El Espíritu de Dios me hizo, y el soplo del Omnipotente me dio vida». La sabiduría está en comprender que la vida pertenece a Dios y que por medio de su Espíritu podemos descubrir en oración el plan de Dios para nosotros y vivir para Él. Job 38.36: «¿Quién puso la sabiduría en el corazón? ¿O quién dio al espíritu inteligencia?» Es Dios quien colocó su sabiduría en nuestros corazones por medio de su Espíritu y es Dios que ha dado inteligencia al espíritu de vida que habita en del hombre. ¿Quién más podría hacerlo? Salmos 143.10: «Enséñame a hacer tu voluntad, porque tú eres mi Dios; tu buen espíritu me guíe a tierra de rectitud». El Espíritu, por medio de su sabiduría, nos puede guiar. Pero note que el salmista dijo *mi* Dios, o sea, se está refiriendo a un Dios personal, con quien él tenía una relación de intimidad y conocimiento. De la misma manera nosotros debemos tener esta comunión con el Espíritu de Dios. Isaías 42.1: «He aquí mi siervo, yo le sostendré, mi escogido, en quien mi alma tiene contentamiento; he puesto sobre él mi Espíritu...» Aquí específicamente se refiere al Mesías, a Cristo, del cual el Espíritu le llenaría de sabiduría para llevar a cabo su ministerio. De igual forma nosotros somos siervos de Dios y la sabiduría de su Espíritu está en nosotros. Lucas 12.12: «Porque el Espíritu Santo os enseñará en la misma hora lo que debáis decir». La sabiduría del Espíritu es la que nos capacita para hablar con denuedo, confianza y sabiamente delante de desafíos que se nos presentan. Cristo mismo dijo en Juan 14.17 que el Espíritu y su sabiduría viven en nosotros: «El Espíritu de verdad, al cual el mundo no puede recibir, porque no le ve, ni le conoce, pero vosotros le conocéis, porque mora con vosotros, y estará en vosotros». En Juan 16.13, otra vez Cristo afirma que el Espíritu estaría en nosotros los creyentes: «Pero cuando venga el Espíritu de verdad, él os guiará a toda verdad; porque no hablará por su propia cuenta, sino que hablará todo lo que oyere, y os hará saber las cosas que habrán de venir». Es interesante observar que en ambas citas Jesús llama al Espíritu «Espíritu de verdad». Él es la única verdad, la tercera persona de la Santísima Trinidad. También Jesús dice que «Él os hará saber las cosas». ¿Cómo el Espíritu puede hacer tal cosa? ¡Por medio de su sabiduría! ¿Y a quien hará conocerlas? ¡A nosotros, el pueblo de Dios, su iglesia! Y una vez más, lo que Jesús prometió se lo cumplió a sus discípulos. Juan 20.22: «Y habiendo dicho esto, sopló y les dijo: Recibid al Espíritu Santo». Aquí los discípulos habían recibido una medida del Espíritu. Pero en Hechos 1.8 el Señor Jesús les promete que ellos serían revestidos, llenos del Espíritu y de la sabiduría para llevar a cabo el ministerio de la Palabra a judíos y gentiles: «Pero recibiréis poder, cuando haya venido sobre vosotros el Espíritu Santo, y me seréis testigos en Jerusalén, en toda Judea, en Samaria, y hasta lo último de la tierra». Según Hechos 2.4, mientras estaban reunidos en el Aposento Alto, los discípulos recibieron la promesa que les había hecho Jesús: «Y fueron todos llenos del Espíritu Santo, y comenzaron a hablar en otras lenguas, según el Espíritu les daba que hablasen». Fue la sabiduría del Espíritu que llenó a los discípulos siendo revestidos del Poder de lo alto. Hechos 5.32 confirma que los discípulos recibieron el Espíritu: «Y nosotros somos testigos suyos de estas cosas, y también el Espíritu Santo, el cual ha dado Dios a los que le obedecen». Y en Hechos 6.10 nos cita el resultado de este recibimiento y de la **sabiduría** del Espíritu en la vida de Esteban: «Pero no podían resistir la sabiduría y al Espíritu con que hablaba». La palabra *sabiduría* usada aquí corresponde en el griego a la palabra *sophia*, que quiere decir sabiduría, práctica, prudencia, habilidad, entendimiento penetrante. Se refiere a la instrucción cristiana, una aplicación acertada del conocimiento, un entendimiento profundo de la naturaleza verdadera de las cosas. A menudo en la Biblia a la sabiduría se la asocia con el conocimiento, como en Romanos 11.33, 1 Corintios 12.8 y Colosenses 2.3. Anticipando nuestra necesidad de ser guiados, de dirección y de conocimientos, Dios nos dice que pidamos sabiduría por medio de su Espíritu, y Él nos asegura que nuestra petición tendrá una recepción favorable, tal como está escrito en Santiago 1.5: «Y si alguno de vosotros tiene falta de sabiduría, pídala a Dios, el cual da a todos abundantemente y sin reproche, y le será dada». Pablo también habla de la sabiduría del Espíritu en muchas áreas de nuestra vida espiritual. Veamos lo que escribe en 1 Corintios 2.10-14: «Pero Dios nos las reveló a nosotros por el Espíritu; porque el Espíritu todo lo escudriña, aun lo profundo de Dios. Porque, ¿quién de los hombres sabe las cosas del hombre, sino el espíritu del hombre que está en él? Así tampoco nadie conoció las cosas de Dios, sino el Espíritu de Dios. Y nosotros no hemos recibido el espíritu del mundo, sino el Espíritu que proviene de Dios, para que sepamos lo que Dios nos ha concedido, lo cual también hablamos, no con palabras enseñadas por sabiduría humana, sino con las que enseña el Espíritu, acomodando lo espiritual a lo espiritual. Pero el hombre natural no percibe las cosas que son del Espíritu de Dios, porque para él son locura, y no

las puede entender, porque se han de discernir espiritualmente». Aquí el apóstol deja claro que la sabiduría del Espíritu nos revela el carácter de Dios y aun
escudriña lo profundo de la sabiduría de Dios. Y es la sabiduría del Espíritu que
está dentro del hombre que discierne lo que está en el hombre. Sólo podemos
conocer a Dios por medio de la sabiduría del Espíritu. Sólo Él conoce las cosas
de Dios. Nosotros tenemos el Espíritu y su sabiduría que nos hace saber lo que
Dios nos ha concedido. Y es por la sabiduría del Espíritu y no la del mundo
que nos enseña a vivir una vida espiritual de victoria. Porque lo espiritual se
discierne con el Espíritu de Dios y no por la sabiduría y el intelecto humano. Por
esto el mundo, los que no son creyentes, no pueden entender las cosas de Dios,
porque la interpretan desde el nivel de sus propias mentes y no del Espíritu. A
Dios no se le puede entender con la mente solamente, hay que creerle y enten-
derle por medio del Espíritu que lo ha revelado. Y por último, Efesios 1.17 nos
deja clara la necesidad que tenemos de entender que la sabiduría es un espíritu,
y que debemos poseer esta sabiduría para conocer a Dios y a su Hijo Jesucristo.
La Escritura nos desafía: «Para que el Dios de nuestro Señor Jesucristo, el Padre
de gloria, os dé espíritu de sabiduría y de revelación en el conocimiento de él».
Por medio de la oración podremos conocer al Espíritu de Dios y recibir de su
sabiduría y crecer diariamente en nuestra vida espiritual.

Hace algunos años murió el Dr. Howard A. Kelly que fue uno de los más
grandes cristianos, sabio pensador y pedagogo de Estados Unidos. Durante su
vida fue un hombre de oración y el Señor le concedió mucha sabiduría que usó
para dar testimonio de su fe en la Palabra de Dios. Fue uno de los fundadores
de la Universidad John Hopkins. Él tenía la costumbre de usar un botón en la
solapa de su traje que era un signo de interrogación. Compró cientos de estos
botones y los dio de regalo a muchos de sus amigos. Era una manera de llevar
a las personas en conversación hacia a Cristo y su salvación. Cuando alguien le
preguntaba lo que aquel botón quería decir, él le contestaba: «¡Es la cosa más
grande del mundo!» Y él a su vez, preguntaba: «¿Cuál cree usted que es la cosa
más importante en la vida de una persona?» Algunos decían que era la riqueza,
otros que la salud y aun otros que era ser amado. Entonces él, lleno de sabiduría
del Espíritu les decía: «¡No, no es nada de eso! ¡La cosa más importante de una
persona en este mundo es conocer al Padre, al Hijo y al Espíritu Santo y tener
certeza de la salvación y de la vida eterna!» ¡Y tenía razón! Lo más importante
es saber que nuestro nombre está escrito en el libro de la vida y que tenemos

certeza de la salvación en Cristo Jesús. Una persona sabia sabrá estas cosas. Es lo más importante de la vida del ser humano. Y es por medio de la sabiduría del Espíritu que alguien viene a Cristo.

Por lo tanto:

1. Solamente el Espíritu Santo y su sabiduría nos convencen del pecado

Juan 16.7-11: «Pero yo os digo la verdad: Os conviene que yo me vaya; *porque si no me fuera, el Consolador [el Espíritu* Santo] no vendría a vosotros; mas si me fuere, os lo enviaré. Y cuando él venga, convencerá al mundo de pecado, de justicia y de juicio. De pecado, por cuanto no creen en mí; de justicia, por cuanto voy al Padre, y no me veréis más; y de juicio, por cuanto el príncipe de este mundo ha sido ya juzgado» (añadido e itálicas del autor).

2. Solamente el Espíritu Santo y su sabiduría nos hacen nacer de nuevo

Juan 3.5-7: «Respondió Jesús: De cierto, de cierto te digo, que el que no naciere de agua y del Espíritu, no puede entrar en el reino de Dios. Lo que es nacido de la carne, carne es; y lo que es nacido del Espíritu, espíritu es. No te maravilles de que te dije: Os es necesario nacer de nuevo».

3. Solamente el Espíritu Santo y su sabiduría nos guían a la verdad

Juan 16.13a: «Pero cuando venga el Espíritu de verdad, él os guiará a toda la verdad; porque no hablará por su propia cuenta, sino que hablará todo lo que oyere».

4. Solamente el Espíritu Santo y su sabiduría nos dejan saber el mañana

Juan 16.13b-15: «...y os hará saber [el Espíritu Santo] las cosas que habrán de venir. El me glorificará; porque tomará de lo mío, y os lo hará saber... Todo lo que tiene el Padre es mío; por eso dije que tomará de lo mío, y os lo hará saber» (añadido e itálicas del autor).

5. Solamente el Espíritu Santo y su sabiduría nos pueden renovar

Tito 3.5: «Nos salvó, no por obras de justicia que nosotros hubiéramos hecho, sino por su misericordia, por el lavamiento de la regeneración y por la renovación en el Espíritu Santo».

6. Solamente el Espíritu Santo y su sabiduría nos dicen qué hablar

Mateo 10.19-20: «...no os preocupéis por cómo o qué hablaréis; porque en aquella hora os será dado lo que habéis de hablar. Porque no sois vosotros los que habláis, sino el Espíritu de vuestro Padre que habla en vosotros».

7. Solamente el Espíritu Santo y su sabiduría nos enseñan y recuerdan la Palabra

Juan 14.26: «Mas el Consolador, el Espíritu Santo, a quien el Padre enviará en mi nombre, él os enseñará todas las cosas, y os recordará todo lo que yo os he dicho».

8. Solamente el Espíritu Santo y su sabiduría nos capacitan para predicar con autoridad

Hechos 4.8, 31: «Entonces Pedro, lleno del Espíritu Santo, les dijo: Gobernantes del pueblo, y ancianos de Israel... Cuando hubieron orado, el lugar en que estaban congregados tembló; y todos fueron llenos del Espíritu Santo, y hablaron *[predicaron]* con denuedo *[autoridad]* la Palabra de Dios» (añadidos e itálicas del autor).

Solamente la sabiduría del Espíritu Santo puede convencer al pecador de su pecado y de su necesidad de salvación. Es la acción del Espíritu que lleva a la convicción y conversión, haciendo que el pecador nazca de nuevo espiritualmente. Después, el Espíritu Santo guiará a la persona a toda verdad que está revelada en las Escrituras. Por medio de la sabiduría del Espíritu, nos hará saber lo que sucederá en el futuro de acuerdo al eterno plan de Dios establecido en las Sagradas Escrituras. De igual manera, la sabiduría del Espíritu nos puede renovar diariamente en todas las áreas de nuestra vida espiritual y llevarnos a un nuevo entendimiento de las cosas del Señor. De la misma forma, el Espíritu y su sabiduría nos enseñarán lo que tenemos que decir en todo momento y también en horas de necesidad y de conflicto. Igualmente, el Espíritu nos recuerda lo que hemos oído y estudiado de la Palabra y nos hace crecer en el conocimiento de Cristo. Y por último, el Espíritu Santo nos capacita para predicar con autoridad, denuedo y osadía el evangelio, por medio de su poder, unción y sabiduría. ¿Y qué beneficios y bendiciones podremos recibir, por medio de la oración, de la sabiduría de Dios, de Cristo y del Espíritu Santo y aplicarlas en nuestras vidas?

Beneficios y bendiciones de la sabiduría

1. La sabiduría nos hará redimir el tiempo y comportarnos cristianamente

Colosenses 4.5: «Andad sabiamente para con los de afuera, redimiendo el tiempo».

2. La sabiduría nos hará guardar los mandamientos del Señor

Deuteronomio 4.5-6: «Mirad, yo os he enseñado estatutos y decretos, como Jehová mi Dios me mandó, para que hagáis así en medio de la tierra en la cual entráis para tomar posesión de ella. Guardadlos, pues, y ponedlos por obra; porque esta es vuestra sabiduría y vuestra inteligencia ante los ojos de los pueblos, los cuales oirán todos estos estatutos, y dirán: Ciertamente pueblo sabio y entendido, nación grande es esta».

3. La sabiduría nos hará tener el respaldo de Dios en nuestro llamado

Deuteronomio 34.9: «Y Josué hijo de Nun fue lleno del espíritu de sabiduría, porque Moisés había puesto sus manos sobre él; y los hijos de Israel le obedecieron, e hicieron como Jehová mandó a Moisés».

4. La sabiduría nos hará aptos para tomar decisiones correctas

1 Reyes 3.28: «Y todo Israel oyó aquel juicio que había dado el rey; y temieron al rey, porque vieron que había en él sabiduría de Dios para juzgar».

5. La sabiduría nos hará aptos para desarrollar nuestro ministerio

1 Reyes 4.29-34: «Y Dios dio a Salomón sabiduría y prudencia muy grandes, y anchura de corazón como la arena que está a la orilla el mar. Era mayor la sabiduría de Salomón que la de todos los orientales, y que toda la sabiduría e los egipcios. Aun fue más sabio que todos los hombres… y fue conocido entre todas las naciones alrededor. Y compuso tres mil proverbios, y sus cantares fueron mil cinco. También disertó sobre los árboles, desde el cedro del Líbano hasta el hisopo que nace en la pared. Asimismo disertó sobre los animales, sobre las aves, sobre los reptiles y sobre los peces. Y para oír la sabiduría de Salomón venían todos los pueblos y de todos los reyes de la tierra, adonde había llegado la fama de su sabiduría».

6. La sabiduría nos hará hablar con justicia

Salmos 37.30: «La boca del justo habla sabiduría, y su lengua habla justicia».

7. La sabiduría hará que nuestros pensamientos sean inteligentes

Salmos 49.3: «Mi boca hablará sabiduría, y el pensamiento de mi corazón inteligencia».

8. La sabiduría hará que tengamos intimidad con Dios en el secreto de la oración

Salmos 51.6: «He aquí, tú amas la verdad en lo íntimo, y en lo secreto me has hecho comprender sabiduría».

9. La sabiduría nos hará bienaventurados

Proverbios 3.13: «Bienaventurado el hombre que halla la sabiduría, y que obtiene la inteligencia».

10. La sabiduría nos hará entendidos y capacitados

Proverbios 18.15: «El corazón del entendido adquiere sabiduría; y el oído de los sabios busca la ciencia».

11. La sabiduría nos hará recibir revelación y conocimiento de Cristo

Efesios 1.17: «Para que el Dios de nuestro Señor Jesucristo, el Padre de gloria, os dé espíritu de sabiduría y de revelación en el conocimiento de él».

12. La sabiduría nos hará guardar la Palabra de Jehová

Salmos 19.7: «La ley de Jehová es perfecta, que convierte el alma; el testimonio [la Palabra] de Jehová es fiel, que hace sabio al sencillo» (añadido e itálicas del autor).

13. La sabiduría nos hará más entendidos que nuestros enemigos

Salmos 119.98-99: «Me has hecho más sabio que mis enemigos con tus mandamientos, porque siempre están conmigo. Más que todos mis enseñadores he entendido, porque tus testimonios son mi meditación».

14. La sabiduría nos hará por medio de las Escrituras obtener fe para la salvación

2 Timoteo 3.15: «Y que desde la niñez has sabido las Sagradas Escrituras, las cuales te pueden hacer sabio para la salvación por la fe que es en Cristo Jesús».

15. La sabiduría nos hará aumentar el conocimiento de las cosas espirituales

Proverbios 1.5: «Oirá el sabio, y aumentará el saber, y el entendido adquirirá consejo».

16. La sabiduría nos hará temer al Señor y a sus dichos

Salmos 111.10: «El principio de la sabiduría es el temor de Jehová; buen entendimiento tienen todos los que practican sus mandamientos; su loor permanece para siempre».

17. La sabiduría nos hará recibir la corrección y el saber

Proverbios 9.8-9: «No reprendas al escarnecedor, para que no te aborrezca; corrige al sabio y te amará. Da al sabio, y será más sabio; enseña al justo y aumentará su saber».

18. La sabiduría nos hará tener discernimiento en cuanto a los demás

Juan 2.24-25: «Pero Jesús mismo no se fiaba de ellos, porque conocía a todos, y no tenía necesidad de que nadie le diese testimonio del hombre, pues él sabía lo que había en el hombre».

19. La sabiduría nos hará saber lo que Dios haya determinado en su tiempo

Hechos 1.7: «Y les dijo: Nos os toca a vosotros saber los tiempos o las sazones, que el Padre puso en su sola potestad».

20. La sabiduría hará que el esposo viva correctamente con su esposa

1 Pedro 3.7: «Vosotros, maridos, igualmente, vivid con ellas sabiamente, dando honor a la mujer como a vaso más frágil, y como a coherederas de la gracia de la vida, para que vuestras oraciones no tengan estorbo».

21. La sabiduría hará que los demás glorifiquen al Señor por lo que él ha hecho

1 Reyes 10.4-9: «Y cuando la reina de Sabá vio toda la sabiduría de Salomón, y la casa que había edificado, asimismo la comida de su mesa, las habitaciones

de sus oficiales, el estado y los vestidos de los que le servían, sus maestresalas, y sus holocaustos que ofrecía en la casa de Jehová, se quedo asombrada. Y dijo al rey: Verdad es lo que oí en mi tierra de tus cosas y de tu sabiduría; pero yo no lo creía, hasta que he venido, y mis ojos han visto que ni aun se me dijo la mitad; es mayor tu sabiduría y bien, que la fama que yo había oído. Bienaventurados tus hombres, dichosos estos tus siervos, que están continuamente delante de ti, y oyen tu sabiduría. Jehová tu Dios sea bendito, que se agradó de ti para ponerte en el trono de Israel; porque Jehová ha amado siempre a Israel, te ha puesto por rey, para que hagas derecho y justicia».

22. La sabiduría hará que los demás vean lo que Dios ha hecho por nosotros

1 Reyes 10.23-24: «Así excedía el rey Salomón a todos los reyes de la tierra en riquezas y en sabiduría. Toda la tierra procuraba ver la cara de Salomón, para oír la sabiduría que Dios había puesto en su corazón».

23. La sabiduría nos hará conscientes de la brevedad de nuestras vidas

Salmos 90.12: «Enséñanos de tal modo a contar nuestros días, que traigamos al corazón sabiduría».

24. La sabiduría nos hará creer en los mandamientos del Señor

Salmos 119.66: «Enséñame buen sentido y sabiduría, porque tus mandamientos he creído».

25. La sabiduría nos hará temer y obtener el conocimiento del Altísimo

Proverbios 9.10: «El temor de Jehová es el principio de la sabiduría, y el conocimiento del Santísimo es la inteligencia».

26. La sabiduría nos hará vivir en humildad

Proverbios 11.2 «Cuando viene la soberbia, viene también la deshonra; mas con los humildes está la sabiduría».

27. La sabiduría nos hará alegrar a nuestra familia y a no desviarnos del camino

Proverbios 29.3: «El hombre que ama la sabiduría alegra a su padre; mas el que frecuenta rameras perderá los bienes».

28. La sabiduría nos hará sensibles a la necesidad de los pobres

Proverbios 29.7: «Conoce el justo la causa de los pobres; mas el impío no tiene sabiduría».

29. La sabiduría nos hará sabios espiritualmente y saludables físicamente

Eclesiastés 8.1: «¿Quién como el sabio? ¿y quién como el que sabe la declaración de las cosas? La sabiduría del hombre ilumina su rostro, y la tosquedad de su semblante se mudará».

30. La sabiduría nos hará fortalecidos y más sabios que los grandes

Eclesiastés 7.19: «La sabiduría fortalece al sabio más que diez poderosos que haya en una ciudad».

31. La sabiduría nos hará que seamos libres de la destrucción

Eclesiastés 9.13-15: «También vi esta sabiduría debajo del sol, la cual me parece grande; una pequeña ciudad, y pocos hombres en ella; y viene contra ella un gran rey, y la asedia y levanta contra ella grandes baluartes; y se halla en ella un hombre pobre, sabio, el cual libra la ciudad con su sabiduría; y nadie se acordaba de aquel hombre pobre».

32. La sabiduría nos hará más poderosos que la fuerza humana

Eclesiastés 9.16: «Entonces dije yo: Mejor es la sabiduría que la fuerza, aunque la ciencia del pobre sea menospreciada, y no sean escuchadas sus palabras».

33. La sabiduría nos hará tranquilos y pacientes

Eclesiastés 9.17: «Las palabras del sabio escuchadas en quietud, son mejores que el clamor del señor entre los necios».

34. La sabiduría nos hará más poderosos que un ejército en la guerra

Eclesiastés 9.18: «Mejor es la sabiduría que las armas de guerra; pero un pecador [necio] destruye mucho bien» (añadido e itálicas del autor).

35. La sabiduría nos hará capaces para dirigir nuestras vidas

Eclesiastés 10.10b: «Pero la sabiduría es provechosa para dirigir».

36. La sabiduría nos hará tener gracia y aceptación

Proverbios 10.12: «Las palabras de la boca del sabio son llenas de gracia, mas los labios del necio causan su propia ruina».

37. La sabiduría nos hará guardar nuestra boca

Proverbios 10.14: «Los sabios guardan la sabiduría; mas la boca del necio es calamidad cercana».

38. La sabiduría nos hará que hablemos lo que agrada

Proverbios 10.32: «Los labios del justo saben hablar lo que agrada; mas la boca de los impíos habla perversidades».

39. La sabiduría nos hará saber la verdadera sabiduría que es entender y conocer al Señor

Jeremías 9.23-24: «Así dijo Jehová: No se alabe el sabio en su sabiduría, ni en su valentía se alabe el valiente, ni el rico se alabe en sus riquezas. Mas alábese en esto el que se hubiere de alabar: En entenderme y conocerme, que yo soy Jehová, que hago misericordia, juicio y justicia en la tierra; porque estas cosas quiero, dice Jehová».

40. La sabiduría nos hará predicar el evangelio no por medio de la sabiduría secular y mundana

1 Corintios 1.17-21: «Pues no me envió Cristo a bautizar, sino a predicar el evangelio; no con sabiduría de palabras, para que no se haga vana la cruz de Cristo. Porque la palabra de la cruz es locura a los que se pierden; pero a los que se salvan, esto es, a nosotros, es poder de Dios. Pues está escrito: Destruiré la sabiduría de los sabios, y desecharé el entendimiento de los entendidos. ¿Dónde está el sabio? ¿Dónde está el escriba? ¿Dónde está el disputador de este siglo? ¿No ha enloquecido Dios la sabiduría del mundo? Pues ya que en la sabiduría de Dios, el mundo no conoció a Dios mediante la sabiduría, agradó a Dios salvar a los creyentes por la locura de la predicación».

41. La sabiduría nos hará administrar inteligentemente los dones del Espíritu

1 Corintios 12.8: «Porque a éste es dada por el Espíritu palabra de sabiduría; a otro, palabra de ciencia según el mismo Espíritu».

42. La sabiduría nos hará apartarnos de la necedad del orgullo

Proverbios 3.7: «No seas sabio en tu propia opinión; teme a Jehová, y apártate del mal».

43. La sabiduría nos hará caminar con los humildes y evitar la arrogancia

Romanos 12.16: «Unánimes entre vosotros: no altivos, sino asociándoos con los humildes. No seáis sabios en vuestra propia opinión».

44. La sabiduría nos hará entender y comprender la Palabra de Dios

Proverbios 1.6: «Para entender proverbio y declaración, palabras de sabios, y sus dichos profundos».

45. La sabiduría nos hará evitar la pereza y la indolencia

Proverbios 6.6-8: «Ve a la hormiga, oh perezoso, mira sus caminos, y sé sabio; la cual no teniendo capitán, ni gobernador, ni señor, prepara en el verano su comida, y recoge en el tiempo de la siega su mantenimiento».

46. La sabiduría nos hará caminar con los sabios y ser sabio

Proverbios 13.20: «El que anda con sabios, sabio será; mas el que se junta con necios será quebrantado».

47. La sabiduría hará que la mujer inteligente edifique su familia

Proverbios 14.1: «La mujer sabia edifica su casa; mas la necia con sus manos la derriba».

48. La sabiduría nos hará sabios en la vejez al recibir la disciplina

Proverbios 19.20: «Escucha el consejo, y recibe la corrección, para que seas sabio en tu vejez».

49. La sabiduría nos hará edificar nuestra vida personal, familiar y ministerial

Proverbios 24.3-4: «Con sabiduría se edificará la casa, y con prudencia se afirmará; y con ciencia se llenarán las cámaras de todo bien preciado y agradable».

50. La sabiduría nos hará más poderosos que nuestros enemigos

Proverbios 21.22: «Tomó el sabio la ciudad de los fuertes, y derribó la fuerza en que ella confiaba».

51. La sabiduría nos hará fuertes y vigorosos espiritualmente

Proverbios 24.5: «El hombre sabio es fuerte, y de pujante vigor el hombre docto».

52. La sabiduría nos hará enseñar la Palabra al pueblo

Eclesiastés 12.9: «Y cuanto más sabio fue el predicador, tanto más enseñó sabiduría al pueblo; e hizo escuchar, e hizo escudriñar, y compuso muchos proverbios».

53. La sabiduría nos hará predicar con efectividad la Palabra

Eclesiastés 12.11: «Las palabras de los sabios son como aguijones; y como clavos hincados son las de los maestros de las congregaciones, dadas por un Pastor».

54. La sabiduría nos hará oír la corrección del sabio y no a la necedad

Eclesiastés 7.5: «Mejor es oír la reprensión del sabio que la canción de los necios».

55. La sabiduría nos hará aprender de las experiencias de nuestro vivir

Proverbios 15.31: «El oído que escucha las amonestaciones de la vida, entre los sabios morará».

56. La sabiduría nos hará capaces para ministrar a los demás

Isaías 50.4: «Jehová el Señor me dio lengua de sabios, para saber hablar palabras al cansado; despertará mañana tras mañana, despertará mi oído para que oiga como los sabios».

57. La sabiduría nos hará obedientes y hacedores del bien

Romanos 16.19: «Porque vuestra obediencia ha venido a ser notoria a todos, así que me gozo de vosotros; pero quiero que seáis sabios para el bien, e ingenuos para el mal».

58. La sabiduría nos hará mansos, de buen testimonio y entendidos

Santiago 3.13: «¿Quién es sabio y entendido entre vosotros? Muestre por la buena conducta sus obras en sabia mansedumbre».

59. La sabiduría nos hará que evitemos el saber humano de las obras de la carne

Santiago 3.14-15: «Pero si tenéis celos amargos y contención en vuestro corazón, no os jactéis, ni mintáis contra la verdad; porque esta sabiduría no es la que desciende de lo alto, sino terrenal, animal [natural, física], diabólica» (añadido e itálicas del autor).

60. La sabiduría nos hará buscar la verdadera sabiduría espiritual y divina

Santiago 3.17: «Pero la sabiduría que es de lo alto es primeramente pura, después pacífica, amable, benigna, llena de misericordia y de buenos frutos, sin incertidumbre ni hipocresía».

61. La sabiduría nos hará mejores que la inteligencia humana

Daniel 1.20: «En todo asunto de sabiduría e inteligencia que el rey les consultó, los halló diez veces mejores que todos los magos y astrólogos que había en todo su reino».

62. La sabiduría nos hará hablar sabiamente y evitar grandes calamidades

Daniel 2.14: «Entonces Daniel habló sabia y prudentemente a Arioc, capitán de la guardia del rey, que había salido para matar a los sabios de Babilonia».

63. La sabiduría nos hará sabios y entendidos por medio del Señor

Daniel 2.21: «Él muda los tiempos y las edades; quita reyes, y pone reyes; da sabiduría a los sabios, y la ciencia a los entendidos».

64. La sabiduría nos hará entendidos y evitaremos la necedad

Proverbios 12.1: «El que ama la instrucción ama la sabiduría, mas el que aborrece la reprensión es ignorante».

65. Y Dios nos dará los secretos de la sabiduría

Job 11.5-6: «Mas ¡oh, quién diera que Dios hablara, y abriera sus labios contigo, y te declarara los secretos de la sabiduría, que son de doble valor que las riquezas».

¿Qué le pareció esta lista de sesenta y cinco beneficios y bendiciones que podemos tener si descubrirnos el secreto de la sabiduría por medio de la oración? Todo esto es para usted y para mí y lo podemos lograr en oración si decidimos fielmente con el deseo del corazón alcanzar todas estas promesas en nuestras vidas. Por medio del secreto de la oración podremos ser partícipes de la sabiduría para que podamos vivir sabiamente una vida de victoria en todas las áreas de nuestra vida, sea personal, ministerial o espiritual. Ellas están disponibles para usted y para mí. Por medio de la oración y de la aplicación de las Escrituras en nuestras vidas, podremos obtener la sabiduría que está reservada para aquellos que conocen al Señor. Necesitamos de la sabiduría para tomar decisiones correctas en nuestro vivir diario, en cuanto a nuestras familias, nuestros hijos, nuestro ministerio y en nuestro caminar con Dios. Son tantos compromisos y decisiones que tenemos que hacer que en realidad necesitamos de esta sabiduría. ¿Y donde encontrarla? Millones de personas la buscan de muchísimas maneras diferentes y no la pueden encontrar. En Job 28.12 él hace la pregunta: «Mas ¿dónde se hallará la sabiduría? ¿Dónde está el lugar de la inteligencia?» La sabiduría está en Dios, la sabiduría se encuentra en Cristo y la sabiduría habita en el Espíritu Santo. La respuesta a la pregunta de Job, donde millones de personas cristianas lo han encontrado, él mismo se la contesta en Job 28.28 cuando dice: «Y dijo al hombre: He aquí que el temor del Señor es la sabiduría, y el apartarse del mal, la inteligencia». Es allí donde se encuentra el tesoro de la sabiduría: conocer al Padre, conocer al Hijo y conocer al Espíritu Santo. De la misma forma, el sabio Salomón nos dice en Proverbios 1.7: «El principio de la sabiduría es el temor de Jehová; los insensatos desprecian la sabiduría y la enseñanza». Temer a Dios, a Cristo y al Espíritu Santo, esto es ser sabio y poseer esta sabiduría que emana de la Trinidad. Los que no lo hacen son catalogados de insensatos y despreciadores de las enseñanzas divinas expuestas en la Palabra de Dios. La verdadera sabiduría es conocer a Dios y darlo a conocer. La verdadera sabiduría es conocer a Cristo y darlo a conocer. La verdadera sabiduría es conocer al Espíritu Santo y darlo a conocer. Y podremos obtener esta sabiduría por medio del secreto de la oración. De la misma forma, la obtendremos oyendo y estudiando la Palabra y poniendo en práctica los consejos declarados en esta misma Palabra.

CAPÍTULO 5

El secreto del poder de Dios

ABRIRÉ MI BOCA EN PROVERBIOS [parábolas]; hablaré cosas escondidas [secretas] desde tiempos antiguos, las cuales hemos oído y entendido. (Salmos 78.2, 3a, añadidos y paréntesis del autor)

El secreto del éxito de la vida y ministerio del famoso evangelista D. L. Moody se hallaba en Salmos 62.11 que dice: «Una vez habló Dios; dos veces he oído esto: Que de Dios es el poder». Moody creía en este versículo de todo su corazón y lo mencionaba muy a menudo. Decía que el poder pertenece solamente a Dios y basado en esto hizo grandes cosas para el Señor durante su vida y ministerio. El Señor nos revela el secreto de su poder por medio de las Escrituras. Sabemos que en Él reside el poder y la autoridad tanto en la esfera espiritual como en la secular y humana.

En Ezequiel 29.21 leemos: «En aquel tiempo haré retoñar el **poder** de la casa de Israel. Y abriré tu boca en medio de ellos, y sabrán que yo soy Jehová». La palabra *poder* aquí corresponde al hebreo **qeren**. *Qeren* es un cuerno de animal, una vasija o una corneta, un símbolo de fortaleza, poder y victoria. Este sustantivo aparece en las Escrituras más de setenta y cinco veces. Los animales con cuernos, tales como bueyes, cabras y carneros son símbolos de fortaleza. Los «cuernos del altar» (Levítico 4.7, 9.9, Salmos 118.27) simbolizan la poderosa presencia de Dios. La raíz de donde procede *qeren* es **qaran,** que significa tener cuernos o brillar. Éxodo 34.29-30, 35 al referirse a los rayos de gloria que brotaban del rostro de Moisés dice que el rostro se le iluminó. La fortaleza y el poder están en Dios. Y esta fortaleza y este poder están disponibles para nosotros si los descubrimos por medio de la Palabra de Dios y la oración. Desde la creación del mundo y a través de la historia de los siglos, el poder de Dios ha sido manifestado a la humanidad y en especial a Israel y a la iglesia de Cristo, de varias maneras y formas diferentes, en situaciones distintas y en circunstancias difíciles, trayendo milagros y bendiciones a aquellos que estuvieron dispuestos a recibirlos. Hoy el Señor actúa de la misma manera, pues las Sagradas Escrituras en Hebreos 13.8 nos afirma que «Jesucristo es el mismo ayer, y hoy, y por los siglos». Dios desea usarnos para su honra y para su gloria, y es necesario que nosotros podamos descubrir el secreto en donde reside el poder de Dios para nuestras vidas y aplicarlos de acuerdo a la revelación divina por medio de la Palabra de Dios. Como dice en Salmos 78.2, 3a las cosas escondidas de Dios y su poder desde tiempos remotos están disponibles a nosotros que hemos oído el evangelio y hemos creído al entender los planes y propósitos del corazón de Dios para nuestras vidas. ¿Y donde está el secreto del poder de Dios?

El poder está en la oración

A través de los tiempos, la oración y su poder han cambiado el curso de la historia de la civilización, salvado, sanado y restaurado a millones de personas por medio de Cristo y traído un avivamiento a nivel mundial a la iglesia. Hay miles de miles de testimonios del efecto de la oración y centenas de centenas de libros escritos sobre el poder de la oración. Su autoridad es real. Su resultado es verdadero y es imperativo que entendamos que la oración eficaz tiene poder para cambiar las circunstancias y recibir el poder de Dios en nuestras vidas. Hoy, desafortunadamente, en muchas iglesias la oración ha perdido su lugar y en la vida de muchísimos creyentes ella ya no es importante y necesaria. En mi segundo libro, *Heme aquí, Señor, envíame a mí*, en el cual escribí sobre evangelismo y las misiones mundiales, relato muchas experiencias que he tenido alrededor del mundo y cómo el Señor trajo los resultados por medio de una oración eficaz, perseverante y llena de fe. Allí menciono los grandes avivamientos de la historia, todos los cuales empezaron con la oración. Allí me refiero ampliamente al poder de la oración para la iglesia, para el predicador, para el avivamiento, para la evangelización y para las misiones. Incluyo ejemplos de grandes hombres y mujeres de oración de ayer y de hoy; destaco la importancia de la oración en la vida de los ministros, del creyente. Menciono algunos de los resultados de la oración en nuestras cruzadas alrededor del mundo; qué es orar en el Espíritu y también comparto algunas experiencias personales de cómo Dios siempre ha contestado mis oraciones que tienen que ver con las diferentes áreas de mi vida. Para no repetir aquí de nuevo lo que ya escribí anteriormente, le sugiero que busque mi segundo libro contactándose con nuestro ministerio. Estoy seguro que será bendecido grandemente. Entonces, mi querido lector, sepa que Dios desea contestar las oraciones, salvo que no sea de su voluntad. Algunas veces Él contesta rápidamente; otras, lleva algún tiempo y aun otras llevan mucho y mucho tiempo. Pero Él oye, contesta y nos da de su poder a través de la oración. En la China, los cristianos tienen este decir: «Mucha oración, mucho poder; poca oración, poco poder». Lea los libros de la historia de la iglesia y verá que los grandes avivamientos en todo el mundo empezaron con la oración del pueblo de Dios en una búsqueda sincera con quebrantamiento, humildad y arrepentimiento.

Cuando en 1999 visitamos la India tuvimos una gran experiencia en relación con el poder de Dios mediante la oración. Nuestra cruzada allí estaba alcanzando un éxito fenomenal. Tuvimos 70 mil personas y más de 6,700 entregaron sus corazones a Cristo. El Señor había hecho grandes milagros y paralíticos y ciegos habían sido sanados. En medio de todo esto, el primer ministro de la India estaba haciendo su campaña de reelección. Un día, el organizador de la campaña, el Dr. Benjamin Gnanadurai llegó al hotel muy nervioso y preocupado. Nos dijo que el primer ministro estaba a punto de venir a Madrás (hoy es Chennai) a hacer campaña. Pero este no era el problema. El asunto era que él quería usar el mismo lugar donde nosotros estábamos predicando, lo cual implicaba la cancelación de nuestro esfuerzo. Nosotros habíamos pagado 56 mil dólares para montar la cruzada y habíamos trabajado y nos había llevado mucho tiempo recaudar esta cantidad. El primer ministro podía cancelar nuestro evento y hacer su campaña política. Marina Beach, en Madrás, es el lugar más adecuado para este tipo de reuniones masivas. Ante esta eventualidad, nos reunimos de emergencia en oración y ayuno con nuestro equipo y las iglesias que estaban apoyando la campaña. Derramamos nuestra alma delante del Señor entre lágrimas y le pedimos que la cruzada no fuera cancelada. Yo hice una oración que jamás había hecho y después, hasta hoy, no volví hacerla. Le dije al Señor: «Te voy a pedir algo que nunca te he pedido antes, pero se trata de una emergencia. Toda mi vida te he pedido que sanes a los enfermos, pero ahora te quiero pedir que enfermes a alguien. Señor, enferma al primer ministro para que no pueda venir a Madrás, pero no vayas a hacer que muera, porque él no te conoce. Sólo enférmalo. Nosotros necesitamos seguir con nuestra cruzada. Mira todo el trabajo que hemos tenido y la bendición que ha sido hasta ahora con miles de salvaciones y muchas sanidades. Te pido esto en el nombre del Padre, del Hijo y del Espíritu Santo. ¡Amén!» Tan cierto como que Dios vive, al día siguiente, los periódicos publicaron la noticia que el primer ministro cancelaba su viaje a Madrás porque había sido llevado de urgencia al hospital a causa de una infección intestinal que había tenido durante la noche. Eso lo había obligado a cancelar su visita a Madrás. Dios es fiel, Él no falla, Él contesta. La oración eficaz tiene poder. ¡El poder de la oración es real! ¡Es poderosa! ¡Es viva! Quien canceló su actividad fue él y no nosotros. Este es el Dios al que servimos.

¿Qué es orar?

Filipenses 4.6 nos da la respuesta: «Por nada estéis afanosos, sino sean conocidas vuestras peticiones delante de Dios en toda oración y ruego, con acción de gracias». La oración es sencillamente petición, ruego, súplica, plegaria, intercesión. Es la forma y la vía de comunicarnos con Dios y tener comunión con Él. Es la manera en que, por medio de Cristo, tenemos entrada y acceso al tercer cielo donde está el Señor Dios Todopoderoso. Peter Wagner refiriéndose a la oración dice: «La oración es la vía por la cual nos tornamos unidos con Dios a tal grado que Él puede fluir fácilmente en nuestros asuntos y de la misma manera nosotros podemos fluir libremente en los asuntos espirituales de Dios». Desde el Génesis hasta el Apocalipsis las Escrituras están llenas de ejemplos de distintas oraciones hechas por diferentes personajes en diversas ocasiones y de cómo Dios se las contestó a cada uno en su tiempo. Cuando leemos la Palabra de Dios, la Biblia, Dios habla con nosotros, pero cuando oramos nosotros hablamos con Dios. Derramamos nuestra alma y ser delante de Él y le dejamos saber lo que está en nuestros corazones, así como un hijo habla a su padre y el padre habla a su hijo. No hay nada más extraordinario que doblar las rodillas y orar en el Espíritu mientras nuestras lágrimas descienden de nuestra mejilla y aun más grande es saber que Dios nos está oyendo y que Él está más cerca que nuestra propia respiración.

¿A quién orar?

Es muy importante saber a quien orar. Muchos no saben a quien dirigir sus plegarias y aun algunos cristianos no saben la manera correcta de hacerlo.

En primer lugar, *debemos orar a Dios Padre.* Mateo 6.6 dice: «Mas tú, cuando ores, entra en tu aposento y cerrada la puerta, ora a tu Padre...». También la Escritura nos dice en Juan 16.23: «De cierto, de cierto os digo, que todo cuanto pidieres al Padre...».

En segundo lugar, *debemos orar en el nombre del Hijo, Jesucristo.* Cristo dijo en Juan 14.14: «Si alguno pidiere en mi nombre, yo lo haré». También Cristo habló en Juan 16.24 lo siguiente: «Hasta ahora nada habéis pedido en mi nombre; pedid y recibiréis, para que vuestro gozo sea cumplido».

Y en tercer lugar, *debemos orar pidiendo la ayuda del Espíritu Santo.* En Romanos 8.26-27 leemos: «Y de igual manera el Espíritu nos ayuda en nuestra debilidad; pues qué hemos de pedir como conviene, no lo sabemos, pero el Espíritu Santo mismo intercede con gemidos indecibles. Mas el que escudriña los corazones sabe cuál es la intención del Espíritu, porque conforme a la voluntad de Dios intercede por los santos *[la iglesia]* (itálicas del autor)». Debemos orar pues, a Dios nuestro Padre; en el nombre del Hijo, el Señor Jesucristo; y con la ayuda y la dirección del Espíritu Santo. No a alguna persona, imagen, estatua o santo. De acuerdo con las Sagradas Escrituras, la Santísima Trinidad completa se involucra en nuestro orar y en nuestro pedir.

¿Cómo orar?

Mateo 6.7-13: «Y orando, no uséis vanas repeticiones, como los gentiles, que piensan que por su palabrería serán oídos. No os hagáis, pues, semejantes a ellos; porque vuestro Padre sabe de qué cosas tenéis necesidad, antes que vosotros lo pidáis. Vosotros, pues, oraréis así: Padre nuestro que estás en los cielos...» De allí hasta el versículo 13 Cristo enseñó a sus discípulos a orar, en lo que nosotros conocemos como «el Padrenuestro».

Jesús dijo que no usáramos palabras sin sentido, sino que oráramos específicamente, con motivos, razones, propósitos y con eficacia para ser oídos.

No todas las oraciones son iguales, pues hay muchos diferentes tipos para distintas necesidades y problemas y son presentadas en varios niveles de autoridad en la esfera espiritual. Cada creyente y cada ministro posee una vida de oración única y un nivel específico de influencia en el mundo espiritual y posee un grado de efectividad de acuerdo con su madurez y poder en su vida personal. Pero deseo ser breve en cuanto a la manera de orar y proveer solamente lo más importante que yo creo sobre cómo orar con efectividad y alcanzar grandes resultados y bendiciones al hacerlo. Por lo tanto:

1. Ore con fe y confianza

Hebreos 11.6: «Pero sin fe es imposible agradar a Dios; porque es necesario que el que se acerca a Dios *[en oración]* crea que le hay *[que Él existe]*, y que es galardonador de los que le buscan *[oran a Él]*» (añadidos e itálicas del autor). Fe es creer que Dios va a contestar la oración. Usted debe compartir y testificar con los demás cuando Dios le contesta, edificando así la fe de los oyentes y de toda la iglesia.

He conocido iglesias donde en la pared están escritas a un lado las peticiones y aun fotos de personas en pedacitos de papel. Del otro lado están igualmente los pedacitos de papel que contienen la respuesta que han recibido de parte de Dios. Esto estimula y anima a todos a orar con fe al ver que si Dios responde. Santiago 5.15: «Y la oración de fe salvará al enfermo, y el Señor lo levantará; y si hubiere cometido pecados, le serán perdonados». ¿Ve usted? Es la oración hecha en fe que obtendrá los resultados. Quien ora dudando, con falta de fe y en incredulidad, no recibirá nada de parte de Dios.

2. Ore en el centro de la voluntad de Dios

1 Juan 5.14: «Y esta es la confianza que tenemos en él, que si pedimos alguna cosa conforme a su voluntad, él nos oye». Debemos orar específicamente de acuerdo con la voluntad de Dios. Él no le concederá algo que no está en su voluntad. ¡Esté seguro de esto! He tenido experiencias de que Dios me ha concedido lo que en su corazón estaba, pero que en otras ocasiones aunque he orado y aun he ayunado por ciertas peticiones no las he recibido. Más tarde me he dado cuenta que no era su voluntad y en muchas ocasiones he sabido que era su voluntad pero que no era el tiempo adecuado para recibir la respuesta. Por esto es necesario que:

3. Ore con discernimiento

Eclesiastés 8.5b, 6a: «...y el corazón del sabio *[del creyente]* discierne el tiempo y el juicio. Porque para todo lo que quisieres *[en oración]* hay tiempo y juicio...» (añadidos e itálicas del autor). Pida a Dios que el Espíritu del discernimiento sea real y efectivo en el momento de la oración. Porque discernirá su oración y sabrá el tiempo correcto para todas las cosas.

4. Ore con un corazón puro

Salmos 66.18: «Si en mi corazón hubiese yo mirado a la iniquidad, el Señor no me habría escuchado». La efectividad de la oración tiene que ver con el nivel de intimidad que tenemos con Dios. Cuanto más cerca estamos de Él, menos iremos a abrigar en nuestros corazones algún delito u ofensa que nos aparte de su presencia. Si permitimos alguna cosa que se interponga entre nosotros y Dios, tales como algún pecado no confesado, actitudes equivocadas, motivos cuestionables, palabras que hemos dicho, falta de perdón, celos, envidia, orgullo, soberbia, etc., no podremos sostener una relación de intimidad con el Señor. Si esto ha sucedido en su vida, tome una acción inmediata y remueva cualquier cosa que esté impidiendo su oración y vuelva a tener un corazón puro donde Dios pueda fluir en usted por medio de la oración.

5. Ore con perseverancia

Hechos 1.14a: «Todos éstos perseveraban unánimes en oración y ruego...». Muchos creyentes se desaniman muy rápido cuando no obtienen las respuestas que desean. En mi propio caminar con Cristo he tenido que perseverar por días, semanas, meses y años hasta ver la contestación, tanto en mi vida personal como ministerial. La persistencia nos traerá el desarrollo del carácter, conocimiento, dominio propio, paciencia y madurez. Colosenses 4.2a: «Perseverad en la oración...». Las Escrituras y los libros de biografías de los héroes de la fe del ayer y de hoy nos proporcionan un gran número de creyentes que por medio de la perseverancia y persistencia en la oración alcanzaron lo que deseaban.

6. Ore con poder y autoridad

Hechos 4.31: «Cuando hubieron orado, el lugar en que estaban congregados tembló; y todos fueron llenos del Espíritu Santo, y hablaban con denuedo *[poder y autoridad]* la palabra de Dios» (añadido e itálicas del autor). El poder del Espíritu Santo nos llevará a orar con autoridad. Dice que el lugar tembló, o sea, fue el resultado de la presencia del Espíritu Santo que causó esta conmoción y los llevó a predicar con denuedo la Palabra. Cuando oramos, debemos pedir la guía y el respaldo del Espíritu para hacerlo con efectividad. Si lo hacemos, descubriremos *el secreto de la oración eficaz.*

7. Ore con una vida recta

Proverbios 15.8: «El sacrificio de los impíos es abominación a Jehová; mas la oración de los rectos es su gozo».

8. Ore con una vida santa

1 Timoteo 2.8: «Quiero, pues, que los hombres oren en todo lugar, levantando manos santas, sin ira ni contienda».

¿En que posición física orar?

No es importante adoptar una posición física determinada al orar, pues Dios tiene más en cuenta la actitud del corazón que la posición del cuerpo. Encontramos que tanto en el Antiguo Testamento como en el Nuevo, las Escrituras no dan énfasis en cuanto a la posición al orar, sino que el pueblo de Dios siempre oró de varias formas y maneras diferentes:

1. En la cama

Salmos 4.4: «*Temblad y no pequéis; meditad [orad]* en vuestro corazón estando en vuestra cama» (añadido e itálicas del autor).

2. De pie

Nehemías 9.2b-3: «…y estando en pie, confesaron *[en oración]* sus pecados, y las iniquidades de sus padres. Y estando en pie en su lugar, leyeron el libro de la ley de Jehová su Dios la cuarta parte del día, y la otra cuarta parte confesaron sus pecados y adoraron a Jehová su Dios» (añadido e itálicas del autor).

Lucas 18.10-11a: «Dos hombres subieron al templo a orar: uno era el fariseo, y el otro publicano. El fariseo, puesto de pie, oraba consigo mismo…».

3. De rodillas

1 Reyes 8.54: «Cuando acabó Salomón de hacer a Jehová toda esta oración y súplica, se levantó de estar de rodillas delante del altar de Jehová...».

Daniel 6.10: «Cuando Daniel supo que el edicto había sido firmado, entró en su casa, y abiertas las ventanas de su cámara que daban hacía Jerusalén, se arrodillaba tres veces al día, y oraba y daba gracias delante de su Dios, como lo solía hacer antes».

Lucas 22.40-41: «Cuando llegó a aquel lugar, les dijo: Orad que no entréis en tentación. Y él se apartó de ellos a distancia como de un tiro de piedra; y puesto de rodillas oró...».

Hechos 9.40a: «Entonces, sacando a todos, Pedro se puso de rodillas y oró...».

Hechos 20.36: «Cuando hubo dicho todas estas cosas, se puso de rodillas, y oró con todos ellos».

Efesios 3.14: «Por esta causa doblo mis rodillas ante el Padre de nuestro Señor Jesucristo».

4. De rodillas y con las manos extendidas

2 Crónicas 6.13c: «...se arrodilló delante de toda la congregación de Israel, y extendió sus manos al cielo».

Esdras 9.5b: «...y habiendo rasgado mi vestido y mi manto, me postré de rodillas, y extendí mis manos a Jehová mi Dios».

5. Inclinado hasta tocar el suelo

Éxodo 34.8: «Entonces Moisés, apresurándose, bajó la cabeza hacía al suelo y adoró».

2 Crónicas 29.29-30: «Y cuando acabaron de ofrecer, se inclinó el rey, y todos los que con él estaban, y adoraron. Entonces el rey Ezequías y los príncipes dijeron a los levitas que alabasen a Jehová con las palabras de David y de Asaf vidente; y ellos alabaron con gran alegría y se inclinaron y adoraron».

Esdras 10.1a: «Mientras oraba Esdras y hacía confesión, llorando y postrándose delante de la casa de Dios...».

6. Postrado y arrodillado

Salmos 95.6: «Venid, adoremos y postrémonos; arrodillémonos delante de Jehová nuestro Hacedor».

Lucas 18.13: «Mas el publicano, estando lejos, no quería ni aun alzar sus ojos al cielo, sino que se golpeaba el pecho, diciendo: Dios, se propicio a mí, pecador».

7. Con las manos alzadas

Salmos 28.2: «Oye la voz de mis ruegos cuando clamo a ti, cuando alzo mis manos hacia tu santo templo».

Salmos 63.4: «Así te bendeciré en mi vida; en tu nombre alzaré mis manos».

Salmos 134.2: «Alzad vuestras manos al santuario, y bendecid a Jehová».

Lamentaciones 2.19a: «Levántate, da voces en la noche, al comenzar las vigilias; derrama como agua tu corazón ante la presencia del Señor; alza tus manos a él implorando la vida de tus pequeñitos…».

1 Timoteo 2.8: «Quiero pues, que los hombres oren en todo lugar, levantando manos santas…».

8. Con las manos extendidas

Salmos 143.1, 6: «Oh Jehová, oye mi oración, escucha mis ruegos, respóndeme por tu verdad, por tu justicia… Extendí mis manos a ti, mi alma a ti como tierra sedienta».

9. Postrados sobre su rostro

Génesis 17.3: «Entonces Abram se postró sobre su rostro, y Dios habló con él…».

Números 16.22a: «Y ellos se postraron sobre sus rostros, y dijeron: Dios, Dios de los espíritus de toda carne…».

1 Crónicas 21.16b-17a: «…entonces David y los ancianos se postraron sobre sus rostros, cubiertos de cilicio. Y dijo David [*en oración*] a Dios…» (añadido e itálicas del autor).

2 Crónicas 20.18: «Entonces Josafat se inclinó rostro a tierra, y asimismo todo Judá y los moradores de Jerusalén se postraron delante de Jehová, y adoraron a Jehová».

Mateo 26.39: «Yendo un poco adelante, se postró sobre su rostro, orando y diciendo: Padre mío, si es posible, pasa de mí esta copa, pero no sea como yo quiero, sino como tú».

10. No importa la posición física, lo importante es orar

Sea que oremos en nuestra mente, caminando o corriendo en el parque o en una máquina al hacer ejercicios físicos, trabajando, viajando, o haciendo cualquier actividad, lo importante es orar, pues esto es lo que dice las Escrituras:

1 Tesalonicenses 5.17: «Orad sin cesar».

Salmos 141.1-2a: «Jehová, a ti he clamado; apresúrate a mí; escucha mi voz cuando te invocare. Suba mi oración delante de ti como el incienso…».

Santiago 4.8a: «Acercaos a Dios [en oración], y él se acercará a vosotros…» (añadido e itálicas del autor).

¿Cuándo orar?

Salmos 5.3: «Oh Jehová, de mañana oirás mi voz; de mañana me presentaré delante de ti y esperaré». Lo primero que debemos hacer al levantarnos es dar prioridad a Dios en la oración. Haciendo de esta manera, lo encontraremos durante todo el día. Él debe ser lo primero, lo más importante, la razón principal de empezar el día.

Salmos 55.17: «Tarde y mañana y a mediodía oraré y clamaré, y él oirá mi voz». No solamente temprano, pero oraremos en todas las oportunidades y cuando nuestro tiempo lo permita: durante el día esporádicamente, en ocasiones diferentes o horarios distintos. Cada cristiano conoce su tiempo disponible para la oración. Es sabio hacer tiempo durante el día aun cuando el trabajo secular esté presente. Nosotros los ministros somos personas muy ocupadas, pero debemos buscar el momento propicio para orar. En mi caso, como viajo mucho, procuro orar en los aviones, en las salas de espera de los aeropuertos, en los hoteles durante el día y de igual manera doy tiempo necesario para seguir escribiendo los libros. Cuando estoy en casa, lo primero que hago al levantarme es dirigirme a la máquina de hacer ejercicio físico en el garaje por una hora completa. En este tiempo corro y camino una distancia de tres millas y media, y oro, leo las Escrituras y aun sigo leyendo un determinado libro que estoy estudiando. Esto lo hago al dividir el tiempo en tres partes iguales. Esto es lo que yo llamo redimir el tiempo con sabiduría, pues como me dicen Damaris y los niños a cada instante: «Tú eres un hombre extremamente ocupado…». ¡Y es verdad! También en nuestra mente y espíritu podemos orar en todo momento y mantener esta dulce comunión con el Señor.

¿Dónde orar?

1 Timoteo 2.8a: «Quiero pues que los hombres [*y las mujeres*] oren en todo lugar…» (añadido e itálicas del autor). El apóstol Pablo dice que debemos orar en todo lugar. Personajes bíblicos tanto del Antiguo como del Nuevo Testamento oraron en muchos diferentes y distintos lugares: Profetas, reyes y sacerdotes oraron en sus camas cuando estaban enfermos y angustiados; en el templo, afuera, en el campo, en la guerra. Nuestro Señor Jesucristo oró en lugares solitarios, en lugares retirados, con sus doce discípulos, con los tres discípulos más cercanos; en casas, en la calle donde enseñó a orar a sus discípulos; en la última cena, en el huerto de Getsemaní y aun en la cruz. Hechos 5.42 dice que el pueblo de Dios y los apóstoles predicaban y oraban en las casas. En Hechos 10.9 dice que Pedro oró en la azotea de una casa. Hechos 12.5 dice que en la iglesia oraban por él. Hechos 21.5 dice que Pablo oró en la playa. Hechos 3.1 dice que Pedro y Juan iban juntos a orar en el templo. Hechos 16.13 dice que Pablo y Timoteo oraron junto al río. Usted encontrará muchos otros ejemplos en las Escrituras. Lo importante es orar. No importa dónde ni a qué hora. Dios es Espíritu y su presencia está en cualquier lugar de la tierra y del universo. Juan 4.23-24: «Mas la hora viene, y ahora es, cuando los verdaderos adoradores adorarán [*oraran*] al Padre en espíritu y en verdad; porque también el Padre tales adoradores busca que le adoren. Dios es Espíritu; y los que le adoran, en espíritu y en verdad es necesario que adoren [*oren*]» (añadido e itálicas del autor).

¿Por qué orar?

Lucas 11.9-10: «Y yo os digo: Pedid, y se os dará; buscad y hallaréis; llamad y se os abrirá. Porque todo aquel que pide, recibe; y el que busca, halla; y al que llama se le abrirá». La razón que oramos es porque Él nos oye y recibiremos lo que hemos pedido e iremos a hallar la respuesta y se abrirá lo que está cerrado. Sean cuales fueren las circunstancias y no importa cual sea el problema o la necesidad, es importante orar. Sus oídos están atentos a nuestra oración. Isaías 65.24 nos promete: «Y antes que clamen, responderé yo; mientras aún hablen, yo habré oído». ¡Esta es su promesa! Podremos estar confiados que Él nos contestará. Esté seguro que Dios ha oído su oración. Él, en su eterna sabiduría, traerá la respuesta a su tiempo. Todo lo que tenemos que hacer es esperar y permanecer en fe en *el secreto de la oración eficaz*. Los motivos para orar son muchos. Cada uno de nosotros tiene razones para hacerlo. Nuestros países necesitan un avivamiento y los gobernantes necesitan de Cristo. Necesitamos orar por leyes inmigratorias justas y que millones de personas y de hermanos en Cristo puedan arreglar su situación inmigratoria de una manera legal y correcta. Tenemos que orar por el bien de la economía mundial para que haya millones de dólares para el envío de los misioneros. Necesitamos orar para tener una buena salud y orar por aquellos que están enfermos. Hay que orar para la edificación de la iglesia, el crecimiento espiritual del pueblo de Dios y por la reconciliación de los descarriados. Orar por Israel y por la conversión de sus enemigos. Orar por el avance de la causa de las misiones mundiales en que más candidatos se apunten para ir al campo. Orar por los ministros, sean misioneros, pastores, evangelistas, profetas o ministros de alabanza. Necesitamos orar por nuestros familiares, nuestras esposas, nuestros hijos, por los trabajos, por la paz, por bendición y por prosperidad divina.

Debemos orar también por la salvación de billones de personas en todos los continentes que aún están perdidas. Orar en contra del aumento de la inmoralidad, de la promiscuidad, del aborto, del alcoholismo, del crimen, de la violencia, de la proliferación de las drogas. Ed Silvoso, en su bello libro *That None Should Perish* [Que nadie se pierda], habla de la oración haciendo el siguiente cometario muy apropiado en relación con aquellos que no conocen a Cristo: «La oración es la forma más tangible de la eternidad en el corazón humano. La oración intensa y profunda a favor de la salvación de los perdidos es la mejor manera para llevarlos a que sus ojos sean abiertos y reciban la luz del evangelio». En Hechos 26.18 el Señor Jesucristo habla a Pablo en relación con su ministerio: «...para que abras sus ojos, para que se conviertan de las tinieblas a la luz, y de la potestad de Satanás a Dios; para que reciban, por la fe que es en mí, perdón de pecados y herencia entre los santificados». La oración tiene el poder de llevar a la conversión a nuestros familiares y a todos aquellos que oyeren el evangelio de Cristo. Los motivos por los que oramos son muchísimos. Es necesario pues que oremos, sea individual o corporalmente como iglesia.

Anatoli Levitin, historiador y escritor ruso, estuvo preso varios años en el *gulac* siberiano en la ex Unión Soviética. Él tenía razones suficientes por qué orar, pues a veces sus peticiones parecían congelarse a una temperatura de 70 grados bajo cero. Pero Levitin se fortaleció espiritualmente, y escribió: «El mayor de todos los milagros es la oración. Solamente tengo que volverme mentalmente a Dios e inmediatamente siento un poder y una fuerza que vienen a mí de alguna parte, y entran en mi alma y en todo mi ser. ¿Qué es? ¡Es el poder de la oración! ¿De dónde podría yo, un anciano insignificante y cansado, conseguir esta fuerza y poder que me renueva y me salva, elevándome por sobre la tierra? Viene de mí hacia afuera y no hay fuerza en el mundo que pueda resistir el poder de la oración». ¡Qué maravilloso es este poder que podemos experimentar por medio de la oración! Así como Levitin, nosotros podemos elevar nuestras almas y entrar en la dimensión del Espíritu en la propia presencia de Dios y recibir poder y autoridad para sobrellevar las cargas, pruebas y tribulaciones que se nos presenten. El poder de Dios se manifiesta de varias formas y maneras diferentes. Y uno de los secretos del poder de Dios reside en la oración. Es necesario obtener el poder de Dios en nuestras vidas para vivir abundantemente y en victoria. ¿Y qué beneficios y bendiciones podremos recibir, por medio de la oración, del poder de Dios en nuestras vidas?

Beneficios y bendiciones del poder de Dios

1. *Seremos bendecidos con paz*

Salmos 29.11: «Jehová dará poder a su pueblo; Jehová bendecirá a su pueblo con paz».

2. Veremos su gloria

Salmos 63.2: «Para ver tu poder y tu gloria, así como te he mirado en el santuario».

3. Seremos exaltados

Salmos 75.10: «Quebrantaré todo el poderío de los pecadores, pero el poder del justo será exaltado».

4. Veremos a Dios algún día

Salmos 84.7: «Irán de poder en poder; verán a Dios en Sion».

5. Tendremos refugio

Salmos 28.8: «Jehová es la fortaleza [poder] de su pueblo, y el refugio salvador de su ungido» (añadido e itálicas del autor).

6. Seremos librados

Salmos 20.6: «Ahora conozco que Jehová salva a su ungido; lo oirá desde sus santos cielos con la potencia salvadora de su diestra».

7. Aumentará nuestra unción

Salmos 89.17: «Porque tú eres la gloria de su potencia, y por tu buena voluntad acrecentarás nuestro poder».

8. Aumentará nuestro poder

Salmos 148.14: «Él ha exaltado el poderío de su pueblo; alábenle todos sus santos, los hijos de Israel, el pueblo a él cercano».

9. Nos salvará y hará público su autoridad

Salmos 106.8: «Pero él los salvó por amor de su nombre, para hacer notorio su poder».

10. Para hacer notorias sus obras a las naciones

Romanos 9.17: «Porque la Escritura dice a Faraón: Para esto mismo te he levantado, para mostrar en ti mi poder, y para que mi nombre sea anunciado por toda la tierra».

11. Conoceremos su grandeza

Salmos 147.5: «Grande es el Señor nuestro, y de mucho poder; y su entendimiento es infinito».

12. Predicaremos con denuedo

Miqueas 3.8: «Mas yo estoy lleno de poder del Espíritu de Jehová, y de juicio y de fuerza, para denunciar a Jacob su rebelión, y a Israel su pecado».

13. Dios hará conocido nuestro ministerio para su gloria

Lucas 4.14: «Y Jesús volvió en el poder del Espíritu a Galilea, y se difundió su fama por toda la tierra de alrededor».

14. Dios hará milagros por medio de nosotros

Hechos 6.8: «Y Esteban, lleno de gracia y de poder, hacía grandes prodigios y señales entre el pueblo».

15. Dios dejará libres a los oprimidos por medio de nosotros

Hechos 10.38: «Como Dios ungió con el Espíritu Santo y con poder a Jesús de Nazaret, y como éste anduvo haciendo bienes y sanando a todos los oprimidos por el diablo, porque Dios estaba con él».

16. Para nosotros es manifestado en Cristo

1 Corintios 1.24: «Mas para los llamados, así judíos como a griegos, Cristo poder de Dios, y sabiduría de Dios».

17. Ministraremos con unción

Romanos 15.19: «Con potencia de señales y prodigios, en el poder del Espíritu de Dios; de manera que desde Jerusalén, y por los alrededores hasta Ilírico, todo he llenado del evangelio de Cristo».

18. Tendremos la demostración del Espíritu

1 Corintios 2.3-5: «Y estuve entre vosotros con debilidad, y mucho temor y temblor; y ni mi palabra ni mi predicación fue con palabras persuasivas de humana sabiduría, sino con demostración del Espíritu y de poder, para que vuestra fe no esté fundada en la sabiduría de los hombres, sino en el poder de Dios».

19. Sabremos en qué consiste el reino de Dios

1 Corintios 4.20: «Porque el reino de Dios no consiste en palabras, sino en poder».

20. Nos hará caminar en humildad

2 Corintios 4.7: «Pero tenemos este tesoro en vasos de barro, para que la excelencia del poder sea de Dios, y no de nosotros».

21. Tendremos las armas para pelear

2 Corintios 6.7: «En palabra de verdad, en poder de Dios, con armas de justicia a diestra y a siniestra».

22. Seremos fortificados en la debilidad

2 Corintios 12.9: «Y me ha dicho: Bástate mi gracia; porque mi poder se perfecciona en la debilidad. Por tanto, de buena gana me gloriaré más bien en mis debilidades, para que repose sobre mí el poder de Cristo».

23. Seremos vivificados en el Señor

Filipenses 4.13: «Todo lo puedo en Cristo que me fortalece».

24. Viviremos eternamente con Él

2 Corintios 13.4: «Porque aunque fue crucificado en debilidad, vive por el poder de Dios. Pues también nosotros somos débiles en él, pero viviremos con él por el poder de Dios para con vosotros».

25. Entenderemos lo grande del plan de Dios para nosotros

Efesios 1.19: «Y cual la supereminente grandeza de su poder para con nosotros los que creemos, según la operación del poder de su fuerza».

26. Desarrollaremos nuestro ministerio con el respaldo divino

Colosenses 1.29: «Para lo cual también trabajo, luchando según la potencia de él, la cual actúa poderosamente en mí».

27. Nos bendecirá aun más de lo que esperamos

Efesios 3.20: «Y a Aquel que es poderoso para hacer todas las cosas mucho más abundantemente de lo que pedimos o entendemos, según el poder que actúa en nosotros».

28. Seremos fortalecidos por Cristo

Efesios 6.10: «Por lo demás, hermanos míos, fortaleceos en el Señor, y en el poder de su fuerza».

29. Seremos fortalecidos en nuestro carácter

Colosenses 1.11: «Fortalecidos con todo poder, conforme a la potencia de su gloria, para con toda paciencia y longanimidad».

30. Seremos fortalecidos en nuestra vida espiritual

Efesios 3.16: «Para que os dé, conforme a las riquezas de su gloria, el ser fortalecidos con poder en el hombre interior por su Espíritu».

31. Muertos a la carne y al mundo y vivos para Dios

Colosenses 2.12: «Sepultados con él en el bautismo, en el cual fuisteis también resucitados con él, mediante la fe en el poder de Dios que le levantó de los muertos».

32. Se manifestará en nuestras vidas por el Espíritu Santo

1 Tesalonicenses 1.5a: «Pues nuestro evangelio no llegó a vosotros en palabras solamente, sino también en poder, en el Espíritu Santo y en plena certidumbre».

33. Seremos guardados por el Señor

1 Pedro 1.5: «Que sois guardados por el poder de Dios mediante la fe, para alcanzar la salvación que está preparada para ser manifestada en el tiempo postrero».

34. Lo hemos recibido de Él

2 Pedro 1.3: «Como todas las cosas que pertenecen a la vida y a la piedad nos han sido dadas por su divino poder, mediante el conocimiento de aquel que nos llamó por su gloria y excelencia».

35. Reconoceremos quién es Él

Salmos 89.8: «Oh Jehová, Dios de los ejércitos, ¿quién como tú? Poderoso eres, Jehová y tu fidelidad te rodea».

36. Sabemos que Él está en medio nuestro

Sofonías 3.17: «Jehová está en medio de ti, poderoso, él salvará; se gozará sobre ti con alegría, callará de amor, se regocijará sobre ti con cánticos».

37. Sabemos que Él es el gran general de nuestro ejército

Isaías 63.1: «¿Quién es éste que viene de Edom, de Bosra, con vestidos rojos? ¿éste hermoso en su vestido, que marcha en la grandeza de su poder? Yo, el que hablo en justicia, grande para salvar».

38. Sabemos que nuestras armas tienen autoridad

2 Corintios 10.4: «Porque las armas de nuestra milicia no son carnales, sino poderosas en Dios para la destrucción de fortalezas».

39. Seremos guardados y no caeremos

Judas 24: «Y a aquel que es poderoso para guardaros sin caída, y presentaros sin mancha delante de su gloria con gran alegría».

40. Tendremos la unción

1 Juan 2.20-27a: «Pero vosotros tenéis la unción del Santo, y conocéis todas las cosas. Pero la unción que vosotros recibisteis de él permanece en vosotros…».

41. Seremos ungidos

2 Corintios 1.21: «Y el que nos confirma con vosotros en Cristo, y el que nos ungió, es Dios».

42. Tendremos poder

Salmos 132.17: «Allí haré retoñar el poder de David; he dispuesto lámpara a mi ungido».

43. Tendremos salvación

Lucas 1.69: «Y nos levantó un poderoso Salvador en la casa de David su siervo».

44. Tendremos fuerza para mantener la salvación

Salmos 18.2: «Jehová, roca mía y castillo mío, y mi libertador, Dios mío, fortaleza mía, en él confiaré; mi escudo, y la fuerza de mi salvación, mi alto refugio».

45. Tendremos victoria contra nuestros enemigos

Salmos 59.11: «No los mates, para que mi pueblo no olvide; dispérsalos con tu poder, y abátelos, oh Jehová escudo nuestro».

46. Nos hará buscar al Señor

1 Crónicas 16.11: «Buscad a Jehová y su poder; buscad su rostro continuamente».

47. Dios nos defenderá

Salmos 54.1: «Oh Dios, sálvame por tu nombre, y con tu poder defiéndeme».

48. Nadie nos podrá hacer frente

2 Crónicas 20.6: «Y dijo: Jehová Dios de nuestros padres, ¿no eres tu Dios en los cielos, y tienes dominio sobre todos los reinos de las naciones? ¿No está en tu mano tal fuerza y poder, que no hay quien te resista?»

49. Tendremos victoria

1 Crónicas 29.11: «Tuya es, oh Jehová, la magnificencia y el poder, la gloria, la victoria y el honor; porque todas las cosas que están en los cielos y en la tierra son tuyas. Tuyo, oh Jehová es el reino, y tú eres excelso sobre todos».

50. Lo alabaremos por siempre

Apocalipsis 5.13: «Y a todo lo creado que está en el cielo, y sobre la tierra, y debajo de la tierra, y en el mar, y a todas las cosas que en ellos hay, oí decir: Al que está sentado en el trono, y al cordero, sea la alabanza, la honra, la gloria y el poder, por los siglos de los siglos».

51. Seremos librados del mal y de la tentación

Mateo 6.13: «Y no nos metas en tentación, mas líbranos del mal; porque tuyo es el reino, y el poder, y la gloria, por todos los siglos. Amén».

52. Seremos establecidos

Salmos 68.28: «Tu Dios ha ordenado tu fuerza; confirma, oh Dios, lo que has hecho para nosotros».

53. Dios nos librará de ser condenados

Salmos 79.11: «Llegue delante de ti el gemido de los presos; conforme a la grandeza de tu brazo preserva a los sentenciados a muerte».

54. Dios salvará nuestras familias

Salmos 80.2: «Despierta tu poder delante de Efraín, de Benjamín y de Manasés, y ven a salvarnos».

55. Recibiremos el favor de Dios

Salmos 86.16: «Mírame, y ten misericordia de mi; da tu poder a tu siervo, y guarda al hijo de tu sierva».

56. Reconoceremos que el poder pertenece a Dios

Salmos 68.34: «Atribuid poder a Dios; sobre Israel es su magnificencia, y su poder está en los cielos».

57. El Señor es el que nos da el poder

Salmos 68.35: «Temible eres, oh Dios, desde tus santuarios; el Dios de Israel, él da fuerza y vigor a su pueblo. Bendito sea Dios».

58. Nos hará alabar su poderío

Salmos 29.1: «Tributad a Jehová, oh hijos de los poderosos, dad a Jehová la gloria y el poder».

59. Hará que lo busquemos

Salmos 105.4: «Buscad a Jehová y su poder; buscad siempre su rostro».

60. Dios herirá a nuestros enemigos

Isaías 51.9: «Despiértate, despiértate, vístete de poder, oh brazo de Jehová; despiértate como en el tiempo antiguo, en los siglos pasados».

61. Dios enviará lejos a nuestros adversarios

Salmos 89.10b: «Con tu brazo poderoso esparciste a tus enemigos».

62. El Señor abrirá las puertas para nosotros y quebrantará a nuestros enemigos

Salmos 74.13: «Dividiste el mar con tu poder; quebrantaste cabezas de monstruos en las aguas».

63. El Señor nos revelará lo que está escondido

Salmos 78.2-3: Abriré mi boca en proverbios; hablaré cosas escondidas desde tiempos antiguos, las cuales hemos oído y entendido».

¿Qué le pareció esta lista de sesenta y tres beneficios y bendiciones que podemos tener si descubrimos el secreto del poder de Dios por medio de la oración? Todo esto está disponible para nosotros si tan solamente buscamos el poder de Dios a través de la oración eficaz. Su poder está a nuestro alcance. Por medio de la muerte y resurrección de Cristo esta autoridad fue puesta a nuestra disposición, y es por los méritos del Señor Jesús que usted y yo hemos obtenido este poder y autoridad en cual debe usarse para su honra y gloria, y no para nuestro beneficio personal. Él pagó un precio muy caro en la cruz para delegar esta posición a nosotros, y la Biblia es clara, como ya hemos visto, en señalar que el poder pertenece a Dios solamente y Él lo concede a quien quiere y disponga. Cuando usemos nuestras vidas para el engrandecimiento de su Reino con intenciones y motivos correctos, su poder se manifestará en nosotros de una manera increíble. Él nos usará para predicar su Palabra y realizar grandes obras, señales, prodigios, sanidades, restauraciones y traer la salvación a multitudes de personas para que su nombre sea glorificado. Lo más grande de la vida de un cristiano y del ministro es poseer el poder y la unción divina. No hay otra marca más reconocible que ésta, que todos en la iglesia se den cuenta que en esta persona reside la autoridad de Dios. El respaldo del Señor es imperativo si queremos cambiar el mundo para Cristo, y este respaldo solamente puede venir a través del poder de Dios por medio de la oración. El poder y la autoridad provienen de Él y es para Él que la ejercitamos donde debemos hacer todo lo que nos fue ordenado y al final terminar nuestra carrera en victoria basados en este mismo poder que nos guardará y nos bendecirá. Por lo tanto, busque el poder de Dios, de día y de noche, y lo encontrará. Cuando lo encuentre, viva en este poder diariamente y experimentará milagros extraordinarios que nunca había pensado que Dios pudiera realizar. Recuerde que el mismo poder que Él concedió a hombres y mujeres del pasado a los que usó en su iglesia alrededor del mundo, está disponible en nuestros días para usted y para mi, porque las Escrituras dicen que Él es el mismo ayer, y hoy, y por los siglos. Él no cambia.

CAPÍTULO 6

El secreto de la voluntad de Dios

¿OÍSTE TÚ EL SECRETO DE DIOS? (Job 15.8)

En Mateo 12.50 Jesús dice: «Porque todo aquel que hace la **voluntad** de mi Padre que está en los cielos, ése es mi hermano, y hermana, y madre». La palabra **voluntad** usada aquí en el griego es *thelema*, que cuando se usa objetivamente quiere decir lo que se desea, lo que se designa o lo que se quiere (Mateo 18.14, Lucas 12.47 y Juan 5.30). Subjetivamente, es la emoción de querer algo (Lucas 23.25, Juan 1.13 y 1 Pedro 3.17). Se usa tanto en relación con la voluntad humana como con la voluntad divina. La única manera para que nosotros podamos conocer el secreto de la voluntad de Dios es por medio de la oración, pues allí descubriremos el secreto de la perfecta voluntad de Dios para todas las áreas de nuestras vidas desde el momento que nos disponemos a oír su voz. Jesús dejó claro que la prioridad del Padre para nosotros era que viviéramos en su voluntad. A dondequiera que yo vaya a predicar o por cartas, por llamadas telefónicas o por correos electrónicos, la gente me pregunta: «Hermano Yrion, ¿cómo puedo saber cuál es la voluntad de Dios para mi vida?» En realidad todo verdadero cristiano debe hacerse esta pregunta. Esto es muy importante si queremos tener una vida de éxito y de victorias tanto en lo personal como en lo ministerial. ¿Cómo descubrir la voluntad divina? La respuesta es sencilla. ¡Por medio de la oración! Muchos se sienten frustrados, derrotados, perdidos, sin dirección, confundidos y desanimados porque no conocen la voluntad de Dios para sus vidas. Todo lo que se hace en el centro de la voluntad de Dios tiene éxito y tendrá grandes bendiciones y resultados positivos. Todo lo que se hace fuera de la voluntad de Dios saldrá mal y tendrá consecuencias negativas para nuestras vidas.

Cierta vez una señora estaba manejando su automóvil en el estado de Pensilvania y se dio cuenta que estaba perdida. Se detuvo en una gasolinera y preguntó a qué distancia estaba de Phillipsburg, Nueva Jersey. La respuesta que le dieron fue la siguiente: «Si sigue por este camino, la distancia es unas 24.995 millas. Pero si se vuelve y toma la ruta 22 en dirección Este, la distancia será de más o menos 5 millas». Este caso ilustra la situación de miles de millones de cristianos que están perdidos y sin dirección en cuanto a la voluntad de Dios. Siguen adelante con sus planes y deseos propios sin consultar al Señor lo que los lleva al fracaso tanto en el área personal, como espiritual y ministerial.

Cómo descubrir la voluntad divina

En 2 Samuel 5.17-25 se nos relata la batalla de David contra los filisteos. El versículo 19 dice: «Entonces consultó David a Jehová, diciendo: ¿Iré contra los filisteos? ¿Los entregarás en mi mano? Y Jehová respondió a David: Ve, porque ciertamente entregaré a los filisteos en tu mano». Usted notará que David no se escudó en sus propias habilidades de un guerrero de experiencia, sino que humildemente preguntó al Señor si era su voluntad que saliera a pelear contra los filisteos. Es allí donde reside el problema de muchísimos cristianos. No consultan al Señor. No toman el tiempo necesario para orar y ayunar en la presencia de Dios y esperar por la respuesta. A raíz de esto cometen grandes equivocaciones, algunas reparables y otras no.

¡Cuántos jóvenes cristianos se han casado fuera de la voluntad de Dios por no haberle consultado!

Yo particularmente conozco a muchos de ellos que hoy viven vidas derrotadas, deprimidas, sin ser felices con sus parejas por la sencilla razón que se casaron sin la aprobación de la perfecta voluntad de Dios para sus vidas. Dios habló a David y le dijo: «¡Hazlo! ¡Yo estaré contigo contra los filisteos!» Si Dios no le habla, ¡no lo haga! Usted descubre la voluntad de Dios buscándole y consultándole en todas las áreas de su vida. Para muchos es frustrante, porque en esta cultura de la rapidez estamos acostumbrados a querer respuestas instantáneas y al momento. Pero con Dios no es así. En 2 Samuel 5.20 leemos: «Y vino David a Baal-perazim, y allí los venció». Aquí está el resultado de haber consultado al Señor: ¡la victoria! Usted y yo venceremos siempre y cuando nos dispongamos a hacer las cosas en el centro de la voluntad de Dios. En el versículo 22 dice que los filisteos, aun después de haber sido derrotados, regresaron a pelear con David. Nosotros siempre tendremos que tomar decisiones y tendremos que volver a pelear. David pudo haber peleado esta vez sin consultar al Señor; al fin y al cabo ya los había vencido antes. Pero en lugar de eso, nuevamente buscó la dirección divina. Así nos lo dice el versículo 23: «Y consultando David a Jehová, él le respondió: No subas, sino rodéalos, y vendrás a ellos enfrente de las balsameras». *Ahora Dios le da a David una estrategia para vencer*. La primera vez le dijo: «Ve porque vencerás» y dejó que peleara como quisiera. Pero ahora Dios le da una estrategia diferente para enfrentar al mismo enemigo. Esto nos enseña que Dios no siempre responde de la misma manera. Nosotros tenemos que descubrir en oración cuál es su plan y su estrategia para cada decisión que necesitemos tomar. En el versículo 24 le asegura a David la victoria diciéndole que si él hacía como lo había dicho, la victoria estaría garantizada: «Y cuando oigas ruido como de marcha por las copas de las balsameras, *entonces te moverás*; porque Jehová saldrá *delante* de ti a herir el campamento de los filisteos» (itálicas del autor). Aquí está el secreto al descubrir su perfecta voluntad: ¡la obediencia! David obedeció y Dios fue con él. Le dijo cuándo debía moverse: *«entonces te moverás»*, implica espera, paciencia, madurez, confianza y paz.

¡Cuántos cristianos se han equivocado en cuanto al llamado de Dios para el ministerio por no haberle consultado!

Hoy hay miles de obreros, ministros, pastores, misioneros, evangelistas, cantantes que viven vidas sin victoria y sin ver el fruto de sus trabajos y sin experimentar la unción de Dios en sus ministerios porque están equivocados. Predican la Palabra equivocada, al pueblo equivocado, en el momento equivocado, de la manera equivocada y con el llamado equivocado. Muchos, como Saúl, tienen la posición pero *no* tienen la unción y la presencia de Dios. David prefería tener la unción y la presencia de Dios *sin* tener la posición. ¿Qué prefiere usted? Dios tiene un tiempo para llamar al ministerio. Todo lo que tenemos que hacer es esperar en su voluntad. Y tendremos la certeza que Él estará con nosotros. *«Jehová saldrá delante de ti»*. Si Él está con nosotros, siempre estará al frente, no atrás, ni al lado, sino al frente, delante de nosotros, aplanando el camino, abriendo las puertas, supliendo, bendiciendo, quebrantando el poder del enemigo y trayéndonos la victoria. En el versículo 25 dice: «Y David lo hizo así, como Jehová se lo había mandado; e hirió a los filisteos». Él obedeció y Dios le dio la victoria. Tan sencillo como eso. La obediencia le traerá la victoria, y por supuesto la desobediencia le traerá la derrota. ¿Qué prefiere usted? Por medio de la oración usted podrá descubrir el centro de la voluntad de Dios.

Ann Hasseltine Judson y su esposo, Adoniram Judson, fueron los primeros misioneros estadounidenses en establecer una misión en el Lejano Oriente. Ella fue una fiel esposa y siempre estuvo dispuesta a sufrir por la Causa. Su inteligencia, fuerza, paciencia y su profundo sentido común, le dieron un lugar de honor entre las mujeres de su país en las misiones. La historia de su constante amor por Cristo ha animado a miles de mujeres a servir en el campo misionero. Ann no vivió para ver sus sueños realizados. La traducción de la Biblia hecha por ella y su esposo fue el fundamento del cristianismo en Birmania. Murió el 24 de octubre de 1826 con apenas 37 años de edad. Los birmanos lloraron su muerte. Ann Judson dijo estas profundas palabras sobre el llamado y el centro de la voluntad de Dios: «Dirígeme en tu servicio, oh Señor, y no te pediré nada más. Yo no escogeré ni mi posición de trabajo ni el lugar donde debo servirte. Solamente déjame saber tu voluntad e inmediatamente obedeceré».

Cómo ser guiado por el Espíritu Santo y conocer la voluntad divina

En Romanos 8.14 leemos: «Porque todos los que son guiados por el Espíritu de Dios, éstos son hijos de Dios». Si en realidad el Espíritu Santo vive en nosotros, Él nos llevará a buscar la dirección divina y por consecuencia seremos guiados a la perfecta voluntad de Dios para nuestras vidas. Donde Él guía, no hay equivocación o duda, sino paz, certeza y fe de que todo saldrá bien. En Gálatas 5.18a el apóstol Pablo nos dice: «Pero si sois guiados por el Espíritu…». No hay nada más satisfactorio que saber que estamos en la voluntad de Dios desarrollando lo que Él nos ha encomendado, sea en nuestra vida personal, espiritual o ministerial. Tendremos un sentimiento de realización, paz interior, felicidad y gozo al saber que todo se lleva a cabo de acuerdo a lo que Dios dice y siendo así, tendremos la certeza que alcanzaremos la victoria.

En Juan 15.26 Jesús dice: «Pero cuando venga el **Consolador**, a quien yo enviaré del Padre, el Espíritu de verdad, el cual procede del Padre, él dará testimonio acerca de mí». La palabra griega que aquí se traduce *consolador* es *parakletos*. Su significado es *para*, junto a, y *kaleo* que es llamar; de ahí surge el concepto: «Llamado a estar a nuestro lado». La palabra identifica a un intercesor, confortador, ayudador, abogado y consejero. En la literatura no bíblica, *parakletos* designa a un abogado que acude a la corte en representación de otro. Para nosotros los creyentes en Cristo, el Espíritu Santo guía a los cristianos a una mayor comprensión de las verdades del evangelio. Además es una ayuda y una guía para descubrir la voluntad de Dios, y nos da fortaleza para soportar las pruebas, luchas y tribulaciones, como también nos madura para enfrentar las hostilidades de los sistemas filosóficos humanos contrarios a la Palabra de Dios. Por medio de la oración, el Espíritu Santo nos consuela, está a nuestro lado, intercede por nosotros al Padre, nos conforta en todas las situaciones y nos ayuda a descubrir la voluntad de Dios.

Se cuenta la historia de un guía que vivía en los desiertos de Arabia y que nunca se había perdido en su camino por las arenas ardientes del desierto. Siempre llevaba con él una paloma a la que mantenía atada a la extremidad de una cuerda en tanto que el otro extremo estaba amarrado a su pierna. Cuando tenía dudas con relación a qué rumbo y qué camino tomar, soltaba la paloma que inmediatamente volaba en dirección a casa. De esta forma siempre seguía el camino correcto. Por esta práctica era conocido en los desiertos de Arabia como «el hombre paloma». De la misma manera que la paloma guiaba a este hombre, el Espíritu Santo es la paloma divina que nos guía a nosotros. Recordemos que una de las formas y expresiones del Espíritu es la paloma. En Mateo 3.16 leemos: «Y Jesús, después que fue bautizado, subió luego del agua; y he aquí los cielos le fueron abiertos, y vio al Espíritu de Dios que descendía como paloma, y venía sobre él». La «paloma divina» nos guiará a descubrir la perfecta voluntad de Dios para nuestras vidas. Dice la Escritura que *los cielos le fueron abiertos*. No dice que los cielos se abrieron sino que dice que *le fueron abiertos*. Le fueron abiertos a Él, a Cristo. De la misma forma, Dios le abrirá a usted los cielos, las puertas que están cerradas y las oportunidades que usted necesita para seguir viviendo en victoria en el centro de la voluntad de Dios. En Juan 1.32 leemos: «También dio Juan testimonio, diciendo: Vi al Espíritu que descendía del cielo como paloma, y permaneció sobre él». De la misma forma, la paloma del Espíritu permanecerá sobre nosotros cada día, guiándonos por medio de la oración a hacer, obedecer y permanecer en la voluntad de Dios.

Debemos orar en entendimiento por el Espíritu, porque es el Espíritu el que conoce todas las cosas. Romanos 8.27: «Mas el que escudriña los corazones sabe cuál es la intención del Espíritu, porque conforme a la voluntad de Dios intercede por los santos». Cuando oramos eficazmente, el Espíritu ora con nosotros pues él lo hace conforme a la voluntad de Dios para nuestras vidas. Es allí donde Él dirige, guía, y nos muestra lo que Dios desea para nosotros en cuanto a descubrir su perfecta voluntad para todas las áreas de nuestras vidas. En Efesios 6.18 Pablo nuevamente nos dice que debemos orar en el Espíritu: «Orando en todo tiempo con toda oración y súplica *en el Espíritu*, y velando en ello con toda perseverancia y súplica por todos los santos» (itálicas del autor). Dice que debemos orar *en todo tiempo*. Si queremos saber la voluntad de Dios, debemos consultarle en oración *en toda decisión y en todo tiempo,* pues entonces estaremos seguros de caminar en su perfecta voluntad. Judas 20 de igual manera nos anima a que oremos en el Espíritu: «Pero vosotros, amados, edificándoos sobre vuestra santísima fe, *orando en el Espíritu Santo*» (itálicas del autor). ¿Cómo somos edificados espiritualmente en nuestra fe? ¡Orando en el Espíritu! ¿Cómo sabremos la voluntad de Dios para nosotros? ¡Orando en el Espíritu! No hay error. Si Él nos guía por su Espíritu, obtendremos victorias diariamente en nuestra vida espiritual. Romanos 8.26 lo confirma: «Y de igual manera el Espíritu nos ayuda en nuestra debilidad; pues qué hemos *de pedir* como conviene *no lo sabemos,* pero el Espíritu mismo *intercede* por nosotros con gemidos indecibles» (itálicas del autor). Aquí está claro que Él nos sostiene en nuestra flaqueza humana, nos asiste a pedir, a orar con sabiduría, pues por nosotros mismos no tenemos la capacidad de hacerlo. Por lo tanto Él ora e intercede a nuestro favor y nos lleva a descubrir la perfecta voluntad del Padre y del Hijo para cada detalle de nuestra vida. ¿Cómo podemos entonces ser guiados por el Espíritu y conocer la voluntad divina? ¡Por medio de la oración!

Muchos años atrás, mientras oraba, el misionero John Van Ess creía y sentía fuertemente en su corazón que Dios por su Espíritu Santo le estaba llamando y guiando para ir a predicar el evangelio en la costa de Arabia. Pero cuando solicitó la visa para entrar al país, ésta le fue denegada. Pero el llamado de Dios por el Espíritu era tan claro, fuerte y convincente, que de todas maneras fue, sin la visa en su pasaporte. Cuando llegó le pidieron que presentara la visa de autorización de entrada al país. Él, entonces, abrió su Nuevo Testamento en árabe y leyó en Marcos 16.15: «Id por todo el mundo y predicad el evangelio a toda criatura». Luego le preguntó al oficial de Migración: «¿Es Arabia parte del mundo?» A lo que el hombre le contestó: «¡Claro que lo es!» E indicando con el dedo a su Nuevo Testamento, John Van Ess agregó que no solamente aquello era su autorización, visa y permiso para entrar al país, sino que era la orden que Dios le había dado de ir a anunciar las Buenas Nuevas de Cristo. ¡El funcionario quedó sorprendido! Entonces Van Ess le preguntó si tenían un poco de té para tomar. El oficial le respondió de inmediato: «¡Por supuesto, señor! Por favor, siéntese que se lo traeremos en seguida!» De esta manera, la oficina de Migración del aeropuerto le dio la bienvenida con una tasa de té y aceptó la autorización de la Palabra de Dios. Los empleados que allí estaban escucharon con toda atención el mensaje que el Dr. John Van Ess tenía que decirles. Esto es lo que hace el Espíritu Santo: Nos guía y nos respalda en momentos difíciles como éste para llevar a cabo el propósito y la voluntad de Dios para nuestras vidas ministeriales.

Lo mismo le pasó al apóstol Pedro. La Escritura nos dice en Hechos 10.19-20: «*Y mientras Pedro pensaba en la visión, le dijo el Espíritu:* He aquí, tres hombres te buscan. Levántate, pues, y desciende y *no dudes de ir con ellos,* porque *yo los he enviado*» (itálicas del autor). Así como Dios envió a Pedro a predicar por medio de su Espíritu al primer gentil llamado Cornelio, de la misma manera el Espíritu envió al Dr. John Van Ess a Arabia. Cuando somos guiados por el Espíritu Santo entonces estamos en el centro de la voluntad divina y somos enviados por Él a dondequiera que Dios nos dirija. Ezequiel 11.1a: «El Espíritu me elevó, y *me llevó* por la puerta oriental» (itálicas del autor). A donde el Espíritu nos lleve, Él abrirá las puertas que sea necesario abrir para que se cumpla su propósito en nosotros. Lo mismo se aplica a cualquier área de nuestra vida, sea personal, espiritual, ministerial o matrimonial.

Cómo someter nuestra voluntad propia a la voluntad divina

Cuando el General Jackson perdió un brazo en una batalla, su capellán exclamó: «¡Oh, mi general, qué tragedia!» Jackson le agradeció su compasión y le contestó: «Usted me puede ver herido, pero no deprimido, ni triste o infeliz. Yo creo que todo acontece de acuerdo con la santa voluntad de Dios, y me someto enteramente a ella. Esto podrá parecerle muy extraño, pero nunca me ha visto más feliz que hoy pues estoy seguro que mi Padre celestial permitió esta aflicción para mi propio bien. Estoy completamente convencido que tanto en esta vida como en la venidera, descubriré que lo que hoy parece ser una calamidad, es en verdad, una bendición para mi vida». ¡Qué actitud madura y excepcional! Si todos los cristianos tuvieran este mismo sentir, la iglesia sería otra en cuanto a su crecimiento espiritual. El secreto de someter nuestra propia voluntad a la voluntad divina es aceptar lo que Él decide para nosotros y crucificar nuestra carne y voluntad al tomar la cruz de Cristo diariamente. Esto requiere un alto nivel de madurez espiritual por parte de aquellos que están dispuestos a pagar el precio. Por lo tanto, nosotros, igual que el General Jackson, al someter nuestra voluntad propia, debemos hacer:

1. *Que el objetivo de nuestra vida sea*
Hacer la voluntad de Dios

Hebreos 10.7: «Entonces dije: He aquí que vengo, oh Dios, para hacer tu voluntad, como en el rollo del libro está escrito de mí».

Juan 4.34: «Jesús les dijo: Mi comida es que haga la voluntad del que me envió, y acabe su obra».

2. *Que la ambición de nuestra vida sea*
No buscar mi propia voluntad

Juan 5.30: «No puedo yo hacer nada por mí mismo; según oigo, así juzgo; y mi juicio es justo, porque no busco mi voluntad, sino la voluntad del que me envió, la del Padre».

Juan 6.38: «Porque he descendido del cielo, no para hacer mi voluntad, sino la voluntad del que me envió».

3. *Que el plan de nuestra vida sea*
Agradarle al hacer su voluntad

Salmos 40.8: «El hacer tu voluntad, Dios mío, me ha agradado, y tu ley está en medio de mi corazón».

Efesios 5.10: «Comprobando lo que es agradable al Señor».

4. *Que el aprendizaje de nuestra vida sea*
Enséñame a hacer tu voluntad

Salmos 143.10: «Enséñame a hacer tu voluntad, porque tú eres mi Dios; tu buen espíritu me guíe a tierra de rectitud».

Salmos 25.4-5: «Muéstrame, oh Jehová, tus caminos; enséñame tus sendas. Encamíname en tu verdad y enséñame».

5. Que la disciplina de nuestra vida sea

No se haga mi voluntad

Lucas 22.42: «Diciendo: Padre, si quieres, pasa de mí esta copa; pero no se haga mi voluntad, sino la tuya».

Mateo 26.39, 42: «Yendo un poco adelante, se postró sobre su rostro, orando y diciendo: Padre mío, si es posible, pase de mi esta copa; pero no sea como yo quiero, sino cono tú... Otra vez fue, y oró por segunda vez, diciendo: Padre mío, si no puede pasar de mí esta copa sin que yo la beba, hágase tu voluntad».

Al vivir en la voluntad de Dios recibiremos lo que hemos pedido

La voluntad divina se descubre al consultar a Dios en todas las áreas de nuestra vida. Al ser guiados por el Espíritu Santo caminaremos en su voluntad. Y cuando sometemos nuestra propia voluntad a la voluntad divina, alcanzamos un alto nivel de madurez espiritual al morir a nuestros deseos, nuestra carne y nuestro ego. Entonces, cuando hacemos todo esto, y al vivir en la voluntad de Dios, recibiremos lo que hemos pedido, y nuestro gozo será completo en Él.

1 Juan 5.14: «Y esta es la confianza que tenemos en él, que si pedimos alguna cosa conforme a su voluntad, él nos oye». Aquí está la promesa del Señor: Que todo lo que es hecho en su voluntad tiene su aprobación y Él nos concederá nuestras peticiones, si andamos y hacemos su voluntad. Él nos oirá. Todo lo que tenemos que hacer es obedecerle y aceptar su voluntad.

2 Tesalonicenses 3.4: «Y tenemos **confianza** respecto a vosotros en el Señor, en que hacéis y haréis lo que os hemos mandado». La palabra *confianza* aquí está tomada del griego *peitho*, que se deriva del verbo confiar que como intransitivo significa estar convencido, estar confiado, tener certidumbre interior, confiar. En su uso transitivo significa prevalecer, persuadir, inducir un cambio de mentalidad por medio del uso de argumentos. Así como en 1 Juan 5.14, nosotros podemos tener la confianza, la certeza, estar convencidos y persuadidos, y tener la plena certidumbre de que Dios nos oirá y nos concederá lo que hemos pedido, pues Pablo dijo a los Tesalonicenses que él sabía y esperaba que ellos estaban haciendo lo correcto delante de Dios y que harían lo que el apóstol les

había mandado. Nosotros, de igual forma, al andar en la perfecta voluntad de Dios tendremos la entera confianza que Dios nos otorgará nuestras peticiones. 1 Juan 3.21: «Amados, si nuestro corazón no nos reprende, confianza tenemos en Dios». Esta es la confianza que tenemos, que si nuestro corazón no nos condena de andar equivocados y si andamos según su voluntad, Él nos bendecirá.

Henrietta C. Mears fue una de las grandes maestras de la Biblia del siglo XX. Como educadora cristiana en la Primera Iglesia Presbiteriana de Hollywood, edificó una de las más grandes escuelas dominicales del mundo y escribió currículos que tuvieron tanta demanda que tuvo que fundar Gospel Light Publishing (Publicadora La luz del Evangelio) en 1933 para poder publicar y enviar con efectividad estos libros. Tuvo gran influencia en las vidas de notables líderes cristianos como Richard C. Halverson, Luis Evans, Jr., Bill Bright y Billy Graham. Desarrolló un currículo para las Escuelas Bíblicas de Vacaciones llamado «cradle-to-grave» («de la cuna a la tumba»), para todas las edades, que fue un nuevo estilo que revolucionó la enseñanza en esta área, material que ella distribuyó a todo el mundo. El Señor la llamó a su presencia el 20 de marzo del 1963.

Durante su vida y ministerio, Henrietta recibió del Señor la contestación a sus peticiones y deseos para la obra porque siempre hizo énfasis en vivir en la voluntad de Dios. La hermana Mears dijo las siguientes palabras en relación al trabajo de la obra de Dios y de hacerlo en su voluntad: «Cuando Dios da una orden o una visión de la verdad, nunca la cuestión es ¿que hará el Señor? sino que la verdadera pregunta es ¿qué haremos nosotros? Para ser exitoso en el trabajo del Señor y recibir de Él nuestras peticiones, debemos vivir en el centro de su voluntad y hacer la obra de la manera en que Él lo determine.

Si nosotros pedimos algo de acuerdo con su voluntad, lo recibiremos. 1 Juan 3.22: «Y cualquiera cosa que pidiéramos la recibiremos de él, porque guardamos sus mandamientos, y hacemos las cosas que son agradables delante de él». Lo que le agrada al Señor es que nosotros busquemos vivir en el centro de su voluntad. ¿Qué le agrada más a los padres sino que sus hijos les obedezcan? Con Dios es lo mismo. Mire lo que nos dice Lucas 12.47: «Aquel siervo que conociendo la voluntad de su señor, no se preparó, ni hizo conforme a su voluntad, recibirá muchos azotes». Más claro que esto no hay nada. Si decidimos servir al Señor haciendo su voluntad, recibiremos nuestras peticiones. Si no lo hacemos, recibiremos muchos azotes, o sea, muchos problemas vendrán sobre nosotros por nuestra desobediencia y estaremos bajo la disciplina del Señor hasta que recapacitemos y volvamos a hacer lo que Él quiere que hagamos. Por esto es que muchos cristianos no reciben de Dios, porque viven fuera de su voluntad. Vea lo que dice Juan 9.31: «Y sabemos que Dios no oye a los pecadores; pero si alguno es temeroso de Dios, y hace su voluntad, a ése oye». Si tememos al Señor y hacemos lo que Él determina, nos oirá. La promesa está aquí en este versículo. Podemos estar seguros que Dios nos oirá, pues también 1 Juan 5.15 lo afirma: «Y si sabemos que él nos oye en cualquiera cosa que pidamos, sabemos que tenemos las peticiones que le hayamos hecho». ¡Qué hermosa promesa! Agárrese de esta Palabra y viva una vida en el centro de su voluntad y Él le concederá las peticiones de su corazón.

En Colosenses 1.9 encontramos lo que Pablo dice a los creyentes de Colosas en cuanto a que vivieran en el centro de la voluntad de Dios y fueran bendecidos: «Por lo cual también nosotros, desde el día que lo oímos, no cesamos de orar por vosotros, y de pedir que seáis llenos del conocimiento de su voluntad en toda sabiduría e inteligencia espiritual». Para conocer su voluntad es necesario orar y oír su voz; de lo contrario, no sabremos a dónde ir ni cómo decidir correctamente. El conocimiento de su voluntad es saber que es imposible caminar y agradar al Señor, a menos que sepamos sus designios para nosotros. La sabiduría reside en aceptar su voluntad, sea lo que Él decida y la inteligencia espiritual es la madurez suficiente que necesitamos para cumplir esa voluntad divina en nuestras vidas. Jesús mismo reconocía la necesidad de que el Padre tuviera el derecho de exigir que hiciéramos su voluntad. En Mateo 6.10, donde Jesús enseña la oración modelo, o Padrenuestro, dice: «Hágase tu voluntad, como en el cielo, así también en la tierra». Dios tiene la prioridad en todo, el primer lugar en todo y la preeminencia en todo; por lo tanto, en todo debemos buscar su voluntad. Nuevamente, haciendo mención de la voluntad del Padre en relación con las almas perdidas, Jesús dice en Juan 6.39-40: «Y esta es la voluntad del Padre, el que me envió: Que de todo lo que me diere, no pierda yo nada sino que lo resucite en el día postrero. Y esta es la voluntad del que me ha enviado: Que todo aquel que ve al Hijo, y cree en él, tenga vida eterna; y yo le resucitaré en el día postrero». La voluntad de Dios es que todo aquel que oye el evangelio se arrepienta y sea salvo. Este debe ser, igualmente, nuestro pensamiento y nuestra voluntad al amar a los pecadores. La voluntad de Dios es que nadie se pierda. Nuestro corazón debe desear y sentir lo mismo que el corazón de Dios. Cuando hacemos esto, estamos caminando en su voluntad. En su búsqueda por hacer la voluntad de Dios, Él, por medio de la oración, hará que usted oiga su voz, reciba una palabra directa especialmente para usted, tenga una revelación especial, alcance un entendimiento sobrenatural de la Palabra, tenga un sueño revelador, se sienta seguro de estar haciendo lo correcto, que su corazón no le condene ni le reprenda, le permita poner señales como Gedeón y que éstas sean cumplidas o no de acuerdo a lo que usted pida, haga que alguien le aconseje sabiamente, quite su ansiedad, duda y preocupación, le dé paz en su corazón de que está en la perfecta voluntad de Él; le permita que se abran puertas y que otras se cierren para su beneficio. Todas estas cosas Él hará por usted. Y muchas más hará, si está dispuesto a hacer su voluntad.

Se cuenta que muchos años atrás en una nación africana, el rey tenía un amigo cristiano muy devoto al Señor. Todos los días buscaba en oración vivir en el centro de la voluntad de Dios. Su versículo favorito era 1 Tesalonicenses 5.18: «Dad gracias en todo, porque esta es la voluntad de Dios para con vosotros en Cristo Jesús». Para cada situación, cuando algo sucedía, el amigo del rey siempre estaba contento y decía: «¡Oh, esto es bueno, esto es bueno!» Tanto en relación con su vida personal, como en cuanto a su familia y también en su amistad con el rey, siempre decía: «¡Oh, esto es bueno, esto es bueno!», indicando con esa exclamación que lo que ocurría siempre era la voluntad de Dios. Por eso, siempre recibía lo que pedía, porque procuraba vivir en el centro de la voluntad divina. Cuando iba a pescar con el rey y el pez escapaba del anzuelo, le decía al rey: «¡Esto es bueno, esto es bueno, un pez más grande vendrá, déjelo ir!» Un cierto día fueron a cazar. Cuando el rey iba a disparar una flecha a un pájaro en pleno vuelo, su mano quedó prendida en el arco y como resultado perdió un dedo de la mano. ¡Imagínese el dolor y los gritos desesperados del rey al ver que había perdido uno de sus dedos! A lo que su amigo fiel le contestó: «¡Oh, querido rey, esto es bueno, esto es bueno! ¡Dios sabe por qué usted acaba de perder su dedo… esto es bueno…!» El rey se enfureció contra su amigo y fuera de sí le gritó: «¡Ya pare con eso de esto es bueno, esto es bueno! ¿Qué de bueno puede tener el que yo haya perdido un dedo?» Y lo metió en la cárcel. Después de un tiempo, el rey salió nuevamente a pescar y a cazar esta vez acompañado por otra persona. De pronto, los miembros de una tribu caníbal enemiga irrumpieron en el campamento y tomaron presos al rey y al amigo que estaba con él. Cuando llevaron al rey para sacrificarlo se dieron cuenta que le faltaba un dedo. Hablaron entre ellos y le dijeron: «No podemos matarle, nuestra tradición tribal no nos permite sacrificar a alguien que no tiene todos sus dedos; por lo tanto, los dejaremos libres a usted y a su amigo». ¡Imagínese la alegría del rey! Ahora entendió por qué había sido bueno que perdiera un dedo. Se fue inmediatamente a sacar a su amigo cristiano de la cárcel y le dijo: «Perdón por haberte metido preso. Ahora me doy cuenta por qué Dios permitió que yo perdiera un dedo; perdón, amigo mío, por dejarte preso todo este tiempo. ¡Perdóname!». A lo que el creyente le contestó: «Oh, no, querido rey, fue bueno que yo hubiera estado preso. Esto fue bueno. Dios sabía por qué. Esto fue bueno…». «¿Pero por qué» dijo al rey, «fue bueno que estuvieras preso lejos de tu familia?» «Porque si yo no hubiera estado preso en esta cárcel, me habrían sacrificado en tu lugar, porque yo sí tengo todos los dedos, así que fue bueno haber estado preso, esto fue bueno… esto fue bueno…».

Este relato expresa la realidad de que debemos estar siempre contentos y aceptar lo que Dios decide para nosotros, porque si bien hay muchas cosas que no entendemos ahora, lo sabremos cuando lleguemos a su presencia algún día. Muchos no entienden por qué Dios hizo esto o aquello, y lo culpan a Él de haberse llevado a algún ser querido que para ellos fue antes de su debido tiempo. Muchos han llorado la muerte de sus hijos y tienen una gran raíz de resentimiento y amargura y no han «perdonado» a Dios por lo que Él hizo. Recuerde que si Dios permitió que su hijo muriera cuando niño o joven, quizás lo hizo para salvar su alma antes que él se perdiera más tarde en algún vicio, inmoralidad o delito y que lo hubieran matado o hubiera muerto sin Cristo. ¿Qué prefiere, verlo algún día en la eternidad con Cristo o que hubiera vivido muchos años para después perder eternamente su alma? ¡Dios sabe lo que hace! ¿No cree usted? No debemos cuestionar las decisiones que Él toma, porque estoy seguro que aunque nos duela y lo sentimos como humanos que somos, lo entenderemos algún día. Yo mismo no pude estar en el funeral de mi padre que murió en Brasil de cáncer en agosto del 2001. Yo estaba con mi familia predicando en una cruzada en Ghana, África Occidental, cuando él partió a la presencia de Dios. Fue muy duro y triste para mí, pero yo sé que algún día entenderé por qué no me fue posible estar junto a él en su muerte. Cuando oramos Él nos conforta y cuando le consultamos nos habla específicamente en relación a la decisión correcta que tenemos que tomar. Al actuar de acuerdo con su voluntad recibiremos su bendición. ¿Y qué beneficios y bendiciones podremos recibir, por medio de la oración, de aceptar y vivir en el centro de la voluntad de Dios?

Beneficios y bendiciones de la voluntad de Dios

1. Dios nos amará y le obedeceremos

Isaías 48.14: «Juntaos todos vosotros, y oíd. ¿Quién hay entre ellos que anuncie estas cosas? Aquel a quien Jehová amó ejecutará su voluntad en Babilonia, y su brazo estará sobre los caldeos».

2. Seremos prosperados en medio de la aflicción

Isaías 53.10: «Con todo eso, Jehová quiso quebrantarlo, sujetándole a padecimiento. Cuando haya puesto su vida por expiación por el pecado, verá linaje, vivirá por largos días, y la voluntad de Jehová será en su mano prosperada».

3. Entenderemos el gran amor de Dios por las almas

Mateo 18.14: «Así, no es la voluntad de vuestro Padre que está en los cielos que se pierda uno de estos pequeños».

4. Sabremos que la voluntad de Dios permanecerá siempre

Isaías 46.10: «Que anuncio lo por venir desde el principio, y desde la antigüedad lo que aún no era hecho; que digo: Mi consejo permanecerá, y haré todo lo que quiero».

5. Aceptaremos que el propósito de Dios será cumplido

Isaías 14.24: «Jehová de los ejércitos juró diciendo: Ciertamente se hará de la manera que lo he pensado, y será confirmado como lo he determinado».

6. Tendremos los pensamientos de Dios y caminaremos en sus caminos

Isaías 55.8-9: «Porque mis pensamientos no son vuestros pensamientos, ni vuestros caminos mis caminos, dijo Jehová. Como son más altos los cielos que la tierra, así son mis caminos más altos que vuestros caminos, y mis pensamientos más que vuestros pensamientos».

7. Descansaremos porque lo que Él ha determinado se cumplirá en nosotros

Hechos 4.28: «Para hacer cuanto tu mano y tu consejo habían antes determinado que sucediera».

Hechos 2.23: «A éste, entregado por el determinado consejo y anticipado conocimiento de Dios».

8. Nadie nos podrá quitar lo que Dios tiene para nuestras vidas

Hechos 5.39: «Mas si es de Dios, no la podréis destruir, no seáis tal vez hallados luchando contra Dios».

Hechos 11.17: «Si Dios, pues, les concedió también el mismo don que a nosotros que hemos creído en el Señor Jesucristo, *¿quién era yo que pudiese estorbar a Dios?*»(itálicas del autor)

9. La Palabra específica que Él habló a nosotros se cumplirá por su voluntad

Isaías 45.23: «Por mí mismo hice juramento, de mi boca salió palabra en justicia, y no será revocada».

10. La Palabra que Él haya hablado a otras áreas de nuestras vidas se cumplirá

Isaías 55.11: «Así será mi palabra que sale de mi boca; no volverá a mí vacía, sino que hará lo que yo quiero, y será prosperada *[se cumplirá]* en aquello para que la envié» (añadido e itálicas del autor).

11. La Palabra que Él haya hablado a nuestros hijos también se cumplirá

Isaías 59.21: «Y este será mi pacto con ellos, dijo Jehová: El Espíritu mío que está sobre ti, y mis palabras que puse en tu boca, no faltarán de tu boca, ni de la boca de tus hijos, ni de la boca de los hijos de tus hijos, dijo Jehová, desde ahora y para siempre».

12. La Palabra que Él nos dio para el ministerio se cumplirá

Isaías 44.26: «Yo, el que despierta la palabra de su siervo, y cumple el consejo de sus mensajeros; que dice a Jerusalén: Serás habitada; y a las ciudades de Judá: Reconstruidas serán, y sus ruinas reedificaré».

13. Somos llamados a obedecer la voluntad del Padre

Mateo 21.28-31: «Pero ¿qué os parece? Un hombre tenía dos hijos, y acercándose al primero, le dijo: Hijo, vé hoy a trabajar en mi viña. Respondiendo él, dijo: No quiero; pero después, arrepentido, fue. Y acercándose al otro, le dijo de la misma manera; y respondiendo él, dijo: Sí Señor, voy. Y no fue. ¿Cuál de los dos hizo la voluntad de su padre?»

14. En todo momento y aunque sufriremos dolor debemos hacer su voluntad

Hechos 21.13-14: «Entonces Pablo respondió; ¿Qué hacéis llorando y que-brantándome el corazón? Porque yo estoy dispuesto no sólo a ser atado, mas aun a morir en Jerusalén por el nombre del Señor Jesús. Y como no le pudimos persuadir, desistimos, diciendo: Hágase la voluntad del Señor».

15. Es un privilegio ser escogido para conocer la voluntad de Dios

Hechos 22.14: «Y él dijo: El Dios de nuestros padres te ha escogido para que conozcas su voluntad, y veas al Justo, y oigas la voz de su boca».

16. Por su voluntad fuimos escogidos para servirle

Hechos 9.15: «El Señor le dijo: Vé, porque instrumento escogido me es éste, para llevar mi nombre en presencia de los gentiles, y de reyes, y de los hijos de Israel».

17. Es un privilegio conocer su voluntad

Romanos 2.18: «Y conoces su voluntad, e instruido por la ley apruebas lo mejor».

18. Seremos aceptados si estamos dispuestos a hacerla

2 Corintios 8.12: «Porque si primero hay la voluntad dispuesta, será acep-tada según lo que uno tiene, no según lo que no tiene».

19. Seremos ejemplo y estimulo a los demás al hacerla

2 Corintios 9.2: «Pues conozco vuestra buena voluntad, de la cual yo me glorío entre los de Macedonia, que Acaya está preparada desde el año pasado; y vuestro celo ha estimulado a la mayoría».

20. Dios dio a conocer su voluntad a nosotros

Efesios 1.9: «Dándonos a conocer el misterio de su voluntad, según su beneplácito, el cual se había propuesto en sí mismo».

21. Por esto fuimos salvos al ser escogidos por Él

Efesios 1.11: «En él asimismo tuvimos herencia, habiendo sido predesti-nados [escogidos] conforme al propósito del que hace todas las cosas según el designio de su voluntad» (añadido e itálicas del autor).

22. Seremos sabios si andamos en su voluntad

Efesios 5.17: «Por tanto, no seáis insensatos, sino entendidos de cuál sea la voluntad del Señor».

23. Nuestra mente será renovada y nuestro entendimiento transformado

Romanos 12.2: «No os conforméis a este siglo, sino transformaos por medio de la renovación de vuestro entendimiento, para que comprobéis cuál sea la buena voluntad de Dios, agradable y perfecta».

24. Le serviremos de corazón

Efesios 6.6: «No sirviendo al ojo, como los que quieren agradar a los hombres, sino como siervos de Cristo, de corazón haciendo la voluntad de Dios».

25. Le serviremos de ánimo voluntario

Efesios 6.7: «Sirviendo de buena voluntad, como al Señor y no a los hombres».

26. Alcanzaremos la promesa

Hebreos 10.36: «Porque os es necesaria la paciencia, para que habiendo hecho la voluntad de Dios, obtengáis la promesa».

27. Estaremos aptos para servirle y agradarle

Hebreos 13.21: «Os haga aptos en toda buena obra para que hagáis su voluntad, haciendo él en vosotros lo que es agradable delante de él por Jesucristo; al cual sea la gloria por los siglos de los siglos. Amén».

28. Dios pondrá en nosotros el deseo de servirle

Filipenses 2.13: «Porque Dios es el que en vosotros produce así el querer como el hacer, por su buena voluntad».

29. Por su voluntad nos hizo nacer de nuevo

Santiago 1.18: «Él, de su voluntad, nos hizo nacer por la palabra de verdad, para que seamos primicias de sus criaturas».

30. Por su voluntad Él nos engendró espiritualmente

Juan 1.13: «Los cuales no son engendrados de sangre, ni de voluntad de carne, ni de voluntad de varón, sino de Dios».

31. Seremos inspirados por el Espíritu

2 Pedro 1.21: «Porque nunca la profecía fue traída por voluntad humana, sino que los santos hombres de Dios hablaron siendo inspirados por el Espíritu Santo».

32. Le alabaremos por todo lo que Él hizo

Apocalipsis 4.11: «Señor, digno eres de recibir la gloria y la honra y el poder; porque tú creaste todas las cosas, y por tu voluntad existen y fueron creadas».

33. Seremos parte del círculo íntimo de Cristo

Marcos 3.35: «Porque todo aquel que hace la voluntad de Dios, ése es mi hermano, y mi hermana, y mi madre».

34. Conoceremos la verdadera doctrina del Padre y del Hijo

Juan 7.17: «El que quiera hacer la voluntad de Dios, conocerá si la doctrina es de Dios, o si yo hablo por mi propia cuenta».

35. Nuestros viajes misioneros serán bendecidos

Romanos 1.10: «Rogando que de alguna manera tenga al fin, por la voluntad de Dios, un próspero viaje para ir a vosotros».

36. Y llegaremos con gozo de nuestro viaje y nos alegraremos

Romanos 15.32: «Para que con gozo llegue a vosotros por la voluntad de Dios, y que sea recreado juntamente con vosotros».

37. Viviremos totalmente consagrados al Señor

2 Corintios 8.5: «Y no como lo esperábamos, sino que a sí mismos se dieron primeramente al Señor, y luego a nosotros por la voluntad de Dios».

38. Viviremos en santidad para el Señor

1 Tesalonicenses 4.13: «Pues la voluntad de Dios es vuestra santificación; que os apartéis de fornicación».

39. Viviremos aceptando lo que decida el Señor

1 Tesalonicenses 5.18: «Dad gracias en todo, porque esta es la voluntad de Dios para con vosotros en Cristo Jesús».

40. Viviremos haciendo el bien para el Señor

1 Pedro 2.15: «Porque esta es la voluntad de Dios; que haciendo el bien, hagáis callar la ignorancia de los hombres insensatos».

41. Viviremos y padeceremos por el Señor

1 Pedro 3.17: «Porque mejor es que padezcáis haciendo el bien, si la voluntad de Dios así lo quiere, que haciendo el mal».

42. Viviremos rectamente para el Señor

1 Pedro 4.2: «Para no vivir el tiempo que resta en la carne, conforme a las concupiscencias de los hombres, sino conforme a la voluntad de Dios».

43. Viviremos y sufriremos por el Señor

1 Pedro 4.19: «De modo que los que padecen según la voluntad de Dios, encomienden sus almas al fiel Creador, y hagan el bien».

44. Viviremos y permaneceremos eternamente para el Señor

1 Juan 2.17: «Y el mundo pasa, y sus deseos; pero el que hace la voluntad de Dios permanece para siempre».

45. Viviremos y será aumentado nuestro poder por el Señor

Salmos 89.17: «Porque tú eres la gloria de su potencia, y por tu buena voluntad acrecentarás nuestro poder».

46. Viviremos y sabremos que todo lo que nos pasa es permitido por el Señor

Romanos 8.28: «Y sabemos que a los que aman a Dios, toda las cosas les ayudan a bien, esto es, a los que conforme a su propósito son llamados».

47. Viviremos y no haremos nuestra voluntad y seremos bendecidos por el Señor

Isaías 58.13-14: «Si retrajeres… de hacer tu voluntad… no andando en tus propios caminos, ni buscando tu voluntad, ni hablando tus propias palabras…, entonces te deleitarás en Jehová; y yo te haré subir sobre las alturas de la tierra, y te daré a comer la heredad de Jacob tu padre; porque la boca de Jehová lo ha hablado».

48. Tendremos el conocimiento de su perfecta voluntad

Colosenses 1.9: «Por lo cual también nosotros, desde el día que lo oímos, no cesamos de orar por vosotros, y de pedir que seáis llenos del conocimiento de su voluntad en toda sabiduría e inteligencia espiritual».

49. Viviremos sabiendo que fuimos llamados al ministerio por el Señor

1 Corintios 1.1: «Pablo, llamado a ser apóstol de Jesucristo por la voluntad de Dios».

2 Corintios 1.1, Efesios 1.1, Colosenses 1.1 y 2 Timoteo 1.1.

50. Y Dios nos revelará sus secretos

Job 15.8: «¿Oíste tú el secreto de Dios?»

¿Qué le pareció esta lista de cincuenta beneficios y bendiciones que podemos tener si descubrimos el secreto de la voluntad de Dios por medio de la oración? No hay nada más extraordinario que vivir en el centro de la voluntad divina. Usted puede experimentar grandes bendiciones y ser partícipe de grandes beneficios si tan solamente entiende, obedece y hace la voluntad de Dios en todo momento y en todas las áreas de su vida. Es a través de la oración que podrá descubrir este secreto maravilloso de agradarle haciendo lo que Él requiere y pide de nosotros. Recuerde que Dios sabe lo que es mejor para cada cristiano, creyente y fiel discípulo de Él, pues solamente la Santísima Trinidad sabe el mañana y lo que nos aguarda en el futuro, pero ciertamente estaremos seguros en sus manos al hacer su voluntad.

CAPÍTULO 7

El secreto del conocimiento de Dios

HE AQUÍ, TÚ AMAS LA *verdad en lo íntimo, y en lo secreto me has hecho comprender sabiduría.* (Salmos 51.6)

Jeremías 3.15: «Y os daré pastores según mi corazón, que os apacienten con ciencia y con **inteligencia**». La palabra *inteligencia* aquí equivale en el hebreo a la palabra *sachal*, que es ser sabio, comportarse sabiamente, comprender, ser instruido, cavilar, ser prudente e inteligente. *Sachal* describe el complejo proceso intelectual que ocurre cuando uno observa, cavila, razona, aprende y llega a una conclusión. En algunas ocasiones, la palabra se traduce *prosperar*. En 1 Reyes 2.3 David urge a Salomón a obedecer las instrucciones divinas, para que pueda prosperar (literalmente la palabra hebrea quiere decir: «hazlo sabiamente en todo lo que emprendas»). Un derivado de *sachal* es *mashil*, que quiere decir dar instrucción, hacer sabio o hábil. A trece salmos de carácter didáctico se les llama *mashil*. Son los salmos 32, 42, 44, 45, 52, 53, 54, 55, 74, 78, 88, 89 y 142. El propósito de estos salmos es hacer sabio al lector. El secreto del conocimiento de Dios reside en la sabiduría de adquirir este conocimiento a través de la oración. En la oración seremos instruidos por el Señor y poseeremos la habilidad de actuar y razonar sabiamente ante las decisiones que tenemos que tomar. La prudencia, la discreción y la inteligencia están en la lectura y el estudio diario de las Escrituras por medio de la meditación hecha bajo oración y guía del Espíritu. La inteligencia humana es una cosa pero la sabiduría divina es otra muy diferente. Debemos tener las dos, tanto la inteligencia de pensar, cavilar y estudiar secularmente como también tener la sabiduría y el conocimiento de Dios que se adquiere por medio de la oración al escudriñar la Palabra de Dios.

La mina de oro en el monte Morgan, en Queensland, Australia, es una de las más ricas del mundo. Sin embargo, durante muchos años, los propietarios originales de esas tierras vivieron en gran pobreza sobre la desolada superficie de la montaña. Aunque la vasta riqueza no se veía, estuvo debajo de sus pies todo el tiempo. Muchos cristianos viven de la misma manera. Caminan con Cristo y luchan desesperadamente para salir adelante en sus vidas espirituales a cada paso del camino, pero sin resultado. Muchísimos de ellos no están conscientes de las vastas riquezas espirituales que Dios tiene para ellos, por lo tanto no reclaman las promesas del Señor para sus vidas. La razón es que no conocen el secreto de la sabiduría de Dios, lo que se puede llegar a conocer por medio de la oración. Todas las riquezas espirituales, por citar algunas: la gracia, la salvación de nuestros familiares, el perdón, la fortaleza, la sanidad divina, el conocimiento, la guía para nuestras vidas, el poder para vencer las tentaciones, la unción del Espíritu Santo, la reconciliación, la protección divina, la prosperidad material, espiritual y ministerial; la bendición a nuestros hijos, todas son riquezas que están disponibles para nosotros si solamente conocemos el poder de la oración para recibirlas por medio del conocimiento de Dios y la sabiduría de disfrutarlas. El secreto del conocimiento reside en saber por medio de la oración cuándo recibir todas estas grandes bendiciones. Recuerde que las palabras del apóstol Pablo en Efesios 1.3 son para todos nosotros: «Bendito sea el Dios y Padre de nuestro Señor Jesucristo, que *nos bendijo con toda bendición espiritual* en los lugares celestiales en Cristo» (itálicas del autor). En el caso de la mina de oro en Australia, el tesoro estaba debajo de los pies de los moradores en la montaña; para nosotros, el tesoro espiritual está debajo de nuestras rodillas al doblarlas, al reclamar con sabiduría en oración lo que a nosotros pertenece y obtener y vivir en el secreto del conocimiento de Dios.

Conocer a Dios es orar con un corazón agradecido

En Salmos 103.1-5, David ora y alaba a Dios por las bendiciones recibidas: «Bendice, alma mía, a Jehová, y bendiga todo mi ser su santo nombre. Bendice, alma mía, a Jehová, y no olvides ninguno de sus beneficios. Él es quien perdona todas tus iniquidades, el que sana todas tus dolencias; el que rescata del hoyo tu vida, el que te corona de favores y misericordias; el que sacia de bien tu boca de modo que te rejuvenezcas como el águila». David se regocijaba en oración y alabanza al agradecer al Señor las mercedes recibidas de su mano. La ingratitud es condenada en las Escrituras; el verdadero conocimiento de Dios es reconocer en oración lo que Él ha hecho en nuestras vidas y la sabiduría está en darle a Él las gracias debidas por quien Él es y lo que representa para nosotros. Por lo tanto, ¿cómo debemos orar?

1. De lo profundo del alma
«Bendice alma mía, a Jehová».

2. De lo profundo de nuestras entrañas
«Y bendiga todo mi ser su santo nombre».

3. De lo profundo de nuestro espíritu en repetición
«Bendice, alma mía, a Jehová».

4. De lo profundo del corazón al acordarse
«Y no olvides ninguno de sus beneficios».

¿Por qué debemos orar y agradecer?

1. Por el perdón de nuestros pecados
«Él es quien perdona todas tus iniquidades».

2. Por la salud de nuestra mente y cuerpo
«El que sana todas tus dolencias».

3. Por la redención de nuestra alma
«El que rescata del hoyo tu vida».

4. Por la misericordia a nosotros
«El que te corona de favores y misericordias».

5. Por el alimento a nuestra vida
«El que sacia de bien tu boca».

6. Por la renovación física
«De modo que te rejuvenezcas como el águila».

¿Qué debemos recordar cuando oramos?

Debemos orar con un corazón agradecido, pues esto es conocer a Dios; y tener el recuerdo de las misericordias pasadas del Señor es poseer sabiduría:

1. Que Él nos dio la liberación

Nehemías 9.27: «Entonces los entregaste en mano de sus enemigos, los cuales los afligieron. Pero en el tiempo de su tribulación clamaron a ti, y tú desde los cielos los oíste; y según tu gran misericordia les enviaste libertadores para que los salvasen de mano de sus enemigos».

2. Que Él no se ha olvidado de nosotros

Salmos 22.24: «Porque no menospreció ni abominó la aflicción del afligido, ni de él escondió su rostro; sino que cuando clamó a él, le oyó».

3. Que Él nos ha librado de caer y de morir

Salmos 56.13: «Porque has librado mi alma de la muerte, y mis pies de caída, para que ande delante de Dios en la luz de los que viven».

4. Que Él ha oído nuestras oraciones

Salmos 116.2: «Amo a Jehová, pues ha oído mi voz y mis súplicas; porque ha inclinado a mí su oído; por tanto, le invocaré [*le agradeceré*] en todos mis días» (añadido e itálicas del autor).

5. Que Él nos concede nuestras peticiones

1 Juan 5.15: «Y si sabemos que él nos oye en cualquiera cosa que pidamos, sabemos que tenemos las peticiones que le hayamos hecho».

6. Que Él ha tenido misericordia de nosotros

Salmos 25.7: «De los pecados de mi juventud, y de mis rebeliones, no te acuerdes; conforme a tu misericordia acuérdate de mi, por tu bondad, oh Jehová».

7. Que Él ha tenido piedad de nosotros

Salmos 51.1: «Ten piedad de mí, oh Dios, conforme a tu misericordia; conforme a la multitud de tus piedades borra mis rebeliones».

Y, además, debemos orar con acción de gracias porque esto es conocer a Dios

1. Con fe

Filipenses 4.6: «Por nada estéis afanosos, sino sean conocidas vuestras peticiones delante de Dios en toda oración y ruego, con acción de gracias».

2. Con perseverancia

Colosenses 4.2: «Perseverad en la oración, velando en ella con acción de gracias».

3. Con súplicas

1 Timoteo 2.1: «Exhorto ante todo, a que se hagan rogativas, oraciones, peticiones y acción de gracias, por todos los hombres».

4. Con gozo

Colosenses 1.12-13: «Con gozo dando gracias al Padre que nos hizo aptos para participar de la herencia de los santos en luz; el cual nos ha librado de la potestad de las tinieblas, y trasladado al reino de su amado Hijo».

En el año 1860 un estudiante para el ministerio llamado Edward Spencer protagonizó un acto heroico. Era miembro de un escuadrón de salvavidas en Evanston, estado de Illinois. Un día, un barco encalló en la costa del lago Michigan cerca de Evanston. Spencer entró una y otra vez en las heladas aguas hasta que logró rescatar a diecisiete pasajeros. En el proceso, su salud se afectó para siempre. Unos años más tarde, cuando el joven Spencer falleció, alguien hizo notar que ni una de las diecisiete personas que él rescató estuvo presente para rendirle aprecio y darle las gracias. Posteriormente se supo que nunca ninguno de los sobrevivientes que él salvó le había expresado su agradecimiento por su hazaña tan desinteresada de entrega y amor que había hecho. Desafortunadamente, muchos cristianos hacen lo mismo con el Señor. Se olvidan del gran sacrificio que Cristo hizo en el Calvario al derramar su sangre para rescatarnos de la perdición eterna.

Conocer a Dios es orar con sabiduría y conocimiento

No solamente debemos orar con un corazón agradecido, es necesario también orar con sabiduría y conocimiento ante las diferentes situaciones que se nos presentan. La iglesia primitiva oraba basada en el conocimiento y en la sabiduría de su situación. La oración modelo, poderosa, eficaz y de conocimiento, se encuentra en Hechos 4.24-31. Esta oración de los creyentes y de los apóstoles de la iglesia primitiva fue efectiva entonces y lo es hoy en día, pues la Palabra no es antigua ni moderna, ella es eterna y no cambia. De allí podemos basar nuestras oraciones, sean personales o como pueblo de Dios e iglesia que somos. La iglesia primitiva estaba consciente de la persecución que ella estaba enfrentando por parte de las autoridades de Jerusalén por anunciar el evangelio. El gran éxito de la predicación de la Palabra de Dios incomodó a los líderes religiosos de entonces. La iglesia se sintió amenazada por sus enemigos y, por lo tanto, oraron basados en el conocimiento de su situación y guiados por el Espíritu para pedir la ayuda del Señor. Para entender mejor la calidad de oración que hicieron, lea en Hechos 4.1-22 los acontecimientos que llevaron a los apóstoles a ser perseguidos.

¿Qué oración modelo de conocimiento y de sabiduría fue y es esta?

1. Oraron con conocimiento de la situación

Hechos 4.23: «Y puestos en libertad, vinieron a los suyos y contaron todo lo que los principales sacerdotes y los ancianos les habían dicho».

Nosotros también debemos orar con sabiduría y conocimiento en relación con lo que está sucediendo.

2. Oraron unánimemente

Hechos 4.24: «Y ellos, habiéndolo oído, alzaron unánimes la voz a Dios».

Nosotros también debemos orar en unidad con los demás en comunión.

3. Oraron con el reconocimiento del poder de Dios

Hechos 4.24: «Y ellos… dijeron: Soberano Señor, tú eres el Dios que hiciste el cielo y la tierra, el mar y todo lo que en ellos hay».

Nosotros también debemos orar basados en la autoridad de Dios.

4. Oraron apoyados en las Escrituras

Hechos 4.25-26: «Que por boca de David tu siervo dijiste: ¿Por qué se amotinan las gentes, y los pueblos piensan cosas vanas? Se reunieron los reyes de la tierra, y los príncipes se juntaron en uno contra el Señor, y contra su Cristo». Véase, también, Salmos 2.1-2.

Nosotros también debemos orar afirmados y fundamentados en la Palabra de Dios.

5. Oraron con un motivo específico

Hechos 4.27: «Porque verdaderamente se unieron en esta ciudad contra tu santo Hijo Jesús, a quien ungiste, Herodes y Poncio Pilato, con los gentiles y el pueblo de Israel».

Nosotros también debemos orar con un propósito claro y real.

6. Oraron aceptando lo que Dios ya había declarado de antemano

Hechos 4.28: «Para hacer cuanto tu mano y tu consejo habían antes determinado que sucediera».

Nosotros también debemos orar en acuerdo a la voluntad de Dios a lo que Él haya decidido.

7. Oraron con valentía y confianza

Hechos 4.29: «Y ahora, Señor, mira sus amenazas, y concede a tus siervos que con todo denuedo hablen tu palabra».

Nosotros también debemos orar sin temor, con osadía y atrevimiento del Espíritu.

8. Oraron con fe para ver los milagros de sanidad

Hechos 4.30: «Mientras extiendes tu mano para que se hagan sanidades y señales y prodigios mediante el nombre de tu santo Hijo Jesús».

Nosotros también debemos orar creyendo que Dios hará maravillas por medio de nosotros.

Dos jefes de tribus indígenas, después de sus conversiones a Cristo, vinieron un día al misionero James Chalmers y pidieron maestros para que les enseñaran a orar, pero desafortunadamente en el momento el hombre de Dios no tenía a nadie a quien enviar. Dos años más tarde, los jefes retornaron y pidieron que Chalmers fuera con ellos. Después de muchos días de viaje llegaron un domingo a su destino y encontraron a toda la tribu de rodillas en silencio. El misionero preguntó: «¿Que es lo que han estado haciendo?» «¡Estamos orando!» contestaron los jefes. Chalmers preguntó de nuevo: «¿Pero por qué no dicen nada y se quedan en silencio?» Ellos, tristes, respondieron: «No sabemos qué decir en oración. Por más de dos años, desde cuando oímos hablar del Dios del hombre blanco y lo recibimos, nos reunimos todos los domingos y nos arrodillamos por cuatro horas a orar. Pero no decimos nada porque nadie nos enseñó lo que deberíamos decir. No sabemos qué decir en la oración…». Desgraciadamente, esta es la misma situación que muchos cristianos enfrentan en sus momentos de oración. No saben qué decir al Señor. No tienen el conocimiento necesario y la sabiduría que se requiere para conocer el secreto de una oración eficaz. No saben orar con el conocimiento de su situación; no saben orar unánimes con la iglesia; no saben orar reconociendo el poder de Dios; no saben orar usando la Biblia, la Palabra de Dios; no saben orar específicamente y con claridad; no saben orar y aceptar lo que Dios haya decidido para sus vidas e ignoran la voluntad de Dios para ellos; no saben orar con valentía y confianza, sino que están llenos de dudas y temores; no saben orar con fe porque no creen que Dios puede realizar un milagro en sus vidas y cambiar la situación de una manera maravillosa para ellos. Debemos pedirle al Espíritu que nos enseñe a orar eficazmente y con poder. Esta es la realidad de muchos de nuestros cultos de oración y de nuestras vigilias. No poseen ninguna de las características anteriores mencionadas que la iglesia primitiva tenía. Por esto no tenemos los resultados como los hubiéramos deseado.

Conocer a Dios es esperar, recibir y ver los resultados

¿Qué sucedió entonces?

1. Los discípulos fueron llenos del poder de Dios

Hechos 4.31: «Cuando hubieron orado, el lugar en que estaban congregados tembló; y todos fueron llenos del Espíritu Santo, y hablaron con denuedo la palabra de Dios».

Hoy seremos de igual manera revestidos de la unción divina si esperamos en ella.

2. Muchísimas personas fueron salvas

Hechos 4.32: «Y la multitud de los que habían creído…»

Hoy de la misma forma muchos creerán en el Señor.

3. Tenían todos un mismo propósito

Hechos 4.32: «…era de un corazón y un alma…».

Hoy igualmente debemos poseer esta bella marca y característica.

4. No poseían un espíritu egoísta

Hechos 4.32: «…y ninguno decía ser suyo propio nada de lo que poseía…».

Hoy debemos también ser desprendidos de los bienes materiales que tenemos.

5. Tenían un corazón dadivoso, generoso y dispuesto a compartir con los demás

Hechos 4.32: «Tenían todas las cosas en común».

Hoy debemos poseer este tipo de corazón y bendecir a los demás.

6. Recibieron valor y determinación para testificar

Hechos 4.33: «Y con gran poder los apóstoles daban testimonio de la resurrección del Señor Jesús».

Hoy recibiremos la misma unción para predicar la Palabra.

7. Tenían el respaldo de Dios

Hechos 4.33: «…y abundante gracia era sobre todos ellos».

Hoy necesitamos de la misma aprobación del Señor a nuestras vidas.

8. Y vino el resultado, los milagros y el crecimiento de la iglesia

Hechos 5.12, 14-16, 42: «Y por la mano de los apóstoles se hacían muchas señales y prodigios en el pueblo; y estaban todos unánimes en el pórtico de Salomón... Y los que creían en el Señor aumentaban más, gran número así de hombres como de mujeres; tanto que sacaban los enfermos a las calles, y los ponían en camas y lechos, para que al pasar Pedro, a lo menos su sombra cayese sobre alguno de ellos. Y aun de las ciudades vecinas muchos venían a Jerusalén, trayendo enfermos y atormentados de espíritus inmundos; y todos eran sanados... Y todos los días, en el templo y por las casas, no cesaban de enseñar y predicar a Jesucristo».

Hoy también Dios seguirá trayendo el avance y el crecimiento de su obra. Recuerde que todas estas bendiciones que sucedieron en la iglesia primitiva fueron el resultado de una oración hecha en el poder del Espíritu Santo. ¡Hagamos lo mismo y recibiremos de igual manera sus bendiciones!

El Dr. C. Horton era un hombre cristiano de oración y lleno de conocimiento y sabiduría del Señor para testificar la Palabra hacia los demás. Cierto día, entró en un elevador y dijo al ascensorista en que piso deseaba que parara. Siempre dispuesto a no perder una oportunidad para hablar de Cristo, se volvió al muchacho que conducía el ascensor y le preguntó: «¿Está usted destinado al cielo o al infierno?» Sorprendido, el joven respondió: «¡No lo sé!» Cuando llegaron al piso deseado, el elevador se paró y abrió sus puertas, pero el Dr. Horton no hizo ningún ademán para salir. El chico esperó algunos segundos y entonces le dijo: «¡Señor, la puerta está abierta!» A lo que Horton respondió: «Así también están las puertas del cielo: abiertas para usted, joven. ¿No quiere entrar por ellas?» Si oramos en búsqueda del conocimiento de Dios recibiremos la sabiduría para testificar de su Palabra, así como lo hicieron los discípulos y los apóstoles de la iglesia primitiva. Y no sólo a ellos les alcanzó la bendición de orar con conocimiento, de la misma forma el Señor está dispuesto de colmarnos a nosotros de grandes y maravillosas bendiciones si oramos con sabiduría. ¿Y qué beneficios y bendiciones podremos recibir, por medio de la oración, al poseer el conocimiento de Dios?

Beneficios y bendiciones del conocimiento de Dios

1. Conoceremos que Él es el gran y único Dios

Éxodo 18.11: «Ahora conozco que Jehová es más grande que todos los dioses».

2. Lo alabaremos por su grandeza

Éxodo 15.11: «¿Quién como tú, oh Jehová, entre los dioses? ¿Quién como tú, magnífico en santidad, terrible en maravillosas hazañas, hacedor de prodigios?»

3. Obtendremos su gracia y seremos conocidos por Él

Éxodo 33.12: «Y dijo Moisés a Jehová: Mira, tú me dices a mí: Saca este pueblo; y tú no me has declarado a quién enviarás conmigo. Sin embargo, tú dices: yo te he conocido por tu nombre, y has hallado también gracia en mis ojos».

4. Seremos sus ovejas

Juan 10.14: «Yo soy el buen pastor; y conozco mis ovejas, y las mías me conocen»».

5. Por medio de nosotros los demás sabrán quién es Jehová

Éxodo 8.10: «Y él [Faraón] dijo: Mañana. Moisés respondió: Se hará conforme a tu palabra, para que conozcas que no hay como Jehová nuestro Dios» (añadido e itálicas del autor).

6. Si le conocemos Él nos conocerá

2 Timoteo 2.19: «Pero el fundamento de Dios está firme, teniendo este sello: Conoce el Señor a los que son suyos».

7. Tendremos discernimiento

Deuteronomio 18.21: «Y si dijeres en tu corazón: ¿Cómo conoceremos la palabra que Jehová no ha hablado?»

8. Conoceremos que el único Dios verdadero es Jehová

2 Reyes 5.15: «Y volvió [Naamán] al varón de Dios, él y toda su compañía, y se puso delante de él, y dijo: He aquí ahora conozco que no hay Dios en toda la tierra, sino en Israel» (añadido e itálicas del autor).

9. Reconoceremos humildemente que necesitamos conocerle más

Job 36.26: «He aquí Dios es grande, y nosotros no le conocemos, ni se puede seguir la huella de sus años».

10. Confiaremos en Él

Salmos 9.10: «En ti confiarán los que conocen tu nombre, por cuanto tú, oh Jehová, no desamparaste a los que te buscaron».

11. Seremos librados por Él

Salmos 91.14: «Por cuanto en mí ha puesto su amor, yo también lo libraré; le pondré en alto, por cuanto ha conocido mi nombre».

12. Tendremos su misericordia

Salmos 36.10: «Extiende tu misericordia a los que te conocen, y tu justicia a los rectos de corazón».

13. Nuestra ciudad y nación le conocerá a través de nosotros

Salmos 76.1: «Dios es conocido en Judá; en Israel es grande su nombre».

14. Él será nuestro amparo

Salmos 48.3: «En sus palacios Dios es conocido por refugio».

15. Conocerle será nuestro propósito

Jeremías 9.24: «Mas alábese en esto el que se hubiere de alabar: en entenderme y conocerme, que yo soy Jehová».

16. Él nos dará un corazón para conocerle

Jeremías 24.7: «Y les daré un corazón para que me conozcan que yo soy Jehová».

17. Tendremos vida eterna

Juan 17.3: «Y esta es la vida eterna: que te conozcan a ti, el único Dios verdadero, y a Jesucristo, a quien has enviado».

18. Las cosas del mundo no tendrán valor para nosotros

Filipenses 3.8, 10: «Y ciertamente, aun estimo todas las cosas como pérdida por la excelencia del conocimiento de Cristo Jesús, mi Señor, por amor del cual lo he perdido todo, y lo tengo por basura, para ganar a Cristo..., a fin de conocerle, y el poder de su resurrección, y la participación de sus padecimientos, llegando a ser semejante a él en su muerte».

19. Conoceremos los misterios de Dios

Colosenses 2.2: «...unidos en amor, hasta alcanzar todas las riquezas de pleno entendimiento, a fin de conocer el misterio de Dios el Padre, y de Cristo».

20. Guardaremos sus mandamientos

1 Juan 2.3: «Y en esto sabemos que nosotros le conocemos, si guardamos sus mandamientos».

21. Nos maravillaremos por su grandeza

Salmos 139.6: «Tal conocimiento es demasiado maravilloso para mí, alto es, no lo puedo comprender».

22. Temeremos al Señor y poseeremos inteligencia

Proverbios 9.10: «El temor de Jehová es el principio de la sabiduría, y el conocimiento del Santísimo es la inteligencia».

23. El Espíritu del Señor estará sobre nosotros

Isaías 11.2: «Y reposará sobre él el Espíritu de Jehová; espíritu de sabiduría y de inteligencia, espíritu de consejo y de poder, espíritu de conocimiento y de temor de Jehová».

24. En el milenio todos conocerán al Señor

Isaías 11.9: «No harán mal ni dañarán en todo mi santo monte; porque la tierra será llena del conocimiento de Jehová, como las aguas cubren el mar».

Habacuc 2.14: «Porque la tierra será llena del conocimiento de la gloria de Jehová, como las aguas cubren el mar».

25. Es Dios mismo que nos concede el conocimiento

Daniel 1.17: «A estos cuatro muchachos Dios les dio conocimiento e inteligencia en todas las letras y ciencias; y Daniel tuvo conocimiento en toda visión y sueños».

26. Tendremos el conocimiento de la gran salvación

Lucas 1.77: «Para dar conocimiento de salvación a su pueblo, para perdón de sus pecados».

27. Tendremos el más grande de todos los conocimientos

Efesios 3.19: «Y de conocer el amor de Cristo, que excede a todo conocimiento, para que seáis llenos de toda la plenitud de Dios».

28. Creceremos en amor cristiano

Filipenses 1.9: «Y esto pido en oración, que vuestro amor abunde más y más en ciencia y en todo conocimiento».

29. Tendremos el conocimiento de Él

2 Pedro 1.3: «Como todas las cosas que pertenecen a la vida y a la piedad nos han sido dadas por su divino poder, mediante el conocimiento de aquel que nos llamó por su gloria y excelencia».

30. Creceremos espiritualmente

2 Pedro 1.5-7: «Vosotros también, poniendo toda diligencia por esto mismo, añadid a vuestra fe virtud; a la virtud, conocimiento; al conocimiento, dominio propio; al dominio propio, paciencia; a la paciencia, piedad; a la piedad, afecto fraternal; y al afecto fraternal, amor».

2 Pedro 3.18: «Antes bien, creced en la gracia y en el conocimiento de nuestro Señor y Salvador Jesucristo».

31. Tendremos fruto

2 Pedro 1.8: «Porque si estas cosas están en vosotros, y abundan, no os dejarán estar ociosos ni sin fruto en cuanto al conocimiento de nuestro Señor Jesucristo».

32. En Cristo descubriremos el secreto del conocimiento

Colosenses 2.3: «En quien están escondidos todos los tesoros de la sabiduría y del conocimiento».

33. Entenderemos lo grande de la sabiduría divina

Romanos 11.33: «¡Oh profundidad de las riquezas de la sabiduría y de la ciencia [conocimiento] de Dios!» (añadido e itálicas del autor).

34. No tendremos un corazón dividido

Salmos 95.10: «Cuarenta años estuve disgustado con la nación, y dije: Pueblo es que divaga de corazón, y no han conocido mis caminos».

35. No seremos como los demás

Oseas 4.1: «Oíd palabra de Jehová, hijos de Israel, porque Jehová contiende con los moradores de la tierra; porque no hay verdad, ni misericordia, ni conocimiento de Dios en la tierra».

36. No seremos destruidos

Oseas 4.6: «Mi pueblo fue destruido porque le faltó conocimiento. Por cuanto desechaste el conocimiento, yo te echaré del sacerdocio; y porque olvidaste la ley de tu Dios, también yo me olvidaré de tus hijos».

37. No seremos inmorales

Oseas 5.4: «No piensan en convertirse a su Dios, porque espíritu de fornicación está en medio de ellos, y no conocen a Jehová».

38. La meta es conocer al Señor día a día

Oseas 6.3: «Y conoceremos, y proseguiremos en conocer a Jehová».

39. El conocimiento es mucho más provechoso que las obras

Oseas 6.6: «Porque misericordia quiero, y no sacrificio, y conocimiento de Dios, más que holocaustos».

40. Tendremos intimidad espiritual al conocerlo

Oseas 2.20: «Y te desposaré conmigo en fidelidad, y conocerás a Jehová».

41. Sabremos que Jehová es el único Señor y Salvador

Oseas 13.4: «Mas yo soy Jehová tu Dios desde la tierra de Egipto; no conocerás, pues, otro dios fuera de mí, ni otro salvador sino a mí».

42. Algún día alcanzaremos completo conocimiento y madurez espiritual

Efesios 4.13: «Hasta que todos lleguemos a la unidad de la fe y del conocimiento del Hijo de Dios, a un varón perfecto, a la medida de la estatura de la plenitud de Cristo».

43. Recibiremos la luz del conocimiento

2 Corintios 4.6: «Porque Dios, que mandó que de las tinieblas resplandeciese la luz, es el que resplandeció en nuestros corazones, para iluminación del conocimiento de la gloria de Dios en la faz de Jesucristo».

44. Conoceremos la verdad

Tito 1.1: «Pablo, siervo de Dios y apóstol de Jesucristo, conforme a la fe de los escogidos de Dios y el conocimiento de la verdad que es según la piedad».

45. Pondremos en práctica lo que ya sabemos

Tito 1.16: «Profesan conocer a Dios, pero con los hechos lo niegan, siendo abominables y rebeldes, reprobados en cuanto a toda buena obra».

46. Y nuestra vida espiritual no será hipócrita

1 Juan 2.4: «El que dice: Yo le conozco, y no guarda sus mandamientos, el tal es mentiroso, y la verdad no está en él».

47. Y Dios nos dará su entendimiento

Salmos 51.6: «He aquí, tú amas la verdad en lo íntimo, y en lo secreto me has hecho comprender sabiduría».

¿Qué le pareció esta lista de cuarenta y siete beneficios y bendiciones que podemos tener si descubrimos el secreto del conocimiento de Dios por medio de la oración? Somos llamados a conocerle por medio del secreto de la oración eficaz.

Cuando en 1982 fui a prepararme para ser misionero en Juventud Con Una Misión en Brasil y más tarde enviado como misionero a España, JUCUM tenía y tiene este slogan como desafío a los misioneros: «Conocer a Dios y hacerlo conocido». Por medio de la oración, del ayuno y de la lectura diaria de la Palabra de Dios, juntamente con las experiencias que Él nos concede vivir, conoceremos al Señor cada día. Adquirir el conocimiento de Dios es un proceso diario que requiere esfuerzo y dedicación de nuestra parte. Es un largo camino lleno de experiencias que forjarán nuestro carácter por medio de pruebas y tribulaciones y que harán conocer a Dios en las áreas personal, ministerial y espiritual de nuestra vida. Lo más grande de una persona mientras viva en esta tierra es conocer a Dios y darle a conocer. No hay otra cosa más grande que esto y no existe satisfacción más extraordinaria que ser un siervo o sierva de Dios y llevar a los demás a conocerlo. Porque haber nacido para vivir en los deleites y placeres de esta vida y partir a la eternidad sin haber conocido a Dios mediante la salvación en Cristo es la más grande de las tragedias.

CAPÍTULO 8

El secreto de la intimidad con Dios

EN LO SECRETO DE TU PRESENCIA... (Salmos 31.20a)

En Juan 14.16 Cristo dijo con relación a la comunión y la presencia del Espíritu Santo: «Y yo rogaré al Padre, y os dará **otro** Consolador, para que esté con vosotros para siempre». En el griego, la palabra *otro* usada aquí es **allos**, que quiere decir alguien de la misma clase que está junto a uno. La palabra alude a similitudes, pero también pone de manifiesto diversidad de funciones y ministerios. El uso que Jesús hace de **allos** para referirse a otro Consolador equivale a «uno junto a mí, además de mí y en adición a mí, aunque exactamente igual a mí, que en mi ausencia hará lo que yo haría si estuviera físicamente presente con ustedes». La venida del Espíritu asegura la continuidad de lo que Jesús hizo y enseñó. La Escritura dice que vendría «otro Consolador»; otro porque Él, Cristo, es primero, y después de su partida de la tierra y regreso al cielo el Padre enviaría el Espíritu Santo para tomar su lugar y dar continuidad a lo empezado por el Señor. La palabra Consolador está con la C mayúscula, indicando, por lo tanto, a la tercera persona de la Santísima Trinidad, el «Dios Espíritu Santo». Aquellos de nosotros que hemos nacido de nuevo al arrepentirnos de nuestros pecados habiendo aceptado a Cristo como nuestro Señor y Salvador, ahora tenemos al dulce Espíritu que está en nosotros y vive en nuestro ser. Es por medio de la comunión del Espíritu Santo, por medio de la oración, que podemos tener intimidad espiritual, no solamente con el Espíritu sino también con el Padre y el Hijo. La comunión y la intimidad con Dios es lo más grande que un cristiano puede experimentar en su relación espiritual diaria con el Señor Jesucristo y con su Espíritu. Hay un cántico cristiano que nuestras iglesias hispanas cantan, cuya letra dice así, al hacer mención de la presencia divina:

> Exquisita presencia,
> presencia de Dios.
> Llena mi vida, de tu amor,
> exquisita presencia,
> presencia de Dios.
> Llena mi vida,
> llénala de ti.
> Exquisita presencia,
> presencia de Dios.

Esta canción expresa lo bello de estar y permanecer en la presencia de Dios. Durante reuniones poderosas de oración o en cultos públicos he visto a muchísimos hermanos que al cantarla sus ojos se llenan de lágrimas, sus manos alzadas, sus rodillas dobladas, y ellos postrados alabando al Señor de lo profundo de sus corazones en una intima comunión con Él. No hay palabras para expresar este sentimiento de acercamiento hacia a Dios. Nosotros que hemos experimentado en oración y en nuestro caminar con Cristo este gozo en lo más profundo de nuestra alma, espíritu y ser, solamente podremos imaginar como será estar en la presencia de Dios eternamente junto a Él en los cielos algún día.

La comunión de la presencia divina

En Éxodo 33.14 Dios habló a Moisés: «Y él dijo: Mi presencia irá contigo, y te daré descanso». La promesa de Dios para su siervo es que Él estaría a su lado. Si tenemos su presencia con nosotros sabremos que el respaldo de Dios está garantizado para todo lo que tengamos que hacer. Cuando en 1999 estábamos por salir para la India para nuestra cruzada, sabíamos que iríamos a una nación idólatra, pagana y extremadamente pobre y en tinieblas profundas. En la sala de nuestra casa reunimos al equipo que saldría dentro de pocos instantes al aeropuerto. Kathryn y Joshua eran pequeños y se sujetaban de mis piernas y de las de Damaris, llorando porque no querían que partiéramos. Habían oído que en la India los hindúes fanáticos mataban a los cristianos y destruían las iglesias y hasta quemaban a los misioneros, como lo hicieron con el misionero australiano Graham Staines y sus hijos, en el estado de Orisa, donde los quemaron vivos dentro de su vehículo. Entonces yo, al ver a mis queridos hijos llorar tanto, subí a la recámara, y doblando mis rodillas en oración dije al Señor: «Quiero regresar a casa con Damaris. No quiero morir allá. Mis hijos me necesitan. Ellos están chiquitos y necesitan de su padre y de su madre. Si tú no vas conmigo y con nosotros, dímelo ahora, porque yo me quedo. Necesito saber que tu Presencia irá con nosotros». Los directores de habla portuguesa de nuestro ministerio, el pastor Wilmar Silveira y su esposa, la pastora Cristina, irían con nosotros. Y de rodillas derramé mi alma delante de Dios con lágrimas y sollozos y abriendo la Escritura el Señor me habló en Josué 1.5, 6, 7, 9: «Nadie te podrá hacer frente en todos los días de tu vida, como estuve con Moisés, estaré contigo, no te dejaré, ni te desampararé. Esfuérzate y sé valiente… solamente esfuérzate y sé muy valiente… mira que te mando que te esfuerces y seas valiente; no temas ni desmayes, porque Jehová tu Dios estará contigo en dondequiera que vayas». Yo, abrazando las almohadas de ellos de sus camitas, oliendo sus aroma y llorando abundantemente, tomé esta Palabra *rhema* como que venía directamente de Dios y la apliqué a nuestro viaje. Dios me había contestado que Él estaría con nosotros, y que su Presencia iría y regresaría a nuestro lado, y que no deberíamos temer. Y así fue. Fuimos y regresamos a salvo, después de haber predicado a más de setenta mil personas en Madrás y que más de seis mil setecientas recibieron a Cristo como su Salvador personal.

Las Escrituras dicen que el profeta Elías vivía en comunión con la Presencia de Dios. 1 Reyes 17.1: «Entonces Elías tisbita, que era de los moradores de Galaad, dijo a Acab: Vive Jehová Dios de Israel, en cuya presencia estoy, que no habrá lluvia ni rocío en estos años, sino por mi palabra». Algunas otras traducciones dicen: «en cuya presencia vivo y estoy». Elías vivía y estaba en comunión y en la presencia de Dios. Nosotros somos llamados a lo mismo: a vivir y a estar en su maravillosa presencia y comunión por medio de su Espíritu en oración. En 2 Reyes 3.14 y 5.16 se dice lo mismo del profeta Eliseo: «Y Eliseo dijo: Vive Jehová de los ejércitos, en cuya presencia estoy». El salmista y rey David también disfrutaba de esta comunión. Vea lo que dice Salmos 16.11: «Me mostrarás la senda de la vida; en tu presencia hay plenitud de gozo; delicias a tu diestra para siempre». El dulce trovador de Israel igualmente vivía en la presencia de Dios y bajo esta comunión él escribió muchos de los Salmos que tanta bendición han traído a millones de millones de personas en todo el mundo. En relación con el nacimiento de Juan el Bautista, Zacarías su padre dijo en Lucas 1.76: «Y tú niño, profeta del Altísimo serás llamado; porque irás delante de la presencia del Señor, para preparar sus caminos». Juan ya había nacido en la presencia de Dios para llevar a cabo el propósito de preparar el camino para el ministerio de Cristo.

En Hechos 10.33 Cornelio, el primer gentil convertido, dijo a Pedro antes de oír la Palabra: «Así que luego envié por ti; y tú has hecho bien en venir. Ahora, pues, todos nosotros estamos aquí en la presencia de Dios, para oír todo lo que Dios te ha mandado». Es en la presencia de Dios que fluye la Palabra por medio de nosotros sus siervos los predicadores y ministros. Geográficamente hablando, nadie puede esconderse o huir de la presencia de Dios, pues lea lo que David dijo en Salmos 139.7-10: «¿A dónde me iré de tu Espíritu? ¿Y a dónde huiré de tu presencia? Si subiere a los cielos, allí estás tú; y si en el Seol hiciere mi estrado, he aquí, allí tú estás. Si tomare las alas del alba y habitare en el extremo del mar, aun allí me guiará tu mano, y me asirá tu diestra». Es imposible escapar de Dios. Su presencia llena los cielos y la tierra. El profeta Jonás también tuvo esta experiencia, pues lea lo que dice en Jonás 1.3: «Y Jonás se levantó para huir de la presencia de Jehová a Tarsis, y descendió a Jope, y halló una nave que partía para Tarsis; y pagando su pasaje, entró en ella para irse con ellos a Tarsis, lejos de la presencia de Jehová». ¿Quién podrá irse lejos de la presencia de Jehová? ¡Nadie! Para nosotros los cristianos, en oración el Señor nos llama a estar delante de Él en su presencia gozando de su comunión y de su poder, pues el profeta nos dice en Sofonías 1.7: «Calla en la presencia de Jehová el Señor». En oración podremos descubrir el secreto de la intimidad con Dios al estar en su presencia.

Alguien que quería saber lo que sentía cuando oraba a Dios, preguntó a un creyente nativo americano del Estado de Arizona como era su relación con Dios. La respuesta fue: «Cuando oro siento como si mi vida fuera un pozo de irrigación que un río poderoso estuviera llenando. Y que el agua viene a mi encuentro y se derrama sobre mí, inundando todo mi ser. En ese momento siento el poder y la presencia de Dios en mi cuerpo, en mi alma y en mi espíritu. Todo esto siento cuando estoy en oración». Esto es exactamente a lo que Jesús se refería cuando dijo en Juan 7.38: «El que cree en mí, como dice la Escritura, de su interior correrán ríos de agua viva».

La comunión íntima con el Padre

1 Juan 4.12: «Si nos amamos unos a otros, Dios permanece en nosotros y su amor se ha perfeccionado en nosotros». Dios nos está buscando para que tengamos una íntima comunión con Él. Así como todo padre ama y desea estar cerca de sus hijos físicamente y tener profundos lazos de intimidad familiar conociendo sus inquietudes y pasando tiempo con ellos, Dios Padre, de igual manera, nos ama y desea acercarse espiritualmente a nosotros y tener una profunda comunión e intimidad con sus hijos. En 1 Corintios 8.3 el apóstol Pablo dice: «Pero si alguno ama a Dios, es conocido por él». En otras palabras: Dios vive en él y él en Dios. ¡Esto es comunión e intimidad espiritual! ¿Y dónde se confirma esto? En 1 Juan 4.16: «Y nosotros hemos conocido y creído el amor que Dios tiene para con nosotros. Dios es amor; y el que permanece en amor, permanece en Dios, y Dios en él». ¡Ahí está! Si amamos a Dios y Dios nos ama, entonces tendremos comunión íntima con Él.

Salmos 25.14: «La comunión íntima de Jehová es con los que le temen, y a ellos hará conocer su pacto». La clave para la comunión con Dios es temer su nombre y obedecerle, de esta manera Él nos revelará su Palabra y su poder. En Proverbios 3.32b Salomón dice: «Mas su comunión íntima es con los justos». ¿Quiénes son los justos? Son los que creyentes que guardan su Palabra, los que le conocen, los salvos, los cristianos verdaderos que oran y viven en su presencia. ¡Somos nosotros, usted y yo! En 2 Corintios 6.16, al hacer mención de la presencia divina en las Escrituras de Ezequiel 37.27 Pablo declara que Dios dijo: «Habitaré y andaré entre ellos, y seré su Dios, y ellos serán mi pueblo». Dios dijo: «¡Yo habitaré!» Esta es su promesa. Su Presencia está con nosotros, pues esta Escritura se cumplió por medio del nuevo pacto y alianza a través de la sangre de Cristo. En Isaías 41.10 Dios promete que su Presencia estaría con nosotros: «No temas, porque yo estoy contigo; no desmayes, porque yo soy tu Dios que te esfuerzo; siempre te ayudaré, siempre te sustentaré con la diestra de mi justicia». Él está con nosotros, Él nos esfuerza, Él nos ayuda y Él nos sustenta. Por medio de la oración podremos disfrutar de esta comunión e intimidad con el Padre.

En Juan 17.21, Jesús hace referencia a la dulce comunión que mantiene con el Padre y el Padre con Él: «Para que todos sean uno; como tú, oh Padre, en mí, y yo en ti, que también ellos sean uno en nosotros; para que el mundo crea que tú me enviaste». Al referirse a «ellos» Jesús estaba pensando en usted, en mí, en su iglesia. Estaba diciendo que deberíamos ser uno con Él y con el Padre; esto es, vivir en comunión e intimidad espiritual diariamente. En Juan 10.38b Jesús habla de la comunión que tenía con el Padre y el Padre con Él, que es realmente el deseo del corazón de Dios para nosotros su iglesia: «Para que conozcáis y creáis que el Padre está en mí, y yo en el Padre». Este es un llamado a que nos mantengamos en comunión e intimidad con el Padre y con el Hijo. Cristo afirmaba que el Padre vivía y estaba en Él. Vea lo que dice Juan 14.10c: «...sino que el Padre que mora en mí, él hace las obras». Nosotros debemos vivir en comunión e intimidad con el Padre y el Padre estará con nosotros. Cristo pasaba las noches enteras en oración y comunión con su Padre. Nosotros debemos hacer lo mismo. Y esta comunión con el Padre nos garantiza vivir una vida cristiana recta e íntegra, pues en 1 Juan 1.5-6 se nos dice: «Este es el mensaje que hemos oído de él, y os anunciamos: Dios es luz, y no hay tinieblas en él. Si decimos que tenemos comunión con él, y andamos en tinieblas, mentimos, y no practicamos la verdad». La comunión de la presencia divina solamente puede estar en nosotros si vivimos una vida espiritual en santidad. 1 Juan 3.24a: «Y el que guarda sus mandamientos, permanece en Dios, y Dios en él». ¿Qué es permanecer? Es vivir en comunión y en oración con el Padre en nuestras vidas diarias.

Cuenta una leyenda que un viajero encontró una fuente de aguas cristalinas en el desierto. El agua era tan limpia y fresca que el hombre decidió llevar un poco para su rey en agradecimiento por su amistad, pues él tenía muy buena comunión con su majestad. Bebió y después llenó su cantimplora con aquella agua maravillosa y anduvo varios días bajo el sol del caluroso desierto hasta llegar a la presencia del rey. Cuando por fin llegó junto a su soberano, se inclinó y le entregó el regalo que le había traído. El agua, sin embargo, ya estaba estragada y con mal olor debido a la vieja cantimplora donde había sido guardada por muchos días. Sin embargo, el rey no permitió que su fiel amigo se diera cuenta que el agua no estaba apta para el consumo y la bebió delante de todos como expresión de gratitud por el regalo. Después que su amigo hubo abandonado el lugar con el corazón rebosando de alegría, los que estaban cerca del rey probaron el agua y quedaron espantados al darse cuenta que el rey había fingido disfrutar lo que su amigo fiel le había llevado. La explicación del soberano fue: «Oh, no fue el agua que yo bebí, sino el amor demostrado por mi amigo fiel y leal». Nosotros somos viajeros, extranjeros y peregrinos en este camino llamado la vida cristiana. Aunque por nuestra naturaleza caída y pecadora tratemos de ofrecer nuestras vidas en comunión al Rey y Padre de la mejor manera que podamos, somos esta agua que depositamos a los pies del Señor en gratitud, pero a veces le hemos fallado en nuestras palabras, actitudes y pensamientos hasta el punto que llegamos a oler mal al enfrentar pruebas, luchas, tribulaciones y tentaciones, donde nos falta la fe y la confianza en Él. A veces nuestro corazón se parece a aquella vieja cantimplora, lleno de dudas, incredulidad y fallos, no obstante que intentamos hacer lo mejor diariamente para Aquel que es nuestro Padre y Señor, el Dios Todopoderoso. Yo sé que Él acepta nuestro ofrecimiento, porque Dios conoce las intenciones de nuestro corazón y sabe que nuestro deseo es tener comunión e intimidad con Él por medio de la oración, cueste lo que cueste. Nuestras vidas son el retrato vivo de esta agua, sin embargo Él nos acepta en su presencia y se goza en recibir nuestra alabanza y loor por más imperfectos que somos.

La comunión íntima con el Hijo

La primera invitación de Cristo para todo aquel que desea tener comunión con Él se encuentra en Apocalipsis 3.20: «He aquí, yo estoy a la puerta y llamo; si alguno oye mi voz y abre la puerta, entraré a él, y cenaré con él, y él conmigo». Normalmente, esta Escritura se usa en mensajes evangelísticos, pero también puede ser aplicada a nosotros los que ya somos salvos. Si abrimos la puerta de nuestro corazón y en completa rendición deseamos en oración su presencia, Él entrará y hará que nuestra vida sea llena de su comunión e intimidad con Él. En 1 Corintios 1.9 Pablo escribe: «Fiel es Dios, por el cual fuisteis llamados a la comunión con su Hijo Jesucristo nuestro Señor». Somos llamados como iglesia a vivir diariamente en intimidad con Cristo y demostrar esto a través de nuestra vida espiritual y en nuestro tiempo de oración. En Hebreos 4.14, 16 el autor del libro escribió de la siguiente manera sobre la comunión con Cristo: «Por tanto, teniendo un gran sumo sacerdote que traspasó los cielos, Jesús el Hijo de Dios, retengamos nuestra profesión... Acerquémonos, pues, confiadamente al trono de la gracia, para alcanzar misericordia y hallar gracia para el oportuno socorro». Confiadamente, en otras palabras, en comunión, en oración. Al trono de la gracia. ¿Cuál gracia? La gracia de la salvación eterna hecha en la cruz del

Calvario por Cristo. Tenemos acceso a esta gracia por medio de la oración y comunión con Él. Y no solamente en oración, sino también cuando alabamos al Señor sentimos esta presencia que fluye de una comunión íntima con Él que nos hace llorar en su presencia y alabarle con un corazón lleno de gozo y paz.

Durante los días 13 y 14 de julio de 2007 prediqué en la convención nacional de la juventud de la Iglesia de Dios Pentecostal Movimiento Internacional, que se realizó en la famosa Catedral de Cristal en Garden Grove, California. Anteriormente había predicado en la convención regional de ellos en el Centro de Convenciones de Los Ángeles y también en la convención mundial del mismo concilio en el Coliseo Roberto Clemente, en Puerto Rico. En esta ocasión, miles de jóvenes, creyentes y muchísimos pastores fueron llenos de la presencia de Dios y del poder del Espíritu Santo. El hermano Abel Zavala ministró a la juventud con gran unción en la alabanza. En su CD llamado «Jesús mi fiel amigo», tiene una bella canción de su autoría llamada «Enamórame», y la letra dice así refiriéndose a la presencia del Señor Jesús:

Quiero entregarte mis sueños
Tu voluntad haz en ellos
Mi corazón te lo entrego
Enamórame de ti.
Quiero aprender a escucharte
Quiero saber qué es amarte
De tu verdad yo saciarme
Enamórame de ti, Señor.
Que tu presencia me inunde
Haz de mí un odre nuevo
Cámbiame, renuévame, enamórame
Enamórame de ti, Señor.

Esta canción ha ministrado profundamente a mi corazón, porque expresa la realidad de la búsqueda de la presencia de Cristo y de la necesidad de una comunión íntima con Él de parte nuestra. No hay nada más bello que poseer esta presencia y caminar cerca de Él. En Juan 14.20 Cristo, hablando acerca de nuestra comunión espiritual con Él, dijo: «En aquel día vosotros conoceréis que yo estoy en mi Padre, y vosotros en mí, y yo en vosotros». Como creyentes que somos en la fe de nuestro Señor Jesucristo, Él nos afirma que estamos en Él y Él en nosotros. Esto se refiere a una comunión profunda e íntima. En oración lo podemos obtener. Nuevamente en Juan 15.4 Jesús habla: «Permaneced en mí, y yo en vosotros. Como el pámpano no puede llevar fruto por sí mismo, si no permanece en la vid, así tampoco vosotros, si no permanecéis en mí». ¿Cómo podemos permanecer en Él? ¡Guardando su Palabra! Vea el versículo 7: «Si permanecéis en mí, y mis palabras permanecen en vosotros». Aquí está la clave para lograr la comunión e intimidad con Él: Guardar su Palabra. Esto hará que permanezcamos en Él, aplicándola en todas las áreas de nuestras vidas y esto también nos hará permanecer en oración y comunión con Él. En Juan 14.23 Cristo lo confirma con estas palabras: «Respondió Jesús y le dijo: El que me ama, mi palabra guardará; y mi Padre le amará, y vendremos a él, y haremos morada con él». De igual manera, debemos permanecer en amor al guardar su Palabra, pues el Señor nuevamente en Juan 15.10 nos asegura: «Si guardareis mis mandamientos, permaneceréis en mi amor; así como yo he guardado los mandamientos de mi Padre, y permanezco en su amor». Al guardar su Palabra tendremos el amor de Dios y de Cristo en nuestros corazones, y, en consecuencia, obtendremos la comunión espiritual e intimidad en el secreto de la oración eficaz.

En Juan 17.23a Jesús hablando al Padre en la oración sacerdotal dice: «Yo en ellos, y tú en mí». Así como el Padre estaba en comunión con Cristo y Cristo en comunión con el Padre, Cristo estaba en comunión con «ellos»; es decir, con sus discípulos y hoy día Él está en «ellos», o sea, en comunión con nosotros, su pueblo, su iglesia, sus siervos. Refiriéndose a esto, Pablo en Efesios 2.18 nos confirma: «Porque por medio de él los unos y los otros tenemos entrada por un mismo Espíritu al Padre». ¿Por medio de quién? ¡De Cristo, por supuesto! ¿Y cuál entrada? ¡La comunión íntima con Él! De nuevo, en 1 Juan 1.3b la Escritura nos dice: «Y nuestra comunión verdaderamente es con el Padre, y con su Hijo Jesucristo». Si tenemos comunión con el Padre, igualmente la tendremos con el Hijo. Si tenemos comunión con el Hijo, de la misma forma la tendremos con el Padre. ¡Así de sencillo! Una vez más, la Palabra en 1 Juan 2.24b nos promete: «Si lo que habéis oído desde el principio permanece en vosotros, también vosotros permaneceréis en el Hijo y en el Padre». A través de la oración y de la comunión íntima con el Espíritu, permaneceremos en el Padre y en el Hijo.

¡Esta debe ser nuestra meta y deseo! Y por último, 1 Juan 4.15 nos asegura la vida eterna y la comunión íntima con Cristo a todos los que hemos recibido a Jesús como nuestro Señor y Salvador: «Todo aquel que confiese que Jesús es el Hijo de Dios, Dios permanece en él, y él en Dios». ¿Y cómo permanece Dios? ¡En comunión con nosotros y nosotros con Él!

Cierta vez un hombre caminando por el campo encontró un granero donde el diablo tenia guardadas las semillas que usaba para sembrar en los corazones humanos. Ahí había semillas de envidia, de codicia, de rabia, de odio, de lujuria, de desamor, de mentira y muchas más. Pero lo que llamó la atención del hombre es que el mayor número de semillas era de desánimo que el enemigo usaba principalmente en contra de los cristianos. El hombre preguntó al diablo que si había corazones de creyentes en los que él no podía sembrar esta semilla en particular. El adversario de mala gana admitió que había un tipo de corazón donde esta semilla no podía ser plantada. «¿Y cuál es ese corazón?» preguntó, con curiosidad, el hombre. Con gran tristeza el diablo respondió: «Yo no puedo sembrar la semilla del desánimo en un corazón de un creyente agradecido por lo que el Señor haya hecho por él, que guarda la Palabra de Dios, y cuyo corazón tenga comunión e intimidad con Cristo por medio de la oración». Ahí están las tres claves de la victoria para evitar que las semillas de Satanás penetren en nuestro corazón: vivir en agradecimiento, guardar la Palabra y tener una vida de comunión íntima con el Señor Jesús en oración.

La comunión íntima con el Espíritu Santo

En Juan 14.17 Jesús, haciendo mención del Espíritu Santo dice: «El Espíritu de verdad, al cual el mundo no puede recibir, porque no le ve, ni le conoce; pero vosotros le conocéis, porque mora con vosotros, y estará en vosotros». No solamente con el Padre y el Hijo somos llamados a tener esta comunión e intimidad en oración, sino que también con el Espíritu Santo, la tercera persona de la Santísima Trinidad. Todo creyente posee la presencia del Espíritu en su vida y el Señor nos dijo que Él mora en nosotros. En otras palabras Él reside, vive, tiene su habitación y presencia dentro de nuestros corazones. Cuando oramos, es el Espíritu Santo que lleva esta oración al Padre y al Hijo. En Romanos 8.11 Pablo de igual manera hace referencia a la permanencia del Espíritu en nosotros:

«Y si el Espíritu de aquel que levantó de los muertos a Jesús mora en vosotros, el que levantó de los muertos a Cristo Jesús vivificará también vuestros cuerpos mortales por su Espíritu que mora en vosotros». Cuando alguien vive en una casa familiar compartiéndola con los demás, esta persona mora en este hogar habitando permanentemente junto a ellos. ¡Con el Espíritu es lo mismo! Él está siempre a nuestro lado porque habita en nosotros. En 1 Corintios 3.16, el apóstol menciona esto mismo a la iglesia de Corinto: «¿No sabéis que sois el templo de Dios, y que el Espíritu de Dios mora en vosotros?». Usted y yo somos ahora el templo de la habitación divina y de la presencia de Dios por medio de su Espíritu, con el cual tenemos comunión e intimidad por medio de la oración. Una vez más, el gran apóstol a los gentiles hablando a su hijo en la fe Timoteo le aconseja en 2 Timoteo 1.14 diciéndole en relación con la habitación del Espíritu: «Guarda el buen depósito por el Espíritu Santo que mora en nosotros». ¿Cuál depósito? ¡La presencia de la comunión con Dios! Sólo el hecho de saber que el Espíritu mora en nosotros es razón de gozo de nuestra parte, pues sabemos que Él está con nosotros para siempre mientras le somos fieles al Señor. Otra vez, en Romanos 8.9, Pablo deja claro que nuestra vida espiritual debe estar sujeta al Espíritu por la razón que Él habita en nosotros: «Mas vosotros no vivís según la carne, sino según el Espíritu, si es que el Espíritu de Dios mora en vosotros. Y si alguno no tiene el Espíritu de Cristo, no es de él». Nuestras vidas espirituales deben ser vividas en búsqueda de la santidad; de lo contrario, el Espíritu divino *no* habitará en nosotros. Y por último, en 1 Corintios 6.19, Pablo deja en claro nuevamente y sin lugar a dudas que el Espíritu mora en nosotros y que somos el templo espiritual de Dios donde Él habita por medio de su Espíritu dentro de nosotros los creyentes: «¿O ignoráis que vuestro cuerpo es templo del Espíritu Santo, el cual está en vosotros, el cual tenéis de Dios, y que no sois vuestros?»

El Espíritu, por lo tanto, permanece y vive en nosotros, y nosotros, por lo tanto, permanecemos y vivimos en comunión e intimidad con Él. En 1 Juan 4.13 el apóstol esclarece el hecho de la permanencia al decir: «En esto conocemos que permanecemos en él, y él en nosotros, en que nos ha dado de su Espíritu». Permaneceremos en Él por medio de la oración, y Él permanecerá en nosotros por medio de su comunión. En 1 Juan 3.24b también nos confirma esta maravillosa permanencia del Espíritu: «Y en esto sabemos que él permanece en nosotros, por el Espíritu que nos ha dado». El Espíritu no se irá de nuestras vidas sino que permanecerá para siempre. Por toda la eternidad.

A la iglesia en Filipos, Pablo exhorta diciéndole en Filipenses 2.1: «Por tanto, si hay alguna consolación en Cristo, si algún consuelo de amor, si alguna comunión del Espíritu…». ¿Será que hay comunión del Espíritu en nuestros corazones? ¡Claro que sí! Por medio de la lectura de la Palabra, de la oración, y de vivir una vida espiritual recta e íntegra tendremos comunión e intimidad con el Espíritu Santo. Y para terminar, en su saludo final de bendición a la iglesia de Corinto, Pablo les dice en 2 Corintios 13.14: «La gracia del Señor Jesucristo, el amor de Dios, y la comunión del Espíritu Santo sea con todos vosotros. Amén». Este saludo apostólico de Pablo es usado alrededor del mundo por ministros al cerrar sus cultos en sus iglesias y congregaciones. Así como este saludo se hizo corriente en la iglesia de Corinto, nosotros tenemos que ponerlo en práctica en forma personal, ya que somos el templo de Dios. La gracia del Señor Jesús está en nosotros por su sacrificio en el Calvario; el amor de Dios está en nosotros porque Él quiso salvarnos amándonos profundamente; y la maravillosa comunión del Espíritu Santo está en nosotros por medio de la oración al traernos su intimidad y presencia espiritual a nuestros corazones.

Cierta vez, una enfermera cristiana que trabajaba en un hospital de Londres, Inglaterra, reclamó indignada al capellán general por la forma en que la habían tratado algunos pacientes. «¡Más bien agradézcale a Dios por eso!» le dijo el capellán. «¿Qué?» preguntó sorprendida la enfermera. A lo que el capellán le contestó: «Porque si usted estuviera llevando una vasija y alguien chocara con usted, solamente lo que está dentro de la vasija se derramaría. De la misma forma, cuando alguien nos juzga mal, nos persigue o, como en su caso, nos falta el respeto, nosotros solamente podemos derramar lo que está dentro de nuestros corazones. En el caso de una persona sin Dios, probablemente reaccionaría con una palabra hiriente y de una manera grosera y sin consideración. Mas, si como cristianos que somos nuestro corazón está lleno de la comunión del Espíritu Santo y lleno de la presencia de Dios, manifestaremos a esta persona el amor de Dios que está en nosotros y seguramente eso sorprenderá al agresor».

De la misma manera debemos nosotros como creyentes que somos y poseedores de la presencia del Espíritu, en momentos como éste expresar con nuestras acciones, palabras y actitudes lo que está dentro de nosotros: el amor de Dios que sobrepasa todo entendimiento humano. Solamente podremos hacer esto cuando permanezcamos en la presencia del Espíritu en lo secreto de la intimidad de su presencia por medio de la oración. ¿Y qué beneficios y bendiciones podremos recibir, en oración, al poseer una intimidad con Dios, con Jesucristo y con el Espíritu Santo?

Beneficios y bendiciones de la intimidad con Dios

1. Nos deleitaremos en Él

Salmos 112.1: «Bienaventurado el hombre que teme a Jehová, y en sus mandamientos se deleita en gran manera».

2. Tendremos la sabiduría de Él

Salmos 51.6: «He aquí tú amas la verdad en lo íntimo, y en lo secreto *[de la intimidad]* me has hecho comprender sabiduría» (añadido e itálicas del autor).

3. Tendremos comunión con Él

Isaías 26.9: «Con mi alma te he deseado en la noche, y en tanto que me dure el espíritu dentro de mí, madrugaré a buscarte».

4. Meditaremos en Él

Salmos 63.6: «Cuando me acuerde de ti en mi lecho, cuando medite en ti en las vigilias de la noche».

5. Tendremos la presencia de Él

Salmos 42.8: «Pero de día mandará Jehová su misericordia, y de noche su cántico estará conmigo, y mi oración al Dios de mi vida».

6. Estaremos cerca de Él

Isaías 55.6: «Buscad a Jehová mientras puede ser hallado, llamadle en tanto que está cercano».

7. En las pruebas lo hallaremos a Él

Salmos 32.6: «Por esto orará a ti todo santo en el tiempo en que puedas ser hallado; ciertamente en la inundación de muchas aguas no llegarán éstas a él».

8. Conoceremos el pacto de Él

Salmos 25.14: «La comunión íntima de Jehová es con los que le temen, y a ellos hará conocer su pacto».

9. Bendeciremos a los demás por Él

1 Corintios 10.16: «La copa de bendición que bendecimos, ¿no es la comunión de la sangre de Cristo? El pan que partimos, ¿no es la comunión del cuerpo de Cristo?»

10. Tendremos también comunión con los hermanos por medio de Él

Hechos 2.42: «Y perseveraban en la doctrina de los apóstoles, en la comunión unos con otros, en el partimiento del pan y en las oraciones».

11. Poseeremos comunión con la Palabra de Él

Filipenses 1.4-5: «Siempre en todas mis oraciones rogando con gozo por vosotros, por vuestra comunión en el evangelio, desde el primer día hasta *ahora*».

12. Lo buscaremos con el corazón a Él

Salmos 27.8: «Mi corazón ha dicho de ti: Buscad mi rostro. Tu rostro buscaré, oh Jehová».

13. Seremos bendecidos por Él

Salmos 24.5-6: «Él recibirá bendición de Jehová, y justicia del Dios de salvación. Tal es la generación de los que te buscan, de los que buscan tu rostro, oh Dios de Jacob».

14. Tendremos sed de Él

Salmos 42.2: «Mi alma tiene sed de Dios, del Dios vivo; ¿cuándo vendré, y me presentaré delante de Dios?»

15. Le alabaremos

Salmos 43.4: «Entraré al altar de Dios, al Dios de mi alegría y de mi gozo; y te alabaré con arpa, oh Dios, Dios mío».

16. Desearemos estar con Él

Salmos 63.1: «Dios, Dios mío eres tú; de madrugada te buscaré; mi alma tiene sed de ti, mi carne te anhela en tierra seca y árida donde no hay aguas».

17. Desearemos acercarnos más a Él

Salmos 73.28: «Pero en cuanto a mí, el acercarme a Dios es el bien; he puesto en Jehová el Señor mi esperanza, para contar todas tus obras».

18. Lo desearemos ardientemente a Él

Salmos 84.2: «Anhela mi alma y aun ardientemente desea los atrios de Jehová; mi corazón y mi carne cantan al Dios vivo».

19. Recibiremos revelaciones y enseñanza de Él

Jeremías 33.3: «Clama a mí, y yo te responderé, y te enseñaré cosas grandes y ocultas que tú no conoces».

20. Oraremos y seremos atendidos por Él

Jeremías 29.12-13: «Entonces me invocaréis, y vendréis y oraréis a mí, y yo os oiré; y me buscaréis y me hallaréis, porque me buscaréis de todo vuestro corazón».

21. Temblaremos delante de Él

Salmos 114.7: «A la presencia de Jehová tiembla la tierra, a la presencia del Dios de Jacob».

22. Y seremos librados de nuestros enemigos por Él

Salmos 31.20: «En lo secreto de tu presencia los esconderás de la conspiración del hombre; los pondrás en un tabernáculo a cubierto de contención de lenguas».

¿Qué le pareció esta lista de veintidós beneficios y bendiciones que podemos tener si descubrirnos el secreto de la intimidad con Dios por medio de la oración? Hemos sido llamados a descubrir, experimentar, vivir y disfrutar de este secreto de la intimidad y de la comunión con Dios, con Jesucristo y con el Espíritu Santo. Muchísimos cristianos la conocen aunque, desafortunadamente, muchos otros no tienen ni idea de lo que esto significaría para sus vidas espirituales si llegaran a tenerlo. Tristemente poseer esta intimidad es el anhelo de millones de cristianos que todavía no la tienen, pero felizmente para otros millones es la realidad diaria de sus vidas porque han conocido el secreto de ésta dulce intimidad con la Santísima Trinidad. Lo mismo sucede con los ministros. Muchos de ellos, por tantas ocupaciones que el ministerio les impone, no tienen «tiempo» para estar en la presencia de Dios, o quizás muchos ni aun «viven» en la presencia de Dios. Por otro lado, muchos ministros aunque están muy ocupados, encuentran el tiempo para estar y vivir en la presencia de Dios porque han descubierto el secreto de la oración y del gozo de lo que es permanecer en la intimidad y comunión con Dios. Yo, como ministro evangelista que soy, reconozco la gran dificultad de sacar un tiempo diario para estar en oración debido a tantos viajes que tengo tanto nacional como internacionalmente. Pero en casa y en mi cuarto de hotel hago un esfuerzo por pasar un tiempo diario con Dios. Siempre se ha dicho que los pastores locales tienen más tiempo para orar y los evangelistas viajan mucho y disponen de menos tiempo, pero yo he conocido a pastores muy ocupados con iglesias grandes que apartan tiempo para orar aunque les es muy difícil, y he visto evangelistas que no viajan tanto y no sacan el tiempo suficiente para orar aunque tienen más tiempo a su favor. El problema no es el tiempo, sino el deseo de buscar al Señor y descubrir el secreto de su presencia, intimidad y comunión.

CAPÍTULO 9

El secreto de oír la voz de Dios

*PORQUE ¿QUIÉN ESTUVO EN EL secreto de Jehová, y vio, y oyó su palabra?
¿Quién estuvo atento a su palabra, y la oyó? Pero si ellos hubieran estado en mi
secreto, habrían hecho oír mis palabras a mi pueblo.* (Jeremías 23.18, 22)

En 2 Crónicas 6.20, en la oración de dedicación del templo que hizo el rey
Salomón, leemos: «Que tus ojos estén abiertos sobre esta casa de día y de noche,
sobre el lugar del cual dijiste: Mi nombre estará allí; que oigas la **oración** con
que tu siervo ora en este lugar». En el hebreo, la palabra que aquí se traduce
oración es **tephillah**, que equivale a súplica e intercesión. **Tephillah** aparece más
de setenta y cinco veces en el Antiguo Testamento, 32 de ellas en los Salmos. En
la referencia de 2 Crónicas, se les adjudica un significado especial a las oraciones
ofrecidas desde el templo en Jerusalén, porque Dios protegía esa casa de oración
de día y de noche. De **tephillah** viene la palabra **tephilin**, que designa las tiras de
cuero que se ponen en los brazos los judíos devotos cuando se disponen a orar.
Desde su creación, la Palabra dice que el hombre oía la voz de Dios diariamente
cuando éste le venía a visitar en el huerto. Después de la caída, esa comunión
fue interrumpida por la desobediencia, y como consecuencia vino el pecado, la
enfermedad y, por último, la muerte. Entonces el hombre intentó hablar con su
Creador y oír su voz estableciéndose así la oración como una vía de comunicación entre Dios y la raza humana. Cuando se construyó el templo y Salomón lo
inauguró, Dios lo llamó «casa de oración». Dios, ahora, en el nuevo pacto por
medio de la sangre de Cristo, no tiene un templo, pues el templo donde habita
el Espíritu somos usted y yo; por lo tanto, somos la «casa de oración» donde
hablamos a Dios y oímos su voz por medio del secreto de la oración eficaz.

Nosotros, como el templo espiritual que somos de Dios, podemos oír su voz en nuestro interior de muchas maneras: en la adoración por medio de la alabanza, en el templo, en nuestras iglesias, en nuestros cultos públicos. Damaris, Kathryn, Joshua y yo fuimos grandemente bendecidos por medio de la alabanza durante la campaña en que ministré la Palabra en Miami, Florida, del 17 al 19 de agosto de 2007 en la iglesia de los pastores Emilio y Raquel Batista. En ese templo hay una fuerte presencia de Dios y ellos poseen un equipo de alabanza y de adoración impresionante. Dios nos habló a través de ellos de una manera increíble. Una canción en especial fue sobresaliente para nosotros que cantamos durante esos días. La letra dice así:

Dios no rechaza oración,
oración es alimento
Nunca vi a un justo sin respuesta,
O quedarse en sufrimiento
Basta solamente esperar
Lo que Dios irá a hacer
Cuando Él levanta sus manos
Es hora de vencer
Oh, alaba, simplemente alaba
¿Estás llorando? Alaba

En la prueba, alaba
¿Estás sufriendo? Alaba
No importa, alaba
Tu alabanza Él escuchará.

Dios va al frente abriendo caminos
Quebrando cadenas sacando espinas
Manda sus ángeles contigo a luchar
Él abre puertas nadie puede cerrar

Él trabaja para los que confían
Camina contigo de noche y de día
Levanta tus manos tu victoria llegó
Comienza a cantar y

Alaba a Dios, alaba a Dios, alaba a Dios

La gente necesita entender
Lo que Dios está hablando
Cuando Él queda en silencio
Es porque está trabajando

Basta solamente esperar
Lo que Dios irá a hacer
Cuando Él extiende sus manos
Es hora de vencer.

¡Cómo nos bendijo con esta canción! Quedamos marcados para siempre y fuimos llenos de la presencia de Dios al alabar al Señor juntamente con toda esa hermosa iglesia. Esta campaña, que fue coordinada por el hermano Levy Montes de Oca fue un éxito extraordinario con muchas personas salvadas, muchas personas sanadas y muchos creyentes recibiendo la llenura del Espíritu Santo. A todos los que estuvimos en esa campaña Dios nos dio una gran victoria. Recuerde que cuando Dios habló al rey Josafat de Judá, éste obtuvo una gran victoria contra un gran ejército enemigo que había venido contra él. Y esa victoria se alcanzó por medio de la alabanza, mientras salían para la guerra. Lea 2 Crónicas capítulo 20 y vea lo que Dios hizo cuando Judá empezó a alabar al Señor y lo que significa y representa el poder de la alabanza y de la adoración cuando se hacen de una manera correcta y en la unción del Espíritu. Josafat y Judá vencieron y la misma victoria podemos recibir nosotros. Dios nos habla por medio de la alabanza mientras le adoramos con nuestros corazones llenos de su presencia y nuestras manos levantadas. ¡Oh cuán importantes son la alabanza y la adoración en nuestros cultos públicos de nuestras iglesias, en las campañas y en los eventos! Realmente el pueblo de Dios necesita entender y comprender lo que Él está diciendo a nuestras vidas y de qué manera lo hace. Dios habla de distintas maneras como todos sabemos, una de ellas es por medio de la alabanza y la adoración, pero en este capítulo solamente nos centralizaremos en tres áreas muy importantes que veremos adelante. Dios quiere hablarnos porque ese es su deseo y voluntad. Todo lo que tenemos que hacer es saber identificar su voz y entender la manera en que nos habla.

Cuenta una vieja leyenda que una noche en que tres hombres estaban cruzando un desierto a caballo cuando se acercaban a un riachuelo seco escucharon una voz que les ordenó desmontarse, recoger unas piedras, ponérselas en los bolsillos, y no mirarlas sino hasta la mañana siguiente. La voz les dijo que si obedecían iban estar alegres y tristes a la misma vez. Luego de hacer lo que se les indicó, los tres montaron en sus caballos y siguieron su camino. Cuando empezaban a salir los primeros rayos de sol, los hombres metieron sus manos en los bolsillos para sacar las piedras. Para su gran sorpresa, vieron que se habían transformado en diamantes, rubíes y otras gemas preciosas. Fue entonces cuando se dieron cuenta del significado de las palabras de que estarían alegres y tristes a la vez. Estaban alegres por haber recogido las piedras convertidas en gemas, pero tristes, por no haber recogido más. A nosotros nos ocurre lo mismo: Dios nos ha prometido a través de muchas maneras distintas, que nos bendecirá aun más de lo que podamos pedir o imaginar; que Él tiene mucho más que darnos, pero desafortunadamente nos conformamos con lo poco que hemos recibido espiritualmente. Sin embargo, por medio de la oración eficaz, al oír su voz podremos hacer real esta promesa del Señor y creer lo que dijo el apóstol Pablo en Efesios 3.20: «Y a aquel que es poderoso para hacer todas las cosas mucho más abundantemente de lo que pedimos o entendemos, según el poder que actúa en nosotros». Es por medio de oír la voz de Dios y de su dirección que seremos partícipes de sus bendiciones en todas las áreas de nuestras vidas.

La voz de Dios se oye a través de la oración

Job 33.14-19: «Sin embargo, en una o en dos maneras habla Dios; pero el hombre no entiende. Por sueño, en visión nocturna, cuando el sueño cae sobre los hombres, cuando se adormecen sobre el lecho, entonces revela al oído de los hombres, y les señala su consejo, para quitar al hombre de su obra, y apartar del varón la soberbia. Detendrá su alma del sepulcro, y su vida de que perezca a espada. También sobre su cama es castigado con dolor fuerte en todos sus huesos». (Otra traducción dice así del versículo 19: «Aún en la enfermedad habla Dios pero el hombre no entiende».) El Dios Todopoderoso realmente nos habla de muchas maneras diferentes, entre ellas, con voz audible, por sus profetas, por sueño, por visión, a través de una canción, por sus dones como profecía, revelación, por sus juicios y castigos, a través de su creación, de la naturaleza, de nuestra conciencia, por un consejo, por la disciplina, por las aflicciones, por la predicación, por la enfermedad, por el dolor causado por algún acontecimiento, y por cualesquiera otras maneras que Él escoja hacerlo. En este capítulo nos centralizaremos en tres maneras en que Dios nos habla a específicamente a nosotros como cristianos: por medio de la oración, por medio del ayuno y por medio de su Palabra, la Biblia.

Cuando Herodes se levantó a perseguir a la iglesia primitiva y puso a Pedro en la cárcel, la Biblia dice que la iglesia oraba incansablemente por él. Hechos 12.12: «Muchos estaban reunidos orando». El resultado fue que un ángel sacó a Pedro de la prisión. La oración tiene poder y Dios nos habla por medio de ella. Santiago 5.16b: «La oración eficaz del justo puede mucho». Cuando oramos, Dios nos oye y nosotros podemos oír su voz. Proverbios 15.8 afirma lo mismo: «Mas la oración de los rectos es su gozo». Si es su gozo es porque nos habla y podremos disfrutar al oír su voz en oración. Salmos 62.11: «Una vez habló Dios; dos veces he oído esto: Que de Dios es el poder». ¡Dios habla! Job 4.12-13: «Mas mi oído ha percibido algo de ello. En imaginaciones de visiones nocturnas, cuando el sueño cae sobre los hombres». Elifaz el temanita había dicho: «Mi oído ha percibido», o en otras palabras, «mi oído ha escuchado». Seguramente fue por medio de la oración que Dios le contestó al darle revelaciones y visiones. Jesús dice en Lucas 14.35: «El que tiene oídos para oír, oiga», por lo tanto usted y yo somos llamados a oír la voz de Dios en oración. Igualmente, Jesús dice en Marcos 8.18: «¿Y teniendo oídos no oís?» Lamentablemente muchos no oyen a Dios porque no le buscan en oración. El Señor Jesús mismo oraba continuamente y oía la voz de Dios, Marcos 1.35: «Levantándose muy de mañana, siendo aún muy oscuro, salió y se fue a un lugar desierto, y allí oraba». Marcos 6.46: «Y después que los hubo despedido, se fue al monte a orar». Y, por último, Lucas 6.12: «En aquellos días él fue al monte a orar, y pasó la noche orando a Dios». *Jesús* nos dio el ejemplo. Él oraba a su Padre y éste le contestaba como lo vemos claramente a lo largo de todo el libro de Juan.

Éxodo 20.22: «Y Jehová dijo a Moisés: Así dirás a los hijos de Israel: Vosotros habéis visto que he hablado desde el cielo con vosotros». De igual manera Dios hoy habla con nosotros y oímos su voz por medio de la oración cuando nuestras plegarias penetran los cielos del Altísimo. Moisés, haciendo referencia a esto, dijo al pueblo en Deuteronomio 4.33: «¿Ha oído pueblo alguno la voz de Dios, hablando de en medio del fuego, como tú la has oído, sin perecer?» De la misma forma en nuestros días podremos oír la voz de Dios en medio del fuego del Espíritu a través de la oración.

En Deuteronomio 5.23-27 Moisés recuerda al pueblo: «Y aconteció que cuando oísteis la voz de en medio de las tinieblas, y visteis al monte que ardía en fuego, vinisteis a mí, todos los príncipes de vuestras tribus, y vuestros ancianos, y dijisteis: He aquí Jehová nuestro Dios nos ha mostrado su gloria y su grandeza, y hemos oído su voz de en medio del fuego; hoy hemos visto que Jehová habla al hombre, y éste aún vive. Ahora, pues, ¿por qué vamos a morir? Porque este gran fuego nos consumirá; si oyéremos otra vez la voz de Jehová nuestro Dios, moriremos. Porque ¿qué es el hombre, para que oiga la voz del Dios viviente que habla de en medio del fuego, como nosotros la oímos, y aún viva? Acércate tú, y oye todas las cosas que dijere Jehová nuestro Dios; y tú nos dirás todo lo que Jehová nuestro Dios te dijere, y nosotros oiremos y haremos». Dios habló al pueblo de Israel y a Moisés con su voz audible en el desierto, y hoy, en el nuevo pacto y en la nueva alianza hecha por Cristo, Dios habla a nosotros su pueblo, la iglesia, por medio de la oración, sea privada o corporativa.

Haciendo mención a la voz de Dios en el desierto, Nehemías dice: «Y sobre el monte de Sinaí descendiste, y hablaste con ellos desde el cielo» (Nehemías 9.13). De la misma manera, Dios nos habla desde los cielos cuando en oración buscamos su presencia. En oración Dios nos habla y nos trae corrección, pues en Job 36.10-12 nos exhorta, diciendo: «Despierta además el oído de ellos para la corrección, y les dice que se conviertan de la iniquidad. Si oyeren, y le sirvieren, acabarán sus días en bienestar, y sus años en dicha. Pero si no oyeren, serán pasados a espada, y perecerán sin sabiduría». De igual manera, en Salmos 81.8 Dios llama a Israel al arrepentimiento y a la corrección: «Oye pueblo mío, y te amonestaré. Israel, si me oyeres». En oración Dios nos hablará y nos traerá la disciplina espiritual que nosotros necesitamos. Y Dios sigue hablando al buscarnos para que cambiemos nuestras acciones, pues Jeremías 26.13 nos asegura: «Mejorad ahora vuestros caminos y vuestras obras, y oíd la voz de Jehová vuestro Dios». Pero la decisión es nuestra si queremos hacer caso a la voz de Dios, pues ve a lo que relata Isaías 1.19: «Si quisiereis y oyereis, comeréis el bien de la tierra». Ezequiel 3.27 también deja claro que si deseamos obedecer su voz en oración, la opción es nuestra: «Mas cuando yo te hubiere hablado, abriré tu boca, y les dirás: Así ha dicho Jehová el Señor: El que oye, oiga; y el que no quiere oír, no oiga». La respuesta a la obediencia si hiciéramos caso a la voz de Dios está escrita en Proverbios 1.33: «Mas el que me oyere, habitará confiadamente y vivirá tranquilo, sin temor del mal». Y Dios nos invita a que sigamos sus caminos justos, Isaías 51.1,

4: «Oídme, los que seguís la justicia, los que buscáis a Jehová... Estad atentos a mí, pueblo mío, y oídme», e Isaías 55.2-3 confirma las intenciones de Dios en bendecirnos si oímos su voz en oración y le obedecemos: «Oídme atentamente, y comed del bien, y se deleitará vuestra alma con grosura. Inclinad vuestro oído, y venid a mí; oíd, y vivirá vuestra alma». En Job 42.5, el penitente Job reconoce que Dios habla: «De oídas te había oído; mas ahora mis ojos te ven», y en Isaías 40.21-22 el profeta deja claro que Dios habla: «¿No sabéis? ¿No habéis oído? ¿Nunca os han dicho desde el principio? ¿No habéis sido enseñados desde que la tierra se fundó? Él está sentado sobre el círculo de la tierra». Dios está sentado en su trono y nos habla por medio de la oración. Y, finalmente, en Job 33.26, Eliú nos dice que el Señor se deleita cuando oramos a Él: «Orará a Dios y éste le amará». Somos amados por el Todopoderoso cuando oramos.

A través de la oración podremos descubrir el secreto de oír la voz de Dios.

Cierta vez dos hermanitos estaban pasando la noche en casa de sus abuelos. A la hora de dormir, se arrodillaron al lado de sus camas para hacer sus oraciones. El menor empezó a orar en voz bien alta y con todas las fuerzas de sus pulmones, y dijo así: «Para mi cumpleaños, Señor, yo oro por una bicicleta, por un vídeo-juego y por un DVD». Su hermano, al oírlo le preguntó: «¿Por qué estás gritando en tu oración? ¡Dios no es sordo!» A lo que el hermano le contestó: «¡Dios no, pero la abuela sí!» A veces somos como este niño al pensar que Dios nos oirá por nuestra tonalidad de la voz o las muchas palabras que digamos. Dios oye aun las intenciones de nuestros pensamientos, y aun más, Él nos habla por medio de la oración y podemos oír su voz si realmente estamos dispuestos de corazón. Usted puede descubrir el secreto de oír la voz de Dios por medio de sus oraciones y verá cuán bendecido será.

La voz de Dios se oye por medio del ayuno

Damaris y yo en lo personal y también el ministerio, hemos recibido grandes bendiciones de Dios al ayunar por varias razones distintas en tiempos distintos y de maneras distintas durante nuestra vida. El ayuno está muy ligado a la oración, y la oración al ayuno. Las dos prácticas tienen un efecto poderoso cuando Dios habla a través de ellas. Yo he predicado un mensaje que ha bendecido a miles de personas alrededor del mundo titulado «El poder y el resultado del ayuno». En el cual señalo que el creyente podrá obtener grandes victorias si sabe cómo ayunar y cómo recibir la respuesta de parte de Dios. Usted podrá adquirir este DVD visitando nuestro sitio en la Internet: www.josueyrion.org

Las Escrituras están llenas de ejemplos de personas que ayunaron y cómo Dios les contestó. Aquí, sin embargo, sólo citaré algunos.

Éxodo 19.19: «El sonido de la bocina iba aumentando en extremo; Moisés hablaba, y Dios le respondía con voz tronante». Moisés tuvo el gran privilegio de oír la voz de Dios de muchas maneras diferentes y las Escrituras dicen que Dios hablaba con él cara a cara. Una de estas maneras fue por medio del ayuno.

Éxodo 34.28: «Y él estuvo allí con Jehová cuarenta días y cuarenta noches; no comió pan, ni bebió agua; y escribió en tablas las palabras del pacto, los diez mandamientos». Después que Moisés hubo roto las tablas originales de la ley que Dios mismo había escrito con su dedo (véase Éxodo 31.18), subió al monte Sinaí y allí oyó la voz del Señor en ayuno para volver a escribir las palabras del pacto con Israel, (véase Éxodo 34.1 y Deuteronomio 10.4).

En 1 Samuel 7.6, 8, cuando Samuel empezó a juzgar al pueblo de Israel, una de sus primeras acciones fue proclamar ayuno: «Y se reunieron en Mizpa, y sacaron agua, y la derramaron delante de Jehová, y ayunaron aquel día… Entonces dijeron los hijos de Israel a Samuel: No ceses de clamar [orar] por nosotros a Jehová nuestro Dios, para que nos guarde de las manos de los filisteos» (añadido e itálicas del autor). El versículo 9 dice: «…y clamó Samuel a Jehová por Israel, y Jehová le oyó». Véase ahora en el versículo 10 la respuesta del Señor y como Él habló a Israel y le trajo la victoria sencillamente porque aquel día ellos ayunaron y consagraron sus vidas a Él: «…los filisteos llegaron para pelear con los hijos de Israel. Mas Jehová tronó aquel día [¿Cuál día? ¡El día del ayuno!] con gran estruendo sobre los filisteos, y los atemorizó y fueron vencidos delante de Israel» (añadido e itálicas del autor). Dios no solamente habló a Israel por medio del trueno sino que también les dio la victoria contra sus enemigos.

Todos nosotros conocemos la historia de cómo Dios libró a Israel de la aniquilación que fue tramada por Amán, el enemigo de los judíos, por medio del ayuno de la reina Ester, de Mardoqueo y de los judíos. La Escritura nos dice en Ester 4.15-16: «Y Ester dijo que respondiesen a Mardoqueo: Vé y reúne a todos los judíos que se hallan en Susa, y ayunad por mí, y no comáis ni bebáis en tres días, noche y día; yo también con mis doncellas ayunaré igualmente, y entonces entraré a ver al rey, aunque no sea conforme a la ley; y si perezco, que perezca». La Escritura dice que después de eso Dios libró a su pueblo Israel de la destrucción que estaba planeada contra ellos.

De igual manera, cuando un poderosísimo ejército de Amón, Moab y los del monte de Seir invadió Judá para destruirla, la Biblia dice que el pueblo buscó a Jehová en ayuno. 2 Crónicas 20.3: «Entonces él tuvo temor; y Josafat humilló su rostro para consultar a Jehová, e hizo pregonar ayuno a todo Judá». Y Dios habló por medio del ayuno según nos lo relatan los versículos 14 y 15: «Y estaba allí Jahaziel… sobre el cual vino el Espíritu de Jehová en medio de la reunión [*donde estaban ayunando*]; y dijo: Oíd, Judá todo, y vosotros moradores de Jerusalén, y tú rey Josafat. Jehová os dice así: No temáis ni os amedrentéis delante de esta multitud tan grande, porque no es vuestra la guerra sino de Dios» (añadido e itálicas del autor). Y el Señor les trajo la victoria como lo relatan los versículos 22 y 23: «Y cuando comenzaron a entonar cantos de alabanza, Jehová puso contra los hijos de Amón, de Moab y del monte de Seir las emboscadas de ellos mismos que venían contra Judá, y se mataron los unos a los otros». Aquí la alabanza, juntamente con el ayuno y la oración, jugaron un papel muy importante en la victoria que Dios concedió a Judá. El versículo 27 expresa lo que ellos sintieron: «Y todo Judá y los de Jerusalén, y Josafat a la cabeza de ellos, volvieron para regresar a Jerusalén gozosos, porque Jehová les había dado gozo librándolos de sus enemigos». Lo mismo sucederá con nosotros al orar y ayunar. El Señor nos hablará y nos traerá su bendición y la victoria.

Daniel oró y ayunó y Dios le habló revelándole grandes cosas y profecías muy importantes. Daniel 9.3: «Y volví mi rostro a Dios el Señor, buscándole en oración y ruego, en ayuno, cilicio y ceniza». Y Dios le respondió como lo afirman los versículos 20 al 23: «Aún estaba hablando y orando… y derramaba mi ruego delante de Jehová… cuando el varón Gabriel… me hizo entender y habló conmigo, diciendo: Daniel, ahora he salido para darte sabiduría y entendimiento… y he venido para enseñártela…». ¡Daniel oró y ayunó y Dios le contestó! De la misma manera, Esdras proclamó ayuno para buscar la dirección del Señor. Esdras 8.21: «Y publiqué ayuno allí junto al río Ahava, para afligirnos delante de nuestro Dios, para solicitar de él camino derecho para nosotros, y para nuestros niños, y para todos nuestros bienes». Y, según el versículo 23 Dios le contestó: «Ayunamos, pues, y pedimos a nuestro Dios sobre esto, y él nos fue propicio». Igualmente, Dios nos ayudará y será benévolo con nosotros al orar y ayunar en su presencia. David también ayunaba. Salmos 109.24: «Mis rodillas están debilitadas a causa del ayuno, y mi carne desfallece por falta de gordura». Y todos ya sabemos cómo Dios le hablaba a David y las muchísimas victorias que el Todopoderoso le dio durante toda su vida. Sabemos por las Escrituras que Jesús oró y ayunó por cuarenta días y Dios le contestó y fue con Él. Hechos 10.30 dice que Cornelio, antes de ser el primer gentil convertido, ayunó y oró, y Dios le contestó: «Entonces Cornelio dijo: Hace cuatro días que a esta hora yo estaba en ayunas; y a la hora novena, mientras oraba en mi casa, ví que se puso delante de mí un varón con vestido resplandeciente, y dijo: Cornelio, tu oración ha sido oída, y tus limosnas han sido recordadas delante de Dios». Dios nos hablará de la misma forma y nos dejará saber su voluntad con nosotros. El gran apóstol Pablo ayunó varias veces y en 2 Corintios 6.5, al referirse a las marcas de su ministerio, dice: «…en azotes, en cárceles, en tumultos, en trabajos, en desvelos, en ayunos…». Y nuevamente en 2 Corintios 11.27 menciona el ayuno junto a una lista de sufrimientos que él pasó por el Señor: «…en trabajo y fatiga, en muchos desvelos, en hambre y sed, en muchos ayunos, en frío y en desnudez». Y finalmente, Dios nos llama al ayuno para que oigamos su voz, tanto en forma individual o como pueblo de Dios. Joel 1.14 y 2.15: «Proclamad ayuno, convocad a asamblea; congregad a los ancianos y a todos los moradores de la tierra en la casa de Jehová vuestro Dios y clamad a Jehová. Tocad trompeta en Sion, proclamad ayuno, convocad asamblea». Este es el deseo de Dios para nosotros. Oiremos su voz al hacerlo, pues, como dice Zacarías 8.19 el ayuno es motivo de bendición y regocijo para nosotros: «Así ha dicho Jehová de los ejércitos: El ayuno del cuarto mes, el ayuno del quinto, el ayuno del séptimo, y el ayuno del décimo, se convertirán para la casa [*para nosotros, su iglesia*] de Judá en gozo y alegría, y en festivas solemnidades…» (añadido e itálicas del autor).

Para nuestra cruzada en Kumasi, Ghana, África Occidental en 2001, tuvimos, al igual que en la India y en otras partes del mundo, mucha oposición por parte del reino de las tinieblas. Habíamos orado y ayunado por este evento y sabíamos que Dios estaría con nosotros. El continente africano posee una gran influencia demoníaca y las fuerzas satánicas actúan allí fuertemente al igual que en el continente asiático. La cruzada fue de gran éxito. (También está en DVD y se puede adquirir por la Internet.) Una vez finalizada la campaña y cuando regresábamos de Accra, la capital de Ghana para hacer un cambio de avión en Abiján, la capital de Costa de Marfil, para seguir hacia París y de allí a Los Ángeles, sucedió algo muy interesante. Damaris tuvo una visión espiritual según la cual el diablo estaba planeando derribar el avión. Ella tiene el don del discernimiento en la esfera del mundo espiritual y es una mujer con una vida de oración diaria y con gran conocimiento de la Palabra y habilidad de discernir las cosas del Espíritu. Cuando estábamos a punto de despegar, vi que estaba orando con la cabeza inclinada y los ojos cerrados. Junior estaba sentado a mi lado y Kathryn al lado de ella. De pronto, abrió los ojos y nos dijo: «El Señor me acaba de mostrar en visión que debido a que una pieza del avión tenía problemas, el avión se venía abajo y vi una gran explosión y que el aparato se envolvía en una bola de fuego. Vamos a orar y a reprender al diablo porque va a intentar derribar este avión con nosotros a bordo. Vamos a hacerlo con sabiduría y discernimiento y ataremos toda fuerza diabólica que intente hacernos daño». Los niños quedaron sorprendidos y nerviosos, pero cerraron sus ojitos y oraron con nosotros. Joshua tenía siete añitos y Kathryn nueve. Y oramos en la unción del Espíritu. Recuerde que ya habíamos ayunado con anterioridad a la campaña para que Dios nos guardara en nuestra ida y en nuestro regreso. Damaris oró primero con mucha sabiduría y discernimiento y nosotros concordábamos con ella. Después oré yo con poder basado en esta revelación espiritual y citando las Escrituras até todo espíritu de las tinieblas que intentaría derribar la nave. Katita y Junito mantenían sus ojitos cerrados y oraban en lo que ellos hasta entonces sabían orar y entender. La gente nos miraba sin comprender que estábamos salvando sus vidas y de paso las nuestras también. Después de la oración tuvimos paz. Pasado un tiempo, el piloto anunció que tardaríamos en salir, pues acababan de darse cuenta que habían descubierto una pieza que estaba rota en el motor del avión. ¿Usted ve? Si Dios no hubiera dado la visión a Damaris para que oráramos, los mecánicos no hubieran encontrado el defecto de la pieza que estaba rota. Fue el discernimiento espiritual de Damaris y el resultado del ayuno y la oración que nos salvó a todos aquél día. Después de bastante tiempo, arreglaron o cambiaron la pieza del avión y nos fuimos a salvo para Abijan, en África occidental. Tuvimos esta victoria por el resultado del discernimiento y de una oración de poder basada en la revelación espiritual del Señor por medio de una visión a mi esposa. Fuimos librados debido al poder del ayuno y de la oración que habíamos hecho con anterioridad.

Por medio del ayuno podremos descubrir el secreto de oír la voz de Dios y de recibir su respuesta de la manera que Él escoja hablarnos. En este caso fue una visión; en otras pueden ser formas diferentes, incluyendo su voz audible.

La voz de Dios se oye al escudriñar las Escrituras

Moisés dijo que Dios levantaría a un profeta, o sea a Cristo, el Verbo encarnado, y que a través de Él nos hablaría. Deuteronomio 18.15: «Profeta de en medio de ti, de tus hermanos, como yo, te levantará Jehová tu Dios; a él oiréis». Y en los versículos 17 y 18 Dios confirmando la promesa de Dios, Moisés dice: «Y Jehová me dijo: Han hablado bien en lo que han dicho. Profeta les levantaré de en medio de sus hermanos, como tú; y pondré mis palabras en su boca, y él les hablará todo lo que yo le mandare». Por lo tanto Dios nos habla, y podemos oír su voz en la oración, por medio del ayuno y también al escudriñar las Escrituras. Cuando Samuel era aún muchacho y estaba en el templo sirviendo al Señor, la Biblia dice en 1 Samuel 3.1: «El joven Samuel ministraba a Jehová en presencia de Elí; y la Palabra de Jehová escaseaba en aquellos días; no había visión con frecuencia». En otras palabras, Dios no estaba hablando más a su pueblo como en el pasado y como había hablado a Moisés. Y dice el versículo 4: «Jehová llamó a Samuel; y él respondió: Heme aquí». Sólo que Samuel fue a Elí, pues pensó que era él quien lo había llamado. Samuel aún no conocía la voz de Dios, pues el versículo 7 dice: «Y Samuel no había conocido aún a Jehová, ni la palabra de Jehová le había sido revelada». Elí se dio cuenta que era Dios que hablaba al muchacho por lo que le dijo cómo tendría que responder la próxima vez que oyera la voz. Versículo 10: «Y vino Jehová y se paró, y llamó como las otras veces: ¡Samuel, Samuel! Entonces Samuel dijo: Habla, porque tu siervo oye». De igual manera, nosotros necesitamos que Dios nos enseñe a oír su voz por medio de su Palabra. Samuel aprendió y fue un gran hombre de Dios, profeta y sacerdote. Dios dijo por medio de Samuel que Saúl debería destruir a Amalec, pero Saúl desobedeció la orden del Señor. Y en 1 Samuel 15.19 Samuel dice al rey: «¿Por qué, pues, no has oído la voz de Jehová, sino que vuelto al botín has hecho lo malo ante los ojos de Jehová?» Los versículos 22 y 23 explican la razón de la desobediencia de Saúl: «Y Samuel dijo: ¿Se complace Jehová tanto en holocaustos y víctimas, como en que se obedezca a las palabras de Jehová?... Por cuanto tú desechaste la palabra de Jehová, él también te ha desechado para que no seas rey». Saúl había desobedecido la voz de Dios que había hablado por medio de su Palabra a través de Samuel. Usted puede oír la voz de Dios por medio de la Palabra y la opción es suya si obedece o no.

Cuando Elías estaba huyendo de Jezabel, se metió en una cueva para esconderse y allí Dios le habló. 1 Reyes 19.9: «Y vino a él palabra de Jehová, el cual le dijo: ¿Qué haces aquí, Elías?» Así como el profeta oyó la voz de Dios, permita de igual manera que Dios le hable por medio de su Palabra escrita, al leer y meditarla y quizás también le pregunte: «¿Qué estás haciendo aquí?» Si andamos en su perfecta voluntad no huiremos de delante de las circunstancias adversas que nos rodean ni nos sobrevendrá el temor y la incertidumbre tales que nos hagan olvidar de lo que Dios ha hecho anteriormente. ¿No es increíble que después de la gran victoria que Elías tuvo al aniquilar a los profetas de Baal, haya huido de una mujer? 1 Reyes 19.1 nos dice lo que sucedió: «Acab dio a Jezabel la nueva de todo lo que Elías había hecho, y de cómo había matado a espada a todos los profetas».

Manténgase usted oyendo la voz de Dios por medio de su Palabra y no retroceda ante del peligro. Recuerde que lo que Dios hizo ayer por usted lo hará también hoy.

Cierta vez un padre estaba hablando con su hijo sobre su primer año en la universidad. Y se produjo el siguiente diálogo:

—¿Cómo están yendo las cosas por la universidad, hijo?

—¡Bien!

—¿Y es bueno el cuarto donde duermes?

—¡Es bueno!

—¿Y como te está yendo en los estudios?

—¡Bien!

—¿Y ya decidiste en qué te especializarás?

—¡Si!

—¿Y qué estudiarás?

—¡Comunicación!

¡Imagínese! El muchacho quería estudiar comunicación y no tenía ningún interés de comunicarse con su padre. Así somos nosotros muchas veces. Dios quiere mantener un diálogo con nosotros por medio de su Palabra, pero no estamos interesados o no queremos hacerlo. Dios, como un Padre interesado, nos busca para hablarnos a través de su Palabra y revelarnos grandes cosas, pero muchos de nosotros no queremos que nos hable, nos corrija, nos exhorte, nos discipline y nos enseñe para nuestro beneficio.

Dios quiere hablarnos por medio de su Palabra. Jeremías 6.10: «¿A quién hablaré y amonestaré, para que me oigan? He aquí que sus oídos son incircuncisos y no pueden escuchar; he aquí que la palabra de Jehová les es cosa vergonzosa, no la aman». Desdichadamente, muchos cristianos no aman las Escrituras, no las conocen y mucho menos las aplican a sus vidas y, por consiguiente, Dios no puede hablarles. En Isaías 66.5 Dios busca que pongamos en práctica sus palabras: «Oíd palabra de Jehová, vosotros los que tembláis a su palabra». Jesús mismo habló de la necesidad de oír la Palabra y cumplirla, Lucas 11.28: «Y él dijo: Antes bienaventurados los que oyen la palabra de Dios, y la guardan», y en Juan 14.24: «Y la palabra que habéis oído no es mía, sino del Padre que me envió», y también en Juan 8.47: «El que es de Dios, las palabras de Dios oye». ¿Cómo vamos a oír a Dios? ¡A través de su Palabra! Jeremías, hablando al rey Sedequías antes de la caída de Jerusalén ante Babilonia, le dijo en el capítulo 38.20-21: «Oye ahora la voz de Jehová que yo te hablo, y te irá bien y vivirás…, esta es la palabra que me ha mostrado Jehová». Antiguamente, Dios hablaba por sus profetas. Hoy, en ocasiones especiales, nos habla a través del don de la profecía, pero nos puede hablar a todos diariamente por medio de su Palabra. ¿Cuál es la Palabra que el Señor le ha hablado a su vida? Saúl empezó bien como rey. Fue Dios mismo que lo ungió y las Escrituras dicen que le indicó a Samuel que él, Saúl, sería el rey. Según 1 Samuel 9.27 el profeta le habló a Saúl y le dijo: «Espera tú un poco para que te declare la palabra de Dios». ¿Qué nos ha declarado Dios hoy por medio de su Palabra? Ezequiel 33.7 nos lo deja saber: «A ti, pues, hijo de hombre, te he puesto por atalaya a la casa de Israel, y oirás la palabra de mi boca y los amonestarás de mi parte». La Biblia hoy en día es la boca de Dios que nos habla por su Espíritu al nosotros escudriñarla y conocerla.

¡Dios habló ayer y Dios habla hoy!

En Deuteronomio 4.12 Moisés dice: «Y habló Jehová con vosotros de en medio del fuego; oísteis la voz de sus palabras, mas a excepción de oír la voz, ninguna figura visteis». Hoy bajo el nuevo pacto, Dios nos habla en medio del fuego del poder del Espíritu Santo y oímos sus palabras por medio de las Sagradas Escrituras. El profeta Habacuc (3.2) dice: «Oh, Jehová, he oído tu palabra, y temí». Todo lo que Dios había prometido a Israel por su palabra lo cumplió. Josué 21.45 afirma: «No faltó palabra de todas las buenas promesas que Jehová había hecho a la casa de Israel; todo se cumplió». ¡Lo mismo hará Dios por nosotros! Si Él le dio una palabra directa por medio de las Escrituras, un *rhema*, una palabra revelada, la cumplirá. ¡Espere! Josué al final de su vida, recuerda a Israel lo que Dios había hecho, (véase Josué 23.14). En Jeremías 17.15 dice el profeta: «He aquí que ellos me dicen: ¿Dónde está la palabra de Jehová? ¡Que se cumpla ahora!» En su tiempo, cuando Él quiera y disponga, Dios cumplirá su palabra con usted y conmigo. Lo cierto es que Él la cumplirá. Salmos 68.11 nos dice: «El Señor daba palabra…». Hoy, de igual manera Él nos da palabra, oímos su voz por medio de la Palabra escrita, pues nuevamente Salmos 105.42 se cumplirá en nuestras vidas cuando dice: «Porque se acordó de su santa palabra dada a Abraham su siervo». Lo que Dios nos prometió por medio de Su Palabra Él hará. Lo hizo ayer a otros lo hará a nosotros hoy. ¿Por qué Él hará lo mismo hoy en nosotros? Salmos 119.89 nos da la respuesta: «Para siempre oh Jehová, permanece tu palabra en los cielos». Su Palabra es eterna, no cambia. Isaías 40.8: «Sécase la hierba, marchítase la flor, mas la palabra del Dios nuestro permanece para siempre». 1 Pedro 1.23: «…por la palabra de Dios que vive y permanece para siempre».

Necesitamos esta Palabra como alimento espiritual diario. Salmos 119.116: «Susténtame conforme a tu palabra, y viviré…». Viviremos al oír la voz de Dios por medio de su Palabra. Lucas 5.1 dice que la gente deseaba oír la voz de Dios por medio de la Palabra que Cristo predicaba: «Aconteció que estando Jesús junto al lago de Genesaret, el gentío se agolpaba sobre él para oír la palabra de Dios». Esta debe ser nuestra actitud. Querer que Dios nos hable por medio de su Palabra. Fue de esta manera que fuimos salvos, al oír la voz de Dios por su Palabra. Filipenses 1.13: «En él también vosotros, habiendo oído la palabra de verdad, el evangelio de vuestra salvación, y habiendo creído en él…». Fue por oír la Palabra, la voz de Dios a través de ella que Cristo nos redimió del pecado. De esta manera crecerá nuestra fe, pues es por escuchar la voz de Dios por medio de la Palabra que nuestra fe es añadida, pues Romanos 10.17 lo confirma: «Así que la fe es por el oír, y el oír, por la palabra de Dios». ¡Dios habla hoy por su Palabra! Y a nosotros los ministros, Dios nos llama a oír su voz por medio de la Palabra y a nuestra vez transmitirla al pueblo. Jeremías 23.18, 22: «Porque, ¿quién estuvo en el secreto de Jehová, y vio, y oyó su palabra? ¿Quién estuvo atento a su palabra, y la oyó? Pero si ellos [*nosotros los ministros*] hubieran estado en mi secreto, habrían hecho oír mis palabras a mi pueblo, y lo habrían hecho volver de su mal camino, y de la maldad de sus obras» (añadido e itálicas del autor). Dios nos llama a nosotros sus siervos a oír su voz por medio de su Palabra y a predicarla al pueblo para que se arrepienta y vuelva al Señor.

En Jeremías 15.16 el profeta expresa su contentamiento por la Palabra del Señor: «Fueron halladas tus palabras, y yo las comí; y tu palabra me fue por gozo y por alegría de mi corazón…». Debemos comer, saborear la Palabra de Dios que será de júbilo para nosotros al oír su voz mediante el estudio de las Escrituras. Jeremías 18.1-2: «Palabra de Jehová que vino a Jeremías, diciendo: Levántate y vete a casa del alfarero, y allí te haré oír mis palabras». Si la Palabra de Dios vino a Jeremías entonces ella podrá venir a mí y a usted hoy. Dios nos hablará por su Palabra en el lugar que Él escoja y designe. Jeremías 42.7: «Aconteció que al cabo de diez días vino palabra de Jehová a Jeremías». No solamente Dios nos hablará sino que lo hará en su tiempo, cuando lo crea conveniente. Pongámonos, pues, en oración y ayuno para oír la voz de Dios por medio de su Palabra. En Lucas 3.2 también dice: «…vino palabra de Dios a Juan, hijo de Zacarías en el desierto». A nosotros la Palabra vendrá de igual manera. Quizás usted esté enfrentando un desierto espiritual, con luchas, pruebas y tribulaciones, pero tenga la certeza de que Dios le hablará por su Palabra de acuerdo con su necesidad. Debemos desear oír la Palabra del Señor, pues mire lo que dice Hechos 13.7: «…Sergio Paulo, varón prudente. Este, llamando a Bernabé y a Saulo, deseaba oír la palabra de Dios». Esta debe ser nuestra actitud como cristianos, pues muy pronto llegará el tiempo donde muchos querrán oír la Palabra de Dios y no la encontraran, Amós 8.11-12: «He aquí vienen días, dice Jehová el Señor, en los cuales enviaré hambre a la tierra, no hambre de pan, ni sed de agua, sino de oír la palabra de Jehová. E irán errantes de mar a mar; desde el norte hasta el oriente discurrirán buscando palabra de Jehová, y no la hallarán». Aquellos que desprecian la Palabra, no la leen ni la estudian, algún día se lamentarán de no haberlo hecho porque querrán tenerla y no la tendrán. Somos llamados a descubrir el secreto de oír la voz de Dios por medio de las Escrituras, la Palabra de Dios.

Dos amigos estaban caminando en las montañas. Junto a los pies de uno de ellos, iba su perro fiel. Los ojos y las orejas del animal se mantenían atentos a las órdenes y a las palabras de su amo y dueño. Durante la conversación con su amigo, el dueño del perro empezó a hacer gestos con sus brazos. De repente levantó un brazo en dirección a un barranco y dijo algunas palabras. El perro, pensando que se trataba de una orden, saltó hacia adelante casi cayendo en el precipicio. De igual manera, nosotros los cristianos deberíamos tener la capacidad de obedecer a las palabras de nuestro Señor y Salvador Jesucristo con la misma rapidez y fidelidad que este animal. Dios habla por medio de su Palabra. Tenemos que estar atento a su voz, a las órdenes que Él nos da. Las Escrituras nos hablan profundamente cuando tomamos el tiempo necesario con la disposición correcta de nuestros corazones. Podemos obtener grandes bendiciones al oír la voz de Dios por medio de la oración, del ayuno y de las Escrituras. ¿Y qué beneficios y bendiciones podremos recibir, en oración, al oír la voz de Dios?

Beneficios y bendiciones de oír la voz de Dios

1. Tendremos la visitación del Señor

Génesis 3.8: «Y oyeron la voz de Jehová Dios que se paseaba en el huerto...».

2. Seremos sanados de nuestras enfermedades por el Señor

Éxodo 15.26: «Y dijo: Si oyeres atentamente la voz de Jehová tu Dios, e hicieres lo recto delante de sus ojos, y dieres oído a sus mandamientos, y guardares todos sus estatutos, ninguna enfermedad de las que envié a los egipcios te enviaré a ti; porque yo soy Jehová tu sanador».

3. Tendremos pacto con el Señor

Deuteronomio 7.12: «Y por haber oído estos decretos y haberlos guardado y puesto por obra, Jehová tu Dios guardará contigo el pacto y la misericordia que juró a tus padres».

4. Seremos exaltados por el Señor

Deuteronomio 28.1: «Acontecerá que si oyeres atentamente la voz de Jehová tu Dios, para guardar y poner por obra todos sus mandamientos que yo te prescribo hoy, también Jehová tu Dios te exaltará sobre todas las naciones de la tierra».

5. Serviremos al Señor

Deuteronomio 13.4: «En pos de Jehová vuestro Dios andaréis; a él temeréis, guardaréis sus mandamientos y escucharéis su voz, a él serviréis, y a él seguiréis».

6. Seremos exhortados a obedecer al Señor

Salmos 95.7-8: «Si oyereis hoy su voz, no endurezcáis vuestro corazón, como en Meriba, como en el día de Masah en el desierto».

7. Andaremos en el camino correcto del Señor

Isaías 30.21: «Entonces tus oídos oirán a tus espaldas palabra que diga: Este es el camino, andad por él; y no echéis a la mano derecha, ni tampoco torzáis a la mano izquierda».

8. Peleará por nosotros el Señor

Isaías 30.30: «Y Jehová hará oír su potente voz, y hará ver el descenso de su brazo, con furor de rostro y llama de fuego consumidor, con torbellino, tempestad y piedra de granizo».

9. Temeremos al Señor

Miqueas 6.9: «La voz de Jehová clama a la ciudad; es sabio temer a tu nombre. Prestad atención al castigo, y a quien lo establece».

10. Seremos amados por el Señor

Mateo 3.17: «Y hubo una voz de los cielos, que decía: Este es mi hijo amado, en quien tengo complacencia».

11. Obedeceremos al Señor

Mateo 17.5: «Mientras él aún hablaba, una nube de luz los cubrió; y he aquí una voz desde la nube, que decía: Este es mi hijo amado, en quien tengo complacencia; a él oíd».

12. Tendremos comunión con el Señor

2 Pedro 1.18: «Y nosotros oímos esta voz enviada del cielo, cuando estábamos con él en el monte santo».

13. Así como nosotros muchas otras personas vendrán al Señor

Juan 10.16: «También tengo otras ovejas que no son de este redil; aquellas también debo traer, y oirán mi voz; y habrá un rebaño, y un pastor».

14. Seguiremos al Señor

Juan 10.27: «Mis ovejas oyen mi voz, y yo las conozco, y me siguen».

15. Seremos llamados por nombre por el Señor

Juan 10.3: «A éste abre el portero, y las ovejas oyen su voz; y a sus ovejas llama por nombre, y las saca».

16. Conoceremos al Señor

Juan 10.4 «Y cuando ha sacado fuera todas las propias, va delante de ellas; y las ovejas le siguen, porque conocen su voz».

17. Seremos de la verdad con el Señor

Juan 18.37c: «…Todo aquel que es de la verdad, oye mi voz».

18. Obedeceremos la Palabra del Señor

Juan 8.47a: «El que es de Dios, las palabras de Dios oye…».

19. Obedeceremos la doctrina de la verdad del Señor

1 Juan 4.6: «Nosotros somos de Dios; el que conoce a Dios, nos oye; el que no es de Dios, no nos oye. En esto conoceremos el espíritu de verdad y el espíritu de error».

20. Recibiremos el llamado del Señor

Hechos 7.31, 34: «Entonces Moisés, mirando, se maravilló de la visión; y acercándose para observar, vino a él la voz del Señor. Ahora, pues, ven, te enviaré a Egipto».

21. Tendremos comunión con el Espíritu del Señor

Apocalipsis 1.10: «Yo estaba en el Espíritu en el día del Señor, y oí detrás de mí una gran voz como de trompeta».

22. Tendremos comunión con el Señor

Apocalipsis 3.20: «He aquí yo estoy a la puerta y llamo; si alguno oye mi voz y abre la puerta, entraré a él, y cenaré con él, y él conmigo».

23. Recibiremos revelaciones del Señor

Apocalipsis 4.1: «Después de esto miré, y he aquí una puerta abierta en el cielo; y la primera voz que oí, como de trompeta, hablando conmigo, dijo: Sube acá, y yo te mostraré las cosas que sucederán después de estas».

24. Haremos la voluntad del Señor

Apocalipsis 10.4: «Cuando los siete truenos hubieron emitido sus voces, yo iba a escribir; pero oí una voz del cielo que me decía: Sella las cosas que los siete truenos han dicho, y no las escribas».

25. Echaremos fuera al enemigo por el poder del Señor

Apocalipsis 12.10: «Entonces oí una gran voz en el cielo, que decía: Ahora ha venido la salvación, el poder, y el reino de nuestro Dios, y la autoridad de su Cristo; porque ha sido lanzado fuera el acusador de nuestros hermanos, el que los acusaba delante de nuestro Dios día y noche».

26. Nos santificaremos para el Señor

Apocalipsis 18.4: «Y oí otra voz del cielo, que decía: Salid de ella, pueblo mío, para que no seáis partícipes de sus pecados, ni recibáis parte de sus plagas».

27. Viviremos eternamente con el Señor

Apocalipsis 21.3: «Y oí una gran voz del cielo que decía: He aquí el tabernáculo de Dios con los hombres, y él morará con ellos; y ellos serán su pueblo, y Dios mismo estará con ellos como su Dios».

28. Seremos un especial tesoro para el Señor

Éxodo 19.5: «Ahora, pues, si diereis oído a mi voz, y guardareis mi pacto, vosotros seréis mi especial tesoro sobre todos los pueblos; porque mía es toda la tierra».

29. Seremos el pueblo del Señor

Deuteronomio 4.33: «¿Ha oído pueblo alguno la voz de Dios, hablando de en medio del fuego, como tú la has oído, sin perecer?»

30. Seremos enseñados por el Señor

Deuteronomio 4.36: «Desde los cielos te hizo oír su voz, para enseñarte».

31. Seremos prosperados por el Señor

Job 36.11: «Si oyeren, y le sirvieren, acabarán sus días en bienestar, y sus años en dicha».

32. Seremos alimentados por el Señor

Isaías 1.19: «Si quisiereis y oyereis, comeréis el bien de la tierra».

33. En la naturaleza veremos las maravillas del Señor

Job 42.5: «De oídas te había oído; mas ahora mis ojos te ven».

34. Entenderemos el gran poder del Señor

Job 26.14b: «¡Y cuán leve es el susurro que hemos oído de él! Pero el trueno de su poder, ¿quién lo puede comprender?»

35. Seremos amonestados por el Señor

Salmos 81.8: «Oye, pueblo mío, y te amonestaré. Israel si me oyeres».

36. Seremos disciplinados por el Señor

Salmos 50.7: «Oye, pueblo mío y hablaré; escucha Israel, y testificaré contra ti: Yo soy Dios, el Dios tuyo».

37. Viviremos en paz con el Señor

Proverbios 1.33: «Mas el que me oyere, habitará confiadamente y vivirá tranquilo, sin temor del mal».

38. Seremos exhortados por el Señor

Jeremías 26.13a: «Mejorad ahora vuestros caminos y vuestras obras, y oíd la voz de Jehová vuestro Dios…».

39. Predicaremos a los demás de parte del Señor

Ezequiel 3.17, 27: «Hijo de hombre, yo te he puesto por atalaya a la casa de Israel; oirás, pues la palabra de mi boca, y los amonestarás de mi parte. Mas cuando yo te hubiere hablado, abriré tu boca, y les dirás: Así ha dicho Jehová el Señor: El que oye, oiga; y el que no quiera oír, no oiga; porque casa rebelde son».

40. Tendremos el deseo de escuchar el evangelio del Señor

Lucas 5.1: «Aconteció que estando Jesús junto al lago de Genesaret, el gentío se agolpaba sobre él para oír la palabra de Dios».

41. Obtendremos fe por la Palabra del Señor

Romanos 10.17: «Así que la fe es por el oír, y el oír por la palabra de Dios».

42. Somos salvos por medio de la Palabra del Señor

Efesios 1.13: «En él también vosotros, habiendo oído la palabra de verdad, el evangelio de vuestra salvación, y habiendo creído en él, fuisteis sellados con el Espíritu Santo de la promesa».

43. Aprenderemos por medio de la verdad del Señor

Efesios 4.21: «Si en verdad le habéis oído, y habéis sido por él enseñados, conforme a la verdad que está en Jesús».

44. Como Juan, tendremos nuestra propia experiencia espiritual con el Señor

1 Juan 1.1: «Lo que era desde el principio, lo que hemos oído, lo que hemos visto con nuestros ojos, lo que hemos contemplado, y palparon nuestras manos tocante al Verbo de vida».

45. Como Pablo, seremos impactados y transformados por el Señor

Hechos 9.4-7: «Y cayendo en tierra, oyó una voz que decía: Saulo, Saulo, ¿Por qué me persigues? Él dijo: ¿Quién eres, Señor? Y le dijo: Yo soy Jesús, a quien tú persigues; dura cosa te es dar coces contra el aguijón. Él, temblando y temeroso, dijo: Señor, ¿qué quieres que yo haga? Y el Señor le dijo: Levántate y entra en la ciudad, y se te dirá lo que debes hacer. Y los hombres que iban con Saulo se pararon atónitos, oyendo a la verdad la voz, mas sin ver a nadie».

46. Como Ananías, tendremos visiones del Señor

Hechos 9.10: «Había entonces en Damasco un discípulo llamado Ananías, a quien el Señor dijo en visión: Ananías. Y él respondió: Heme aquí, Señor».

47. Seremos escogidos para trabajar para el Señor

Hechos 22.14: «Y él dijo: El Dios de nuestros padres te ha escogido para que conozcas su voluntad, y veas al Justo, y oigas la voz de su boca».

48. Seremos victoriosos por medio del Señor

Apocalipsis 2.7: «El que tiene oído, oiga lo que el Espíritu dice a las iglesias. Al que venciere…». (Véase, además, Apocalipsis 2.11, 2.17, 26; 3.5, 12, 21.)

49. Evitaremos una tragedia al discernir cuando habla el Señor

Génesis 22.10-12: «Y extendió Abraham su mano y tomó el cuchillo para degollar a su hijo. Entonces el ángel de Jehová le dio voces desde el cielo, y dijo: Abraham, Abraham. Y él respondió: Heme aquí. Y dijo: No extiendas tu mano sobre el muchacho, ni le hagas nada; porque ya conozco que temes a Dios, por cuanto no me rehusaste tu hijo, tu único».

50. Tendremos la sabiduría del Señor

Jeremías 9.12a: «¿Quién es varón sabio que entienda esto? ¿y a quién habló la boca de Jehová, para que pueda declararlo?»

51. No seremos rebeldes a la Palabra del Señor

Jeremías 35.15: «Y envié a vosotros todos mis siervos los profetas, desde temprano y sin cesar, para deciros: Volveos ahora cada uno de vuestro mal camino, y enmendad vuestras obras, y no vayáis tras dioses ajenos para servirles, y viviréis en la tierra que di a vosotros y a vuestros padres; mas no inclinasteis vuestro oído, ni me oísteis».

(Véase, además, Jeremías 13.10, 26.5, 32.33, 34.14.)

52. Evitaremos carecer de discernimiento cuando nos hable el Señor

Hechos 22.9: «Y los que estaban conmigo vieron a la verdad la luz, y se espantaron; pero no entendieron la voz del que hablaba conmigo».

53. Seremos llamados a oír su voz en el secreto de la oración con el Señor

Jeremías 23.18: «Porque, ¿quién estuvo en el secreto de Jehová y vio, y oyó su palabra? ¿Quién estuvo atento a su palabra, y la oyó?»

54. Debemos permanecer oyendo su voz en el secreto de la oración con el Señor

Jeremías 23.22: «Pero si ellos hubieran estado en mi secreto, habrían hecho oír mis palabras a mi pueblo, y lo habrían hecho volver de su mal camino, y de la maldad de sus obras».

¿Qué le pareció esta lista de cincuenta y cuatro beneficios y bendiciones que podemos tener si descubrirnos el secreto de oír la voz de Dios a través de la oración, del ayuno y al escudriñar las Escrituras? El Señor nos puede hablar de muchas maneras y formas distintas, pero específicamente nos habla a nosotros los creyentes en estas tres áreas que mencionamos en este capítulo. ¿Quién no desea oír la voz de Dios? Hemos nacido para esto y es la voluntad del Señor que podamos oír su voz. Él desea que reconozcamos su voz cualquiera sea la manera en que Él nos hable. Si permanecemos en el secreto de la oración eficaz, seguramente le oiremos muchas veces durante nuestro caminar en la medida en que crezcamos espiritualmente en todas las áreas de nuestras vidas. Nuestro camino aún es muy largo y nos resta aún mucho que hacer para el Señor; y realmente necesitamos ser dirigidos por su voz para no cometer errores graves que podrían costarnos muy caro. Así como aprendió en este capítulo a oír la voz de Dios, en el siguiente y último de este libro aprenderá cómo recibir la respuesta de Dios a sus oraciones y el secreto de cómo obtener las contestaciones divinas que tanto necesita, sea para su vida espiritual, su vida personal, como para su familia, para su llamado en el ministerio y también para aquellos de nosotros que ya llevamos muchos años trabajando en la obra del Señor y que necesitamos que Dios responda a nuestras oraciones.

CAPÍTULO 10

El secreto de recibir
la contestación de Dios

Porque no hará nada Jehová el Señor, sin que revele su secreto a sus siervos los profetas. (Amós 3.7)

Isaías 48.16 nos dice claramente: «Acercaos a mí, oíd esto: desde el principio no hablé *[respondí]* en secreto; desde que eso se hizo, allí estaba yo…» (añadido e itálicas del autor). Dios no habla a las escondidas. Él revela su voluntad de manera que la podamos entender. Él contesta nuestras oraciones de una forma que sea de acuerdo a sus designios y propósitos y lo que sea mejor para nosotros, aunque muchas veces no lo entendamos así. En Isaías 45.19 Dios deja claro que su deseo es que le busquemos en oración: «No hablé en secreto, en un lugar oscuro de la tierra; no dije a la descendencia de Jacob: En vano me buscáis…». No son en vano nuestras oraciones, plegarias e intercesiones, pues es su deseo que le busquemos y Él las contestará en su tiempo. En Amós 3.7 el Señor claramente dice que nos hablará y nos contestará y nos dejará saber sus planes: «Porque no hará nada Jehová el Señor sin que revele su secreto a sus siervos los profetas». Él nos responderá y traerá una revelación y bendición a nuestras vidas porque así lo prometió en su Palabra. Salmos 81.7b: «…te respondí en el secreto del trueno». Dios contesta nuestras oraciones. Lo que Él hizo ayer lo hará hoy, y lo que Él hace hoy lo hará mañana, pues la Palabra dice que Él no cambia, y que es el mismo hoy, ayer y por los siglos.

Un pastor cuenta que hace muchos años en su iglesia estaba teniendo problemas para conseguir un maestro para la clase de jóvenes de la Escuela Dominical. Oraba y aguardaba la respuesta del Señor. Sabía que los alumnos eran difíciles y que nadie quería asumir la responsabilidad de ministrarles. Al vencerse el plazo fijado para encontrar al profesor, le entregaron un papelito con un único nombre. Al saber de quien se trataba, el pastor quedó indeciso y llegó a pensar que se trataba de una broma. Pero aceptó y puso a esta persona al frente de la clase de jóvenes. En muy poco tiempo se dio cuenta que estaba equivocado respecto de aquel joven profesor. Éste organizó la clase y la revolucionó completamente. Bastante impresionado con el éxito obtenido por el maestro, el pastor lo invitó a su casa para comer y le preguntó el secreto del gran éxito que estaba teniendo con la clase. El joven sacó un pequeño libro y se lo enseñó. En las páginas había una foto de cada uno de los muchachos con sus nombres escritos y al lado un breve comentario: «Pedro tiene dificultad con las matemáticas» o, «Los padres de Jorge no son cristianos» o, «a Josué le gustaría ser misionero», etc. Y añadió: «Yo oro todos los días por cada una de estas páginas, por los nombres y la necesidad de cada uno. Y anhelo que llegue el domingo para venir a la iglesia e impartir la clase y ver lo que Dios hizo en las vidas de ellos durante la semana. Porque yo sé que Dios siempre me contesta mis oraciones y la evidencia son los cambios que Él hace en sus vidas». El secreto de la contestación de las oraciones de este joven profesor consistía en su entrega y pasión por Cristo al enseñar en la Escuela Dominical con la esperanza de ver a estos jóvenes transformados por el poder de Dios. Y no solamente Dios estaba contestando las oraciones del maestro, sino que también contestaba las oraciones del pastor que oraba buscando la persona correcta para esta posición de liderazgo.

¡Dios contesta nuestras oraciones!

En Mateo 7.7, Jesús dice: «**Pedid** y se os dará; buscad, y hallaréis; llamad y se os abrirá». En el griego, la palabra que aquí se traduce *pedid* es *aiteo*, que quiere decir ruego, petición. La palabra usualmente describe a alguien que presenta una petición a otro que ocupa una posición más alta, a semejanza de un individuo que pide alguna cosa a Dios (Mateo 21.22), un súbdito al rey (Marcos 6.25), el niño a uno de sus padres (Lucas 11.11) o un mendigo a una persona para que lo ayude (Hechos 3.2). La palabra denota pedir con insistencia, sin pena, pero no exigiendo sino presentando una sólida petición de bendiciones. De acuerdo con esta Escritura, estamos seguros que al orar y pedir algo al Señor, siempre que sea su voluntad, Él nos contestará. El Señor nos dice que si pedimos, recibiremos; que si buscamos, hallaremos; y que si llamamos, la puerta se nos abrirá. Esta es la certeza que tenemos en su palabra. En Lucas 3.21 está escrito: «Aconteció que cuando todo el pueblo se bautizaba, también Jesús fue bautizado; y orando, el cielo se abrió». También con nosotros cuando oremos, los cielos se abrirán, las puertas se abrirán y las respuestas vendrán, porque dice la Palabra: «...orando, el cielo se abrió». Este es el poder que se manifiesta cuando nosotros permanecemos en el secreto de la oración eficaz para recibir la contestación a nuestras plegarias: el cielo se abre en la oración. Santiago 5.16b: «La oración eficaz del justo puede mucho». ¿Cómo debemos hacer nuestras oraciones para que podamos recibir la contestación y cuál es la actitud correcta que debemos tener?

La contestación vendrá por medio del arrepentimiento y la confesión

1. Deben ser hechas con la confesión de pecados

1 Samuel 7.6: «Y se reunieron en Mizpa, y sacaron agua, y la derramaron delante de Jehová, y ayunaron [*y oraron*] aquel día, y dijeron allí: Contra Jehová hemos pecado» (añadido e itálicas del autor).

Esdras 10.1: «Mientras oraba Esdras y hacía confesión, llorando y postrándose delante de la casa de Dios, se juntó a él una muy grande multitud de Israel, hombres, mujeres y niños; y lloraba el pueblo amargamente».

Daniel 9.4-5: «Y oré a Jehová mi Dios e hice confesión diciendo: Ahora Señor, Dios grande, digno de ser temido, que guardas el pacto y la misericordia con los que te aman y guardan tus mandamientos; hemos pecado, hemos cometido iniquidad, hemos hecho impíamente, y hemos sido rebeldes, y nos hemos apartado de tus mandamientos y de tus ordenanzas».

Cuando oramos confesando nuestros pecados en su presencia, ciertamente Él oirá nuestras oraciones y nos contestará y recibiremos lo que le hemos pedido. Este es el primer paso. Aplique estos versículos a su vida personal y verá como Dios le contestará.

2. Deben ser hechas con ruego, conversión y arrepentimiento

2 Crónicas 7.14: «Si se humillare mi pueblo, sobre el cual mi nombre es invocado, y oraren, y buscaren mi rostro, y se convirtieren de sus malos caminos; entonces yo oiré desde los cielos, y perdonaré sus pecados y sanaré su tierra».

1 Reyes 8.33-34: «Si tu pueblo Israel fuere derrotado delante de sus enemigos por haber pecado contra ti, y se volvieren a ti y confesaren tu nombre, y oraren y te rogaren y suplicaren en esta casa, tú oirás en los cielos y perdonarás el pecado de tu pueblo Israel y los volverás a la tierra que diste a sus padres».

Hechos 8.22: «Arrepiéntete, pues, de esta tu maldad, y ruega a Dios, si quizás te sea perdonado el pensamiento de tu corazón».

Salmos 143.1: «Oh Jehová, oye mi oración, escucha mis ruegos».

Salmos 86.6: «Escucha, oh Jehová, mi oración, y está atento a la voz de mis ruegos».

Cuando oramos en ruego, convirtiéndonos en arrepentimiento, ciertamente Él oirá nuestras oraciones y nos contestará y recibiremos lo que le hemos pedido. Este es el segundo paso. Aplique estos versículos a su vida personal y verá cómo Dios le contestará.

3. Deben ser hechas con ayuno, duelo y lágrimas

Nehemías 1.4: «Cuando oí estas palabras me senté y lloré e hice duelo por algunos días, y ayuné delante del Dios de los cielos».

Jueces 20.26: «Entonces subieron todos los hijos de Israel, y todo el pueblo, y vinieron a la casa de Dios; y lloraron, y se sentaron allí en presencia de Jehová, y ayunaron aquel día hasta la noche; y ofrecieron holocaustos y ofrendas de paz delante de Jehová».

Salmos 35.13: «Pero yo, cuando ellos enfermaron, me vestí de cilicio; afligí con ayuno mi alma, y mi oración se volvía a mi seno».

Salmos 69.10a: «Lloré afligiendo con ayuno mi alma…».

Salmos 39.12a: «Oye mi oración, oh Jehová, y escucha mi clamor. No calles ante mis lágrimas…».

Cuando nosotros oramos con ayuno, duelo y con lágrimas, ciertamente Él oirá nuestras oraciones y nos contestará y recibiremos lo que le hemos pedido. Este es el tercer paso. Aplique estos versículos a su vida personal y verá como Dios le contestará.

4. Deben ser hechas con clamor y súplicas

Oseas 14.2: «Llevad con vosotros palabras de súplica, y volved a Jehová, y decidle: Quita toda iniquidad, y acepta el bien, y te ofreceremos la ofrenda de nuestros labios».

Salmos 34.15, 17: «Los ojos de Jehová están sobre los justos, y atentos sus oídos al clamor de ellos. Claman los justos y Jehová oye, y los libra de todas sus angustias».

Salmos 88.13: «Mas yo a ti he clamado, oh Jehová, y de mañana mi oración se presentará delante de ti».

Salmos 4.3b: «Jehová oirá cuando yo a él clamare».

Salmos 55.1: «Escucha, oh Dios mi oración, y no te escondas de mi súplica».

Salmos 55.16: «En cuanto a mí, a Dios clamaré; y Jehová me salvará».

Salmos 56.9: «Serán vueltos atrás mis enemigos, el día en que yo clamare; esto sé, que Dios está por mí».

Salmos 61.1: «Oye, oh Dios, mi clamor; a mi oración atiende».

Cuando oramos con ruegos, clamor y súplicas, ciertamente Él oirá nuestras oraciones y nos contestará y recibiremos lo que le hemos pedido. Este es el cuarto paso. Aplique estos versículos a su vida personal y verá como Dios le contestará.

5. Deben ser hechas con humildad y con todo el corazón y alma

2 Crónicas 20.3a: «Entonces él tuvo temor; y Josafat humilló su rostro para consultar a Jehová».

Deuteronomio 4.29: «Mas si desde allí buscares a Jehová tu Dios, lo hallarás, si lo buscares de todo tu corazón y de toda tu alma».

Jeremías 29.13: «Y me buscaréis y me hallaréis, porque me buscaréis de todo vuestro corazón».

Cuando oramos con humildad y con todo el corazón y el alma, ciertamente Él oirá nuestras oraciones y nos contestará y recibiremos lo que le hemos pedido. Este el quinto paso. Aplique estos versículos a su vida personal y verá como Dios le contestará.

6. Deben ser hechas con un corazón limpio

Salmos 51.10: «Crea en mí, oh Dios, un corazón limpio, y renueva un espíritu recto dentro de mí».

Salmos 24.3, 4a: «¿Quién subirá al monte de Jehová? ¿Y quién estará en su santo lugar? El limpio de manos y puro de corazón».

Mateo 5.8: «Bienaventurados los de limpio corazón, porque ellos verán a Dios».

Hebreos 10.20-22a: «Por el camino nuevo y vivo que él nos abrió a través del velo, esto es, de su carne, y teniendo un gran sacerdote sobre la casa de Dios, acerquémonos con un corazón sincero…».

Isaías 29.13a: «Dice, pues, el Señor: Porque este pueblo se acerca a mí con su boca, y con sus labios me honra, pero su corazón está lejos de mí».

Cuando oramos con un corazón limpio, ciertamente Él oirá nuestras oraciones y nos contestará y recibiremos lo que le hemos pedido. Este es el sexto paso. Aplique estos versículos a su vida personal y verá como Dios le contestará.

Cierta vez, una agencia de noticias contó sobre un hospital en una ciudad de Estados Unidos donde representantes del Cuerpo de Bomberos habían descubierto que los equipos de seguridad jamás habían sido conectados. Por más de 35 años, se confió en ellos como garantía de seguridad de los pacientes en caso de emergencia. Pero estos equipos nunca habían sido conectados con la red de agua de la ciudad. Habían instalado la tubería hasta cerca de un metro de profundidad en el subterráneo del edificio pero no conducían a ningún lugar. Allí estuvieron, todos esos años, conectados a nada mientras el equipo médico y los pacientes daban por descontado que todo estaba en orden con el sistema; que si en algún punto del edificio se declaraba un incendio, era cuestión de usar las mangueras para apagar el fuego. Pero no era así. Tenían un equipo de seguridad de un costo muy alto, con sus válvulas y mangueras nuevas y correctamente instaladas en todo el edificio pero faltaba lo más importante: ¡El agua! Muchos de nosotros los cristianos estamos como este hospital. Además de tener todo en orden, grandes templos, seminarios de alto nivel académico, grandes predicadores y bellos edificios que albergan las oficinas de grandes ministerios, nos falta lo más importante: el arrepentimiento y la confesión por medio de la oración para obtener la respuesta de parte de Dios. Nuestro equipo de seguridad es la oración, y a través de ella podremos ser llevados al arrepentimiento y confesar las áreas de nuestras vidas que necesitan arreglo para que Dios nos pueda contestar y bendecirnos. Es a través del secreto de la oración y de un corazón contrito que recibiremos la respuesta. ¿Y cómo deben ser hechas nuestras oraciones para que podamos recibir la contestación? ¿Y cuál es la actitud correcta que debemos tener?

La contestación vendrá por medio de la fe

1. Debemos orar con fe y confianza

Hebreos 11.6: «Pero sin fe es imposible agradar a Dios; porque es necesario que el que se acerca a Dios *[ora a él]* crea que le hay *[que él existe]*, y que es galardonador de los que le buscan» (añadido e itálicas del autor).

Santiago 1.6: «Pero pida con fe, no dudando nada; porque el que duda es semejante a la onda del mar, que es arrastrada por el viento y echada de una parte a otra».

Mateo 21.22: «Y todo lo que pidiereis en oración, creyendo, lo recibiréis».

Marcos 11.24: «Por tanto os digo que todo lo que pidiereis orando, creed que lo recibiréis, y os vendrá».

Hebreos 10.22b: «…acerquémonos… en plena certidumbre de fe…».

Hebreos 4.16: «Acerquémonos, pues, confiadamente al trono de la gracia, para alcanzar misericordia y hallar gracia para el oportuno socorro».

Efesios 3.11-12: «Conforme al propósito eterno que hizo Cristo Jesús nuestro Señor, en quien tenemos seguridad y acceso con confianza por medio de la fe en él».

Este es el primer paso que debemos dar en fe para recibir la respuesta. Aplique estos versículos a su vida personal y verá como Dios le contestará.

2. Debemos orar con fe y paciencia en la angustia

Salmos 40.1: «*Pacientemente* esperé a Jehová y se inclinó a mí, y oyó mi clamor» (itálicas del autor).

Éxodo 2.23: «Aconteció que después de muchos días murió el rey de Egipto, y los hijos de Israel gemían a causa de la servidumbre, y clamaron; y subió *a Dios el clamor de ellos con motivo de su servidumbre*» (itálicas del autor).

Éxodo 3.9: «El clamor, pues, de los hijos de Israel ha venido delante de mí, y también he visto la opresión con que los egipcios los oprimen».

Deuteronomio 26.7: «Y clamamos a Jehová el Dios de nuestros padres; y Jehová oyó nuestra voz, y vio nuestra aflicción, nuestro trabajo y nuestra opresión».

Salmos 50.15: «E invócame en el día de la angustia; te libraré, y tú me honrarás».

Salmos 91.15: «Me invocará y yo le responderé; con él estaré yo en la angustia; lo libraré y le glorificaré».

Salmos 86.7: «En el día de mi angustia te llamaré, porque tú me respondes».

Salmos 120.1: «A Jehová clamé estando yo en angustia, y él me respondió».

Salmos 102.1-2: «Jehová, escucha mi oración, y llegue a ti mi clamor. No escondas de mi tu rostro en el día de mi angustia; inclina a mí tu oído; y apresúrate a responderme el día que te invocare».

Salmos 69.17: «No escondas de tu siervo tu rostro, porque estoy angustiado; apresúrate, óyeme».

Salmos 81.7a: «En la calamidad clamaste, y yo te libré; te respondí en lo secreto».

Este es el segundo paso que debemos dar en fe para recibir la respuesta. Aplique estos versículos a su vida personal y verá como Dios le contestará.

3. Debemos orar con fe en el conocimiento de que algunas veces nuestras peticiones son otorgadas inmediatamente

Salmos 3.4: «Con mi voz clamé a Jehová, y él me respondió desde su monte santo».

Salmos 34.4: «Busqué a Jehová, y él me oyó, y me libró de todos mis temores».

Salmos 99.6: «Moisés y Aarón entre sus sacerdotes, y Samuel entre los que invocaron su nombre; invocaban a Jehová, y él les respondía».

1 Samuel 7.9b: «...y clamó Samuel a Jehová por Israel, y Jehová le oyó».

Salmos 138.3: «El día que clamé, me respondiste; me fortaleciste con vigor mi alma».

Salmos 118.5: «Desde la angustia invoqué a JAH, y me respondió JAH, poniéndome en lugar espacioso».

Salmos 46.1: «Dios es nuestro amparo y fortaleza, nuestro pronto auxilio en las tribulaciones».

Isaías 65.24: «Y antes que clamen, responderé yo; mientras aún hablan, yo habré oído».

Lucas 18.7-8: «¿Y acaso Dios no hará justicia a sus escogidos, que claman a él día y noche? ¿Se tardará en responderles? Os digo que pronto les hará justicia».

Este es el tercer paso que debemos dar en fe para recibir la respuesta. Aplique estos versículos a su vida personal y verá como Dios le contestará.

4. Debemos orar con fe sabiendo que algunas veces nuestras peticiones serán contestadas con alguna dilación

1 Reyes 18.42-44a: «Y Elías subió a la cumbre del Carmelo, y postrándose en tierra, puso su rostro entre las rodillas. Y dijo a su criado: Sube ahora, y mira hacia el mar. Y él subió, y miró, y dijo: No hay nada. Y él le volvió a decir: Vuelve siete veces. A la séptima vez dijo: yo veo una pequeña nube como la palma de la mano de un hombre, que sube del mar».

Daniel 10.2-3, 10-11, 13a: «En aquellos días yo Daniel estuve afligido por espacio de tres semanas. No comí manjar delicado, ni entró en mi boca carne ni vino, ni me ungí con ungüento, hasta que se cumplieron las tres semanas... Y he aquí una mano me tocó, e hizo que me pusiese sobre mis rodillas y sobre las palmas de mis manos. Y me dijo: Daniel, varón muy amado, está atento a las palabras que te hablaré, y ponte en pie; porque a ti he sido enviado ahora... Mas el príncipe del reino de Persia *[Satanás]* se me opuso durante veintiún días...» (añadido e itálicas del autor).

Isaías 30.19a: «…nunca más llorarás, el que tiene misericordia se apiadará de ti; al oír la voz de tu clamor te responderá».

Salmos 38.15: «Porque en ti, oh Jehová, he esperado; tú responderás, Jehová Dios mío».

Salmos 17.6: «Yo te he invocado, por cuanto tú me oirás, oh Dios; inclina a mí tu oído, escucha mi palabra».

Salmos 88.2: «Llegue mi oración a tu presencia; inclina tu oído a mi clamor».

Salmos 86.1: «Inclina, oh Jehová, tu oído, y escúchame, porque estoy afligido y menesteroso».

Salmos 18.6: «En mi angustia invoqué a Jehová, y clamé a mi Dios. Él oyó mi voz desde su templo, y mi clamor llegó delante de él, a sus oídos».

Salmos 39.7: «Y ahora, Señor, ¿Qué esperaré? Mi esperanza está en ti».

Hebreos 6.13, 15: «Porque cuando Dios hizo la promesa a Abraham… y habiendo esperado con paciencia, alcanzó la promesa».

Este es el cuarto paso que debemos dar en fe para recibir la respuesta. Aplique estos versículos a su vida personal y verá como Dios le contestará.

5. Debemos orar con fe teniendo en cuenta que algunas veces Dios responde de un modo que no se esperaba ni se aguardaba

1 Reyes 8.17-19: «Y David mi padre tuvo en su corazón edificar casa al nombre de Jehová Dios de Israel. Pero Jehová dijo a David mi padre: Cuanto a haber tenido en tu corazón edificar casa a mi nombre, bien has hecho en tener tal deseo. Pero tú no edificarás la casa, sino tu hijo que saldrá de tus lomos, él edificará casa a mi nombre».

2 Crónicas 6.10: «Y Jehová ha cumplido su palabra que había dicho, pues me levanté yo en lugar de David mi padre, y me he sentado en el trono de Israel, como Jehová había dicho, y he edificado casa al nombre de Jehová Dios de Israel».

Isaías 26.8-9a: «También en el camino de tus juicios, oh Jehová, te hemos esperado; tu nombre y tu memoria son el deseo de nuestra alma. Con mi alma te he deseado en la noche, y en tanto que me dure el espíritu dentro de mí, madrugaré a buscarte…».

Este es el quinto paso que debemos dar en fe para recibir la respuesta. Aplique estos versículos a su vida personal y verá como Dios le contestará.

6. Debemos orar con fe sabiendo que algunas veces recibiremos más de lo que hemos pedido y esperado

1 Reyes 3.12-14: «He aquí lo he hecho conforme a tus palabras; he aquí que te he dado corazón sabio y entendido, tanto que no ha habido antes de ti otro como tú, ni después de ti se levantará otro como tú. Y aun también te he dado las cosas que no pediste, riquezas y gloria, de tal manera que entre los reyes ninguno haya como tú en todos tus días. Y si anduvieres en mis caminos, guardando mis estatutos y mis mandamientos, como anduvo David tu padre, yo alargaré tus días».

Efesios 3.20: «Y Aquel que es poderoso para hacer todas las cosas mucho más abundantemente de lo que pedimos o entendemos, según el poder que actúa en nosotros».

Este es el sexto paso que debemos dar en fe para recibir la respuesta. Aplique estos versículos a su vida personal y verá como Dios le contestará.

Una joven y fiel cristiana soñó que fallecía y llegaba al cielo. Mientras un ángel le mostraba la gloriosa ciudad celestial, ella vio en la esquina de un cuarto una cantidad de cajas. Se dio cuenta que su nombre estaba escrito en todas las cajas de modo que pregunto al ángel lo que significaba aquello. El ángel le dijo que esas cajas contenían muchas peticiones de oración que ella había hecho. Acto seguido abrió una caja y le enseñó algunas de sus peticiones. La muchacha entonces dijo: «Es cierto. Recuerdo haber pedido esto, y aquello, y lo otro también allá en la tierra». El ángel le dijo: «Así es. Cuando un hijo le pide a Dios algo en oración, se inician todos los preparativos para que sean atendidas sus peticiones. Pero nosotros los ángeles tenemos instrucciones de no responder en caso que la persona que lo solicitó no esté esperando la contestación con fe y plena certeza que lo recibirá». ¿Podremos nosotros identificarnos con las palabras del ángel? La respuesta vendrá cuando sin ninguna sombra de duda o incredulidad, oremos al Dios Todopoderoso creyendo que ya hemos recibido la respuesta; de esta manera su contestación ciertamente vendrá en su tiempo. ¿Y cómo deben ser hechas nuestras oraciones para que podamos recibir la contestación y cual es la actitud correcta que debemos tener?

La contestación vendrá por medio de la Palabra de Dios

Salmos 19.7: «La ley *[la Palabra]* de Jehová es perfecta, que convierte el alma; el testimonio *[las palabras]* de Jehová es fiel, que hace sabio al sencillo» (añadido e itálicas del autor). Este versículo nos habla de la completa integridad de la Biblia como la Palabra de Dios. Cuando dice que «la ley de Jehová es perfecta», constituye una referencia a la absoluta, completa e indudable integridad de las Sagradas Escrituras. La Palabra de Dios es perfecta en su certeza y segura en su confiabilidad. Generalmente se utilizan dos términos para describir estos aspectos de la Palabra de Dios: 1. Es *inerrante*, o sea, perfecta, lo cual significa que en las copias originales escritas por el autor o autores de cada manuscrito, de cada uno de los libros de la Biblia, nada ha sido afectado por el error. Además, la excelente protección de las Escrituras a través de los siglos nos asegura que las copias llegadas a nuestros días reproducen esencialmente los originales. Aun los críticos literarios que no reclaman fe en la verdad de la Biblia, testifican que, debido a haber permanecido inalterable y exacta, esta es la obra más confiable entre las transmitidas desde la antigüedad. 2. Es *infalible*, o sea, no tiene falla sino que es un guía absolutamente confiable para nuestra fe (creencia en Dios) y práctica (vida y comportamiento). Por lo tanto, Dios es fiel y verdadero (Juan 3.33 y 17.3) y su Palabra es fiel y verdadera (Juan 17.17). Por lo tanto, Dios jamás podrá mentir (Números 23.19, Tito 1.2 y Hebreos 6.18) y su Palabra de igual manera jamás podrá mentir (2 Timoteo 3.16 y Proverbios 30.5-6). Por lo tanto, cuando oramos en fe, debemos hacerlo basados en la Palabra de Dios, creyendo y confiando en ella porque no falla. ¿Cómo, entonces, debemos realizar nuestras oraciones?

1. Deben estar basadas en la Palabra de Dios

Salmos 130.5: «Esperé yo a Jehová, esperó mi alma; en su palabra he esperado».

Juan 15.7: «Si permanecéis en mí, y mis palabras permanecen en vosotros, pedid todo lo que queréis, y os será hecho».

Jeremías 23.35: «Así diréis cada cual a su compañero, y cada cual a su hermano: ¿Qué ha respondido Jehová, y que habló Jehová?»

Jeremías 42.4: «Y el profeta Jeremías les dijo: He oído. He aquí que voy a orar a Jehová vuestro Dios, como habéis dicho, y todo lo que Jehová os respondiere, os enseñaré, no os reservaré palabra».

1 Juan 3.22: «Y cualquiera cosa que pidiéramos la recibiremos de él, porque guardamos sus mandamientos [*su Palabra*], y hacemos las cosas que son agradables delante de él» (añadido e itálicas del autor).

Le aconsejo, mi estimado lector, que lea, medite y escudriñe el salmo 119 por completo, principalmente los siguientes versículos para su provecho y crecimiento espiritual, con relación a lo que es vivir y orar en la Palabra de Dios: 25, 28, 38, 42, 43, 49, 50, 57, 65, 74, 81, 82, 92, 97, 105, 107, 114, 116, 129, 130, 133, 140, 142, 145, 147, 148, 153, 154, 159, 162, 166, 167, 168, 169 y 170.

Este es el primer paso para obtener la contestación: estar basado en su Palabra. Aplique estos versículos a su vida personal y verá como le contestará Dios.

2. Deben ser hechas en santidad y pureza según la Palabra

Salmos 66.18: «Si en mi corazón hubiese yo mirado a la iniquidad, el Señor no me habría escuchado».

Isaías 1.15: «Cuando extendáis vuestras manos, yo esconderé de vosotros mis ojos; asimismo cuando multipliquéis la oración, yo no oiré; llenas están de sangre vuestras manos».

Isaías 59.2: «Pero vuestras iniquidades han hecho división entre vosotros y vuestro Dios, y vuestros pecados han hecho ocultar de vosotros su rostro para no oír».

Miqueas 3.4: «Entonces clamaréis a Jehová, y no os responderá; antes esconderá de vosotros su rostro en aquel tiempo, por cuanto hicisteis malvadas obras».

Santiago 4.3: «Pedís, y no recibís, porque pedís mal, para gastar en vuestros deleites».

1 Timoteo 2.8: «Quiero, pues, que los hombres oren en todo lugar, levantando manos santas, sin ira ni contienda».

Salmos 141.2a: «Suba mi oración delante de ti como el incienso...».

Salmos 17.1: «Oye, oh Jehová, una causa justa; está atento a mi clamor. Escucha mi oración hecha de labios sin engaño».

Este es el segundo paso para obtener la contestación: vivir en santidad y pureza según la Palabra. Aplique estos versículos a su vida personal y verá como Dios le contestará.

3. Deben ser hechas sabiendo que Él nos oye de acuerdo a la Palabra

1 Pedro 3.12a: «Porque los ojos del Señor están sobre los justos, y sus oídos atentos a sus oraciones».

Proverbios 15.29b: «Pero él oye la oración de los justos».

Deuteronomio 4.7: «Porque ¿qué nación grande hay que tenga dioses tan cercanos a ellos como lo está Jehová nuestro Dios en todo cuanto le pedimos?»

2 Reyes 13.4a: «Mas Joacaz oró en presencia de Jehová, y Jehová lo oyó».

2 Reyes 19.20: «Entonces Isaías hijo de Amoz envió a decir a Ezequías: Así ha dicho Jehová, Dios de Israel: Lo que me pediste acerca de Senaquerib rey de Asiria, he oído».

2 Reyes 20.5a: «Vuelve, y di a Ezequías, príncipe de mi pueblo: Así dice Jehová, el Dios de David tu padre: Yo he oído tu oración, y he visto tus lágrimas».

Hechos 10.31a: «Y dijo: Cornelio, tu oración ha sido oída».

Salmos 65.2: «Tú oyes la oración; a ti vendrá toda carne».

Este es el tercer paso para obtener la contestación: saber que Él nos oye de acuerdo a la Palabra. Aplique estos versículos a su vida personal y verá como Dios le contestará.

4. Deben ser hechas creyendo, porque Él sí nos contesta por su Palabra

Éxodo 19.19b: «Moisés hablaba, y Dios le respondía con voz tronante».

Job 36.10-12, 15: «Despierta además el oído de ellos para la corrección, y les dice que se conviertan de la iniquidad. Si oyeren, y le sirvieren, acabarán sus años en bienestar, y sus años en dicha. Pero si no oyeren, serán pasados a espada, y perecerán sin sabiduría. Al pobre librará de su pobreza, y en la aflicción despertará su oído».

Juan 9.31: «Y sabemos que Dios no oye a los pecadores; pero si alguno es temeroso de Dios, y hace su voluntad, a ése oye».

Salmos 99.8a: «Jehová Dios nuestro, tú les respondías…».

Salmos 106.44: «Con todo, él miraba cuando estaban en angustia, y oía su clamor».

Jueces 10.10a, 11a: «Entonces los hijos de Israel clamaron a Jehová… y Jehová respondió a los hijos de Israel».

Jeremías 33.3: «Clama a mí, y yo te responderé, y te enseñaré cosas grandes y ocultas que tú no conoces».

Este es el cuarto paso para obtener la contestación: creer que Él sí contesta por su Palabra. Aplique estos versículos a su vida personal y verá como Dios le contestará.

5. Deben ser hechas en la certeza que Él sí otorga lo que hemos pedido por medio de la Palabra

Lucas 1.13: «Pero el ángel le dijo: Zacarías, no temas; porque tu oración ha sido oída, y tu mujer Elisabet te dará a luz un hijo, y llamarás su nombre Juan».

Salmos 145.19: «Cumplirá el deseo de los que le temen; oirá asimismo el clamor de ellos, y los salvará».

Salmos 37.4: «Deléitate asimismo en Jehová, y él te concederá las peticiones de tu corazón».

1 Reyes 8.28: «Con todo, tú atenderás a la oración de tu siervo, y a su plegaria, oh Jehová Dios mío, oyendo el clamor de la oración que tu siervo hace hoy delante de ti».

1 Reyes 9.3a: «Y le dijo Jehová: Yo he oído tu oración y tu ruego que has hecho en mi presencia».

Este es el quinto paso para obtener la contestación: tener la certeza que Él nos otorgará lo que le hemos pedido por medio de la Palabra. Aplique estos versículos a su vida personal y verá como Dios le contestará.

6. Deben ser hechas al Padre, en el nombre de Cristo y estar en su perfecta voluntad, como está escrito en la Palabra

Mateo 6.6: «Mas tú, cuando ores, entra en tu aposento, y cerrada la puerta, ora a tu Padre que está en secreto; y tu Padre que ve en lo secreto te recompensará en público».

Juan 14.13-14: «Y todo lo que pidiereis al Padre en mi nombre, lo haré, para que el Padre sea glorificado en el Hijo. Si algo pidiereis en mi nombre, [el nombre de Jesús] yo lo haré» (añadido e itálicas del autor).

Juan 15.16b: «Para que todo lo que pidiereis al Padre en mi nombre, él os lo dé».

Juan 16.23, 24, 26: «En aquel día no me preguntaréis nada. De cierto, de cierto os digo, que todo cuanto pidiereis al Padre en mi nombre, os lo dará. Hasta ahora nada habéis pedido en mi nombre; pedid, y recibiréis, para que vuestro gozo sea cumplido. En aquel día pediréis en mi nombre; y no os digo que yo rogaré al Padre por vosotros».

1 Juan 5.14-15: «Y esta es la confianza que tenemos en él, que si pedimos alguna cosa conforme a su voluntad, él nos oye. Y si sabemos que él nos oye en cualquier cosa que pidamos, sabemos que tenemos las peticiones que le hayamos hecho».

Este es el sexto paso para obtener la contestación: orar al Padre, en el nombre de Cristo y estar en su perfecta voluntad, como está escrito en la Palabra. Aplique estos versículos a su vida personal y verá como Dios le contestará.

Charles Schultz, quien en 1947 creó a *Snoopy*, habla de uno de sus personajes, Linus, quien nunca se separa de su colcha de seguridad. A dondequiera que vaya y haga lo que haga, siempre tiene su colcha. Se siente inseguro sin ella. Nosotros, de igual forma, deberíamos siempre traer dentro de nuestros corazones nuestra «colcha de seguridad», que es la Palabra de Dios. Ella nos da seguridad en todo lo que hacemos. Nos protege y nos anima con sus consejos y no tenemos razón de estar temerosos. Recuerde que la Palabra de Dios es *inerrante*, o sea, es perfecta en todo, y que también es *infalible*, o sea, no falla nunca. Para recibir las respuestas que necesitamos, debemos aplicar la Palabra de Dios y creer en ella literalmente lo que dice, pues recuerde que Dios no miente, por lo tanto su Palabra de igual manera no miente. David ya lo decía en

Salmos 119.28b: «Susténtame según tu palabra». Así como el alimento es sustento para nuestro físico, la Palabra lo es para nuestro espíritu y nuestra alma. De nuevo, el salmista expresa su fe en la Palabra, al escribir, en el versículo 42b: «En tu palabra he confiado». Él confiaba absolutamente en los dichos del Señor. Una vez más, el dulce trovador de Israel pone su esperanza en la Palabra, pues el versículo 74b dice: «Porque en tu palabra he esperado». Él esperaba que sus oraciones serian contestadas según la Palabra, lo que reitera en el versículo 49: «Acuérdate de la palabra dada a tu siervo, en la cual me has hecho esperar». Él no esperaba la ayuda del hombre, ni de alguien con influencia, sino que esperaba en la Palabra. El versículo 116 expresa la fe del rey David: «Susténtame conforme a tu palabra, y viviré; y no quede yo avergonzado de mi esperanza». Su sustento era alimentarse diariamente de la Palabra y en ella creía que Dios le contestaría al no quedar derrotado. Finalmente, el gran guerrero del Señor dice en el versículo 107b: «Vivifícame, oh Jehová, conforme a tu palabra». Su vida era conocer y escudriñar la Palabra. Por lo tanto David, tenía su *sustento* en la Palabra; *confiaba* en la Palabra; *esperaba* en la Palabra, *vivía* por la Palabra y era *vivificado* diariamente por la Palabra. Aquí está, mis estimados lectores, el secreto para la victoria suya y mía y recibir la contestación que esperamos: conocer y aplicar la Palabra en nuestras vidas, ser sustentados por ella, confiar en ella, esperar en ella, vivir en ella y ser vivificados en ella. Este fue el tema central de mi primer libro, *El poder de la Palabra de Dios*, ayudar a muchos del pueblo de Dios a que regresen a la Palabra y que vivan de acuerdo con ella para recibir la bendición del Señor.

Noventa ejemplos bíblicos de oraciones contestadas

En la Biblia hay muchísimas oraciones de todo tipo. Además, hay en ella varios ejemplos de oraciones no contestadas. Sin embargo, aquí específicamente deseo incluir oraciones que sí fueron contestadas, ya que es de lo que trata este capítulo, del secreto de recibir la contestación de Dios a nuestras oraciones. Lea estos versículos y aplíquelos a su vida personal y verá que Dios le bendecirá y le contestará sus oraciones:

1. Abraham por un hijo (Isaac): Génesis 15.1-6; 21.1-3

2. Abraham por Ismael: Génesis 17.18-22

3. Abraham por Sodoma: Génesis 18.22-33

4. Abraham por Abimelec: Génesis 20.17

5. Agar por Ismael: Génesis 21.14-20

6. Eliezer a favor de Isaac: Génesis 24.12-17

7. Isaac por Rebeca para tener hijos: Génesis 25.21-26

8. Jacob por ser librado de Esaú: Génesis 32.9-12; 33.1-16

9. Jacob por una bendición: Génesis 32.22-29

10. Israel por la liberación de Egipto: Éxodo 2.23-25; 3.7-22

11. Moisés por Faraón: Éxodo 8.9-13, 18-23, 29-31; 9.28-33; 10.17-19

12. Moisés para la salida de Egipto: Éxodo 14.1-31

13. Moisés por agua: Éxodo 15.22-25

14. Moisés por la sed del pueblo: Éxodo 17.1-7

15. Moisés en la batalla contra Amalec: Éxodo 17.8-16

16. Moisés por Israel en el pecado del becerro de oro: Éxodo 32.1-35

17. Moisés por la presencia de Dios: Éxodo 33.12-15

18. Moisés para ver la gloria de Dios: Éxodo 33.16-23

19. Moisés para que la ira de Dios se apagara: Números 11.1-2

20. Moisés por María: Números 12.10-14

21. Moisés en el caso de la rebelión de Coré, Datán y Abiram: Números 16.1-35

22. Moisés por un sucesor: Números 27.15-23

23. Josué después de la derrota en el caso de Acán: Josué 7.6-26

24. Josué por la victoria en Gabaón: Josué 10.12-14

25. Gedeón por la prueba de su llamado: Jueces 6.36-40

26. Manoa en el nacimiento de Sansón: Jueces 13.2-25

27. Sansón por agua: Jueces 15.18-19

28. Sansón por fuerzas: Jueces 16.25-30

29. Ana por un hijo (Samuel): 1 Samuel 1.10-20

30. Samuel por Israel: 1 Samuel 7.5-9; 12.18

31. David pide revelación y Dios le da: 1 Samuel 23.10-13

32. David pide dirección y Dios le da: 2 Samuel 2.1

33. David agradece las promesas de Dios: 2 Samuel 7.18-9

34. Salomón por sabiduría: 1 Reyes 3.5-28

35. El varón de Dios por Jeroboam: 1 Reyes 13.6

36. Elías por el hijo de la viuda de Sarepta: 1 Reyes 17.20-24

37. Elías por la sequedad y la lluvia: 1 Reyes 17.1; Santiago 5.17-18

38. Elías para que Dios enviara fuego: 1 Reyes 18.36-39

39. Eliseo por el hijo de la sunamita: 2 Reyes 4.32-37

40. Eliseo por su siervo para que viera: 2 Reyes 6.17

41. Eliseo para que Dios cegara a sus enemigos: 2 Reyes 6.18-20

42. Joacaz por Israel: 2 Reyes 13.4-5

43. Ezequías e Isaías en contra de Senaquerib: 2 Reyes 19.19-20; 2 Crónicas 32.20-22; Isaías 37.15-21

44. Ezequías por salud: 2 Reyes 20.1-6

45. Jabes por prosperidad: 1 Crónicas 4.10

46. Los hijos de Rubén por la victoria: 1 Crónicas 5.18-20

47. David por su pueblo: 1 Crónicas 21.26

48. Ezequías por los israelitas: 2 Crónicas 30.18-20

49. Abías por la victoria: 2 Crónicas 13.14

50. Asa en la batalla: 2 Crónicas 14.9-15

51. Josafat en la guerra: 2 Crónicas 18.31

52. Josafat contra un gran ejército: 2 Crónicas 20.1-30

53. Los sacerdotes por el pueblo: 2 Crónicas 30.27

54. Manasés por arrepentimiento y restauración: 2 Crónicas 33.10-13

55. Esdras por un viaje seguro: Esdras 8.21-23

56. Nehemías por la reconstrucción del muro: Nehemías 1.4-11; 6.15

57. Job por sus amigos: Job 42.8-10

58. Moisés, Aarón y Samuel: Salmos 99.6-8

59. Daniel por sí mismo y por sus compañeros: Daniel 2.17-23

60. Daniel por Jerusalén: Daniel 9.16-19

61. Amós por Israel, Amós 7.1-6

62. Jonás dentro del gran pez: Jonás 2.1-10

63. Habacuc por justicia y la respuesta de Dios: Habacuc 1.1-11

64. Habacuc por avivamiento: Habacuc 3.1-2

65. El leproso por sanidad: Mateo 8.1-3

66. El centurión por su siervo: Mateo 8.8-13; Lucas 7.6-10

67. La cananea por su hija: Mateo 15.21-28

68. Zacarías por un hijo: Lucas 1.13

69. El publicano para alcanzar misericordia: Lucas 18.13-14

70. De Cristo por nosotros profetizada: Isaías 53.12

71. Cristo por los redimidos: Hebreos 7.25; Romanos 8.34; 1 Juan 2.1

72. Cristo por la multiplicación de los panes: Mateo 15.32-38; Juan 6.1-13

73. Cristo por Lázaro: Juan 11.41-44

74. Cristo por la gloria del Padre: Juan 12.28

75. Cristo por sus discípulos y por la iglesia que vendría: Juan 17.1-26

76. Cristo durante su vida y ministerio: Hebreos 5.7

77. Cristo por aquellos que lo crucificaron: Lucas 23.34

78. El ladrón en la cruz por misericordia: Lucas 23.42-43 79.

79. Los apóstoles en la persecución: Hechos 4.24-31

80. Pedro por Dorcas (Tabita): Hechos 9.36-42

81. La iglesia de Jerusalén por la liberación de Pedro: Hechos 12.5-17

82. Pablo y Silas en la cárcel: Hechos 16.25-34

83. Pablo por la sanidad de Publio: Hechos 28.8

84. Pablo por sabiduría y conocimiento a la iglesia en Éfeso: Efesios 1.15-19

85. Pablo por crecimiento espiritual y fe en la iglesia en Éfeso: Efesios 3.14-19

86. Pablo por la generosidad de la iglesia en Filipos: Filipenses 4.10-18 (19)

87. Pablo por su hijo en la fe (Timoteo): 2 Timoteo 1.3-5

88. La oración de los santos: Apocalipsis 5.8

89. La oración de los mártires: Apocalipsis 6.9-12

90. La oración de todos los santos: Apocalipsis 8.3

El autor Marvin Rosenthal, escribiendo sobre «Israel mi gloria», cuenta de una madre que atendiendo a la persona que estaba haciendo el censo escuchó la pregunta: «¿Cuántos hijos tiene?» Ella respondió: «Bueno, tengo a Billy, a Harry a Martha y...». El encuestador la interrumpió para decirle: «¡No, no, no! Los nombres no importan, sólo quiero saber el número». Indignada, la madre respondió: «Ellos no son números, tienen nombres». Nuestras oraciones delante de Dios no tienen números, tienen nombres de diferentes necesidades que tenemos. Para Él, nosotros no somos números. La Biblia dice en 2 Timoteo 2.19b: «Conoce el Señor a los que son suyos». Nosotros no somos desconocidos para Dios. Él sabe quiénes somos y absolutamente *todo* sobre nuestras vidas. Las 90 oraciones anotadas arriba llevan los nombres de aquellos que las hicieron, para quiénes las hicieron y para qué específicamente las hicieron. Y en todas se mencionaron las circunstancias, necesidad, prueba, lucha y tribulación. Dios conoce cada lágrima, cada pena, cada deseo, cada angustia y cada detalle de nuestras vidas. Él está presente en el área más mínima de nuestras vidas y se preocupa por nosotros. Por lo tanto, las oraciones que hacemos tienen nombres y apellidos, no son una oración más sino que llevan consigo nuestro dolor, nuestra fe, nuestra esperanza y nuestra confianza en su Palabra en que Dios contestará de la manera que sólo Él sabe hacerlo y en su tiempo. ¿Y qué beneficios y bendiciones, podremos alcanzar en oración, al recibir la contestación de nuestras oraciones?

Beneficios y bendiciones de recibir la contestación de Dios

1. Saber que Dios nunca rechazará nuestra oración
Salmos 66.20: «Bendito sea Dios, que no echó de sí mi oración, ni de mí su misericordia».

2. Saber que Dios no se esconderá de nosotros cuando clamemos a Él
Salmos 22.24: «Porque no menospreció ni abominó la aflicción del afligido, ni de él escondió su rostro; sino cuando clamó a él, le oyó».

3. Saber que Dios considerará nuestras peticiones
Salmos 102.17: «Habrá considerado la oración de los desvalidos, y no habrá desechado el ruego de ellos».

4. Saber que Dios oye nuestras plegarias
Salmos 65.2a: «Tú oyes la oración…».

Proverbios 15.29b: «…pero él oye la oración de los justos».

5. Tenemos la certeza que Dios nos oye si hacemos su voluntad
1 Juan 5.14: «Y esta es la confianza que tenemos en él, que si pedimos alguna cosa conforme a su voluntad, él nos oye».

6. Sabremos que Dios concederá nuestra petición
1 Juan 5.15: «Y si sabemos que él nos oye en cualquier cosa que pidamos, sabemos que tenemos las peticiones que le hayamos hecho».

7. Sabemos que recibiremos respuesta porque hacemos lo que a Dios le agrada
1 Juan 3.22: «Y cualquiera cosa que pidiéremos la recibiremos de él, porque guardamos sus mandamientos, y hacemos las cosas que son agradables delante de él».

8. Cristo nos prometió que nos contestaría

Mateo 7.7: «Pedid, y se os dará; buscad, y hallaréis; llamad, y se os abrirá».

9. Recibiremos la contestación si oramos con fe

Mateo 21.22: «Y todo lo que pidiereis en oración, creyendo, lo recibiréis».

10. Si permanecemos en su Palabra recibiremos la respuesta

Juan 15.7: «Si permanecéis en mí, y mis palabras permanecen en vosotros, pedid todo lo que queréis, y os será hecho».

11. Dios siempre ha respondido

Salmos 138.3: «El día que clamé, me respondiste; me fortaleciste con vigor en mi alma».

12. Dios respondió ayer

Salmos 99.8: «Jehová Dios nuestro, tú les respondías…».

13. Dios responde hoy

Salmos 4.1: «Respóndeme [hoy] cuando clamo, oh Dios de mi justicia. Cuando estaba en angustia, tú me hiciste ensanchar, ten misericordia de mí y oye [hoy] mi oración» (añadido e itálicas del autor).

14. Dios responderá mañana

Salmos 27.7: «Oye, oh Jehová, mi voz con que a ti clamo; ten misericordia de mí, y respóndeme».

15. Dios responde para que todos sepan quien es Él

1 Reyes 18.37-39: «Respóndeme, Jehová, respóndeme, para que conozca este pueblo que tú, oh Jehová, eres el Dios, y que tú vuelves a ti el corazón de ellos. Entonces cayó fuego de Jehová, y consumió el holocausto, la leña, las piedras y el polvo, y aun lamió el agua que estaba en la zanja. Viéndolo todo el pueblo, se postraron y dijeron: ¡Jehová es el Dios, Jehová es el Dios!»

16. Dios responde para librarnos de la muerte

Salmos 13.3: «Mira, respóndeme, oh Jehová Dios mío; alumbra mis ojos, para que no duerma de muerte».

Salmos 28.1: «A ti clamaré, oh Jehová. Roca mía, no te desentiendas de mí, para que no sea yo, dejándome tú, semejante a los que descienden al sepulcro».

17. Nuestro clamor y angustia llegará a los oídos del Señor

Salmos 18.6: «En mi angustia invoqué a Jehová, y clamé a mi Dios. Él oyó desde su templo, y mi clamor llegó delante de él, a sus oídos».

18. Si nosotros temprano buscamos al Señor Él nos responderá

Salmos 5.1-3: «Escucha, oh Jehová, mis palabras; considera mi gemir. Está atento a la voz de mi clamor, Rey mío y Dios mío, porque a ti oraré. Oh Jehová, de mañana oirás mi voz; de mañana me presentaré delante de ti, y esperaré».

Salmos 88.13: «Mas yo a ti he clamado, oh Jehová, y de mañana mi oración se presentará delante de ti».

19. Si confiamos en el Señor, Él nos contestará

Salmos 28.7a: «Jehová es mi fortaleza y mi escudo; en él confió mi corazón, y fui ayudado…».

20. El Señor nos responderá en medio de la tribulación

Salmos 118.5: «Desde la angustia invoqué a JAH, y me respondió JAH, poniéndome en lugar espacioso» (véase también Salmos 120.1)

21. El Señor es nuestro pronto socorro y respuesta en las pruebas

Salmos 46.1: «Dios es nuestro amparo y fortaleza, nuestro pronto auxilio en las tribulaciones».

22. El Señor nos responderá prontamente

Salmos 143.7a: «Respóndeme pronto, oh Jehová, porque desmaya mi espíritu; no escondas de mí tu rostro».

Salmos 69.17: «No escondas de tu siervo tu rostro, porque estoy angustiado; apresúrate, óyeme».

23. El Señor no nos dejará y nos ayudará

Salmos 27.9: «No escondas tu rostro de mí. No apartes con ira a tu siervo; mi ayuda has sido. No me dejes ni me desampares, Dios de mi salvación».

24. Antes de nosotros pedir, el Señor ya nos habrá contestado

Isaías 65.24: «Y antes que clamen, responderé yo; mientras aún hablan, yo habré oído».

25. El Señor nos revelará grandes cosas al respondernos

Jeremías 33.3 «Clama a mí, y yo te responderé, y te enseñaré cosas grandes y ocultas que tú no conoces».

26. Debemos saber que la respuesta vendrá solamente del Señor

Proverbios 16.1: «Del hombre son las disposiciones del corazón; mas de Jehová es la respuesta de la lengua».

27. Dios oyó nuestros ruegos

Salmos 31.22b: «Tú oíste la voz de mis ruegos cuando a ti clamaba».

28. Dios oye nuestra súplica

Salmos 66.19: «Mas ciertamente me escuchó Dios; atendió la voz de mi súplica».

29. Dios oye nuestra oración, por eso le amamos

Salmos 116.1-2: «Amo a Jehová, pues ha oído mi voz y mis súplicas; porque ha inclinado a mí su oído; por tanto, le invocaré en todos mis días».

30. Si esperamos con paciencia, el Señor nos oirá

Salmos 40.1: «Pacientemente esperé a Jehová y se inclinó a mí, y oyó mi clamor».

31. Dios nos ha oído siempre

Lamentaciones 3.56a: «Oíste mi voz…»

32. Dios nos oirá hoy

Salmos 55.1: «Escucha oh Dios, mi oración, y no te escondas de mi súplica. Está atento, y respóndeme; clamo en mi oración, y me conmuevo».

33. Dios nos oirá mañana

2 Crónicas 6.19, 27, 30: «Mas tú mirarás a la oración de tu siervo, y a su ruego, oh Jehová Dios mío, para oír el clamor y la oración con que tu siervo ora delante de ti… Tú los oirás en los cielos, y perdonarás el pecado de tus siervos y de tu pueblo Israel… tú oirás desde los cielos, desde el lugar de tu morada…».

34. Dios nos responderá siempre

Job 38.1: «Entonces respondió Jehová a Job…».

35. Dios será hallado por nosotros

Salmos 32.6a: «Por esto orará a ti todo santo en el tiempo en que puedas ser hallado».

36. Y Dios revelará sus secretos a nosotros sus ministros y nos contestará

Amós 3.7: «Porque no hará nada Jehová el Señor, sin que revele su secreto a sus siervos los profetas».

Génesis 18.17: «Y Jehová dijo: ¿Encubriré yo a Abraham lo que voy hacer?»

Juan 15.15: «Ya no os llamaré siervos, porque el siervo no sabe lo que hace su señor; pero os he llamado amigos, porque todas las cosas que oí de mi Padre, os las he dado a conocer».

Apocalipsis 10.7b: «…el misterio de Dios se consumará, como él lo anunció a sus siervos los profetas».

¿Qué le pareció esta lista de treinta y seis beneficios y bendiciones que podemos tener si descubrimos el secreto de recibir la contestación a nuestras oraciones? Todas estas promesas están disponibles para usted y para mí. No hay nada más grande en la vida cristiana que recibir la respuesta de Dios a nuestras oraciones. Es una alegría inmensa al corazón cuando el Señor contesta lo que le hemos pedido. El secreto de recibir la contestación es por medio del arrepentimiento y la confesión, por medio de la fe al creer que Dios responderá y por medio de la Palabra de Dios sabiendo que Dios sí contesta a nuestras oraciones de acuerdo con las Escrituras. Tenemos los ejemplos bíblicos de oraciones contestadas y es un deleite saber que el Señor se goza en concedernos las peticiones que le hemos hecho. Cuando oramos a Él, Dios no tiene una contestadora o una secretaria electrónica en el cielo que dice: «¡Hola, este es el escritorio general del Todopoderoso! Por favor deje su mensaje después del tono. Si desea hablar con Dios, por favor presione la tecla número uno; si desea hablar con el Hijo, presione la tecla dos; si desea hablar con el Espíritu Santo, presione la tecla tres. Su oración será contestada a la brevedad posible, pero sepa que su llamada de acuerdo a nuestro centro universal de computadoras dice que es la número 499 millones y que antes de usted hay 498 millones novecientos noventa y nueve mil personas esperando para recibir su contestación, así que queda avisado que tendrá que esperar "un poquito" hasta que su oración sea respondida…». ¡Uf! Gracias a Dios que no es así. Cuando oramos, Él toma inmediatamente el teléfono al lado de su gran trono y dice: «¡Hola, este es Dios! Es un placer recibir su llamada, ¿en qué le puedo ayudar?» Esta es la certeza que tenemos de acuerdo con su Palabra: que Él nos oye y responde nuestras peticiones. Él atiende las 24 horas del día, los siete días de la semana, no tiene días libres, ni feriados, ni vacaciones. Está disponible siempre.

Al terminar la lectura de este libro, medite en las palabras de Isaías 45.3: «Y te daré los tesoros escondidos, y los secretos muy guardados, para que sepas que yo soy Jehová, el Dios de Israel que te pongo nombre». Los tesoros escondidos son las oraciones que ha hecho delante de Él, y las respuestas de Dios son los secretos que Él tiene guardados para usted y para mí y que nos revelará en su tiempo. Medite también en Jeremías 33.3: «Clama a mí, y yo te responderé, y te enseñaré cosas grandes y ocultas que tú no conoces». Si oramos al Dios Todopoderoso, si clamamos a Él, su promesa es que nos contestará y nos dejará saber cosas profundas en el nivel del Espíritu que no conocemos. ¿Alguna vez Dios cumplió esta Palabra? ¡Claro que sí! Daniel conocía el secreto de la oración eficaz, por esto vea lo que está escrito en Daniel 2.19: «Entonces el secreto fue revelado a Daniel en visión de noche, por lo cual bendijo Daniel al Dios del cielo». Daniel en oración buscó saber el secreto del sueño del rey Nabucodonosor y Dios se lo reveló. ¡Lo mismo hará con nosotros si estamos dispuestos a descubrir el secreto de la oración eficaz! Su promesa es para todos aquellos que le buscan y están dispuestos a encontrarle por medio del arma poderosa de la oración. Que al terminar la lectura de este libro las palabras de agradecimiento de Daniel para Dios por haberle contestado puedan ser nuestras también: «Y Daniel habló y dijo: Sea bendito el nombre de Dios de siglos en siglos, porque suyos son el poder y la sabiduría. Él muda los tiempos y las edades; quita reyes, y pone reyes; da la sabiduría a los sabios, y la ciencia a los entendidos. *Él revela lo profundo y lo escondido*; conoce lo que está en tinieblas, y con él mora la luz» (Daniel 2.20-22. Itálicas del autor). Espero que Dios le haya bendecido con la lectura de este libro, tanto en el área personal como en la espiritual y ministerial. Espero que también haya sido y sea de bendición para su familia para que juntos puedan alcanzar el gozo de la victoria de la contestación, que está prometida en las Escrituras y que este libro las mencionó. Que Dios les bendiga grandemente junto a sus familias, ministerios e iglesias.

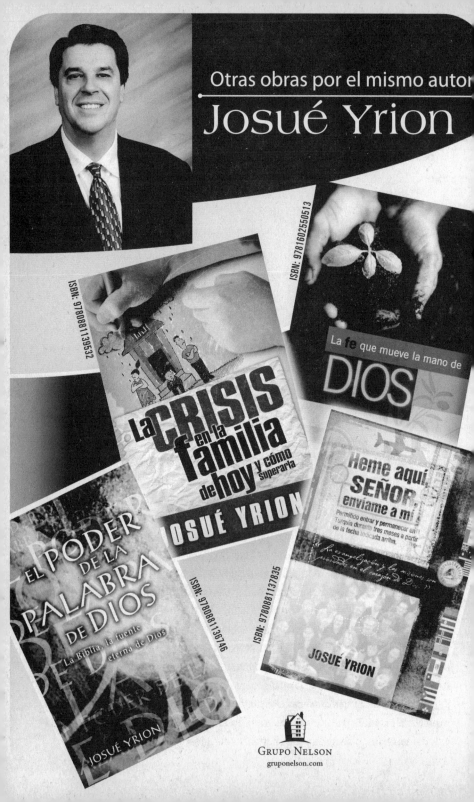

Acerca del autor

EL REV. JOSUÉ YRION ES un evangelista internacional que a su edad ha logrado un reconocimiento destacable. Con la unción del Espíritu Santo ha predicado a millones de personas en 70 países de los cinco continentes. Esto ha resultado en la salvación de multitudes para Cristo. En 1985 estuvo en la Unión Soviética y regresó a predicar en Rusia en 1993 en una base militar soviética en Moscú. Llevó 16 mil Biblias. Ha recibido muchos honores incluyendo la medalla del Congreso chileno y una Placa del gobierno de Chile como Hijo y Visita Ilustre de Viña del Mar. Fue el primer ministro latinoamericano en predicar en una cruzada en Madrás (Chennai), India, donde 70 mil personas fueron testigos del poder de Dios a través de milagros y prodigios. Es maestro activo y acreditado de misiología del curso «Perspectivas», de la División Latinoamericana de la Universidad William Carey y del Centro Mundial de Misiones en California. Es presidente del Instituto Teológico Josué Yrion en Manipur, India, donde muchos están siendo entrenados para alcanzar a los países aun no evangelizados de Asia. Actualmente, su ministerio está sosteniendo financieramente a 23 misioneros alrededor del mundo y su organización cuenta con un escritorio en cada continente y dos para el habla portuguesa. Hasta ahora es autor de cinco libros: *El poder de la Palabra de Dios, Heme aquí, Señor, envíame a mí, La crisis en la familia de hoy, La fe que mueve la mano de Dios* y *El secreto de la oración eficaz*. Es ministro ordenado del Concilio General de las Asambleas de Dios en Estados Unidos. Fundador y presidente de Josué Yrion Evangelismo y Misiones Mundiales, Inc. Reside con su esposa Damaris y sus hijos Kathryn y Joshua Yrion en Los Ángeles, California, Estados Unidos.

Si usted desea recibir un catálogo con los títulos de nuestros libros, DVD, vídeos y CD disponibles en inglés, español y portugués, u otra información de nuestras Cruzadas Evangelísticas alrededor del mundo, búsquenos en nuestra página en Internet: www.josueyrion.org o escriba a la siguiente dirección:

Josué Yrion

Evangelismo y Misiones Mundiales, Inc.

P.O. Box 876018

Los Ángeles, CA 90087-1118

U.S.A.

Tel.: (562)928-8892 Fax (562)947-2268

www.josueyrion.org

josueyrion@josueyrion.org

josueyrion@msn.com